戰後在日文學論

戰後在日文學論 - アヅア論批評の射程
Copyright ⓒ 2003 by Yamasaki Masazumi
Korean copyright ⓒ 2022 by Minsokwon Korea
This edition is published by arrangement with Yoyosha Co., Ltd.
ALL RIGHTS RESERVED
이 책의 한국어판 출판권은 요요사(洋洋社)와의 독점 계약으로 민속원에 있습니다.
저작권법에 의해 한국 내에서 보호를 받는 저작물이므로 민속원과 협의 없이 무단전재와 무단복제를 금합니다.

동국대학교
일본학연구소
번역총서

전후 〈재일〉 문학론
在日

아시아론 비평의 시선

야마사키 마사즈미 지음
김환기 옮김

민속원

책
을
펴
내
며

 오래전부터 알고 지낸 외우畏友 김환기 선생님의 소개로, 2003년 일본에서 출판한 졸저 『전후〈재일〉문학론 - 아시아론 비평의 시선』을 한국에서 출판하게 되었습니다. 제가 가장 좋아하는 이 책을 한국의 독자들에게 소개할 수 있어 참으로 기쁘고 영광스럽습니다. 2003년 이후에 일본의 학술잡지에 발표했던 몇 편의 논문을 추가해 충실한 내용의 증보판이 되었습니다. 내용에 대한 한국 독자들의 평가를 진지하게 받아들여 앞으로 한층 더 내실 있게 연구를 진행하겠습니다.
 저는 지금까지 30년 이상 오사카의 대학에서 일본의 근현대문학 교육과 연구에 매진해왔습니다. 오사카에는 수많은 코리안이 거주하고 다양한 국적의 사람들과 교류하면서 오사카 시민으로 살고 있습니다. 오사카의 대학교수로서 재일 문학 연구를 소중한 과제로 삼은 것은 1990년대 중반이었습니다. 동서 냉전 구조가 붕괴되어 민족분쟁이 세계 각지로 확산하고, 학술 분야에서 식민지주의 비판이 논리적으로 체계화되던 시기와 맞물립니다.

국민국가의 체제 역사성이 분명해지만 국민국가 체제로 수렴될 수 없는 지역주의적 시점에서 일본 역사를 보면, 재일 문학의 존재는 지역에서 국가를 상대화하는 날카로운 시점을 제공해주는 매력적인 연구대상입니다. 게다가 일본 사회가 포섭하는 암울함으로 차별 문제를 마주하는 중요성도 재일 문학을 읽으면서 알게 되었습니다. 재일 문학은 일본 근대문학 연구가 지닌 시야視界의 한계를 되묻게 해주는 존재였습니다.

이 책의 부제副題를 「아시아론 비평의 시선」으로 삼은 것은 전후 일본을 대립시키며 보합형태로 유지해온 좌우 정치이데올로기의 폐역廢域 외부로부터 벗어나 일본의 전후 문학을 조망하고, 그 광대하고 다이내믹한 동태動態 속에 재일 문학을 자리매김시키고 싶은 제 의견目論見 때문입니다. 이 책의 주제는 재일 작가의 작품을 논한 제1부, 근대 일본의 중국 담론을 고찰한 제2부, 야스다 요주로保田與重郎와 고바야시 히데오小林秀雄를 중심으로 한 전통적 문예파를 다룬 제3부로 엮었는데, 이질적 담론이 교차하는 모습을 통해 재일 문학이 보여주는 근대 일본의 사상 공간에 대한 비평성의 의미를 부각시키는 것이었습니다.

재일 문학은 일본어로 쓰인 문학입니다. 그러나 그 일본어는 전통적인 이야기物語 문학의 스토리와 다른 이질적 울림을 동반하면서 일본어 · 일본 문학의 정형定型을 안쪽에서 흔들고, 비판하고, 부수는 힘을 가집니다. 저는 일본인 문학 연구자로서, 재일 문학의 매력을 일본 독자에게 전달하고 싶어 2003년 소책자『전후〈재일〉문학론』을 간행했습니다. 이번에 한국에서 이 책의 간행을 계기로 재일 문학의 매력이 한국의 독자들에게 널리 알려졌으면 좋겠습니다.

마지막으로 졸저를 번역하고 출판을 위해 애써주신 김환기 선생님과 출판을 맡아주신 출판사 민속원에 깊이 감사드립니다.

오사카공립대학교 교수
야마사키 마사즈미山崎正純

CONTENTS

책을 펴내며 　　　　　　　　　　　　　　　　　　　　5

프롤로그 　　　　　　　　　　　　　　　　　　　　　11
억압과 상상력 - '용서'할 수 있는가

제1부 전후 '재일' 문학론 　　　　　　　　　　　　　　31

제1장 김학영론 - 「시선의 벽」 　　　　　　　　　　　 33

제2장 김석범론 - 「허몽담」 　　　　　　　　　　　　 51

제3장 이회성론 - 「다듬이질하는 여인」 　　　　　　 　73

제4장 이양지와 히구치 이치요 　　　　　　　　　　　 99

제5장 천황 · 홈리스 · 정토진종 　　　　　　　　　　 113
　　　- 유미리 「JR 우에노역 공원 개찰구」 시론

제6장 재일 문학 연구의 방향성 　　　　　　　　　　 141

제2부 아시아를 향한 시좌   149

제1장 '중국'을 우회하는 일본의 근대   151

제2장 다자이 오사무와 다케우치 요시미   177

제3장 문학사 서술과 아시아 인식   191

제4장 기억과 망각의 문학론   209
― 나쓰메 소세키의 권역(오에 겐자부로, 다케다 다이준, 김재남, 김학영, 유미리)

제3부 일본 낭만파론   237

제1장 야스다 요주로론   239

제2장 고바야시 히데오―초기 창작론   271

제3장 일본의 근대와 낭만주의 정신   289

에필로그   307
'재일' 문학과 일본 문화

역자후기   329

프롤로그

억압과 상상력
- '용서'할 수 있는가

1. 하나의 논쟁

 이회성의 「'무국적자'가 가는 길 - 김석범씨에게 답한다.」(『세계』, 1999.1)와 김석범의 「또다시 '재일'의 '국적'에 대하여 - 준 통일 국적의 제정을」(『세계』, 2000.5)은 21세기 '재일'의 미래상을 말하는 두 갈래의 다른 말투를 보여준다.
 서로 다른 이 말투는 두 문학자의 연령적 격차, 즉 전쟁 체험의 내실 차이에서 기인하는 것처럼 보이지만, 문제를 신구세대론으로 환원하는 것은 '재일'의 미래상에도 신구론을 반복해 개입시킬지 모른다는 의미에서 분명히 잘못되었다. 양자의 말투가 서로 다름을 사상적인 윤곽으로 잘라내야만 한다. 왜냐하면 양자의 대립적 말투에는 항상 세대론에 휘감긴 어중간한 경험주의와 전혀 다른 문제가 드러나며, 그것이야말로 '재일'의 미래를 이야기하는 데 중요하기 때문이다.

이회성은 이 양자의 대립적인 '왕복 서간'[1]의 당사자로서 다음과 같은 감회를 썼다.

지금까지 여러 가지를 썼는데 김씨의 편지에 얼마나 대답이 됐을지 그다지 자신이 없다. 우리들의 이 왕복서한에 결여되어 있는 것은 사랑이 아닐까. 그것을 통감하게 된다. 타인에 대한 고통스러운 감명이 부족하다.

상대방의 논의 경위를 돌아보고 당사자인 이회성이 논의의 양상에 주문注文을 다는 형식이다. 어쨌거나 양자의 논의를 수습하려는 틀에 박힌 양식으로 받아들일 수도 있겠지만 이회성이 여기서 돌연 들고나온 '사랑', "타인에 대한 고통스러운 감명"이라는 어구는 김석범과 이회성의 문학 정신의 차이를 명확히 보여준다. 이러한 어구로 이회성은 유화적 말투의 배후에 있는 양자 간 대립점의 소재를 말하고 있다.

---

[1] 이회성과 김석범의 왕복 서간의 경위는 다음과 같다.
李恢成, 「韓國國籍取得の記」(『新潮』, 1998. 6).
金石範, 「『在日』にとっての『国籍』とは何か―李恢成君への手紙」(『世界』, 1998. 10).
李恢成, 「『無国籍』の往く道―金石範への返答」(『世界』, 1999. 1).
金石範, 「再び, 『在日』にとっての『国籍』について―準統一国籍の制定を」(『世界』, 2000. 5).

김석범은 "일본과 '북'의 국교정상화"로 인해 발생하는 "하나의 사태"로 "무국적자의 탄생"을 지적하며 다음과 같이 논한다.

한국적이든 공화국적이든 무국적의 '조선'적이든(그리고 '재일'의 일본적을 포함해서) 재일에게는 총검으로 대치하는 38선이 없는 항상 초월적인 입장과 생각이 요구된다. 제가기 다른 '재일'의 '국적'은 있는 것으로, 그리고 그 벽을 넘어야만 한다. 조선적의 소수자는 감히 남북의 '국적' 취득을 거부하고 무국적의 길을 택하려 한다. 그것은 통일 외의 길을 가질 수 없는 분단 틈새의 존재인 소수자의 통일에 향한 강렬한 지향이고 의지 표시이다. (중략) 국적의 초월과 통일을 추구하는 그 위치는 전위적이다.
'남과 북'에서 해외동포는 무엇인가. 어떠한 관계이고 서로 어떠한 위치에 있는가. 그것을 지금 정면으로 문제 삼고자 한다.

김석범이 제시하는 '재일'의 미래상은 두 이데올로기에 의한 남북의 분단 사실과 이미 진행되고 있는 일본으로 귀화라는 커다란 흐름의 상대와 대치하고, 한쪽을 망각하고 다른 한쪽을 추인追認하는 것에 불과한 '국적 취득'에 대해 남북의 "국적 초월과 통일을 구하는" '전위'로서의 역할을 할당하는 부분부터 그려진다고 할 수 있다.

'국적'은 분단의 상징이고, 일국의 체재 안에서 기능하여도 민족을 둘로 가른 분단 국적이다. 그리고 '재일'의 무국적자는 그 틈새에서 태어나 귀속 없는, 정말이지 분단의 가장 상징적인 존재가 된다.

「허몽담」(『세계』, 1969.8)을 쓴 김석범이다. 귀화를 통해 잃는 것이 무엇인지, 무엇을 잃어버리면 안 되는지 이 작가는 알고 있다. 그것을 잃으면 '재일'이 품은 모든 꿈이 '허몽담'화 되어버릴 것 같은 무언가를 김석범은 끝까지 지키려 했다.

이러한 김석범의 자세는 루쉰魯迅과 닮았다. 허광평許広平과 주고받은 첫 편지에서 루쉰은 "하지만 나는 울지 않을 뿐 아니라 되돌아가지도 않습니다. 우선 갈림길에 앉아 잠시 쉬고, (중략) 만약 호랑이와 마주친다면 나무에 기어올랐다 호랑이가 배를 주리다 자리를 떠나면 내려옵니다. 만약 호랑이가 끝까지 자리를 떠나지 않으면 저 자신도 나무 위에서 굶어죽을 거지만, 그 전에 자신을 끈으로 나무에 동여매 결코 시체조차 내주지 않을 겁니다"(『양지서兩地書』) 라고 썼다. 루쉰의 싸움은 물러서지 않았으며 그로 인해 자기편인 우군마저 실망시킬 정도였다. 루쉰은 싸움을 통해 고루한 중국 민중의 모순된 모습 그 자체로 변혁의 주체로 단련해가고자 했던 것이다.

김석범이 '재일'의 '전위'성을 강조한 것은 "분단의 가장 상징적인 존재"인 '재일'의 원리적 모순 자체를 단숨에 혹은 서서히 변혁의 주체로 바꾸어가려는 발상이다. 루쉰이 중국 민중의 모습(예컨대 아Q와 같은)을 결코 부정하지 않고 어디까지나 그 가능성을 신뢰하려 했던 것처럼, 김석범은 '재일'의 강제된 현상 자체를 외래의 근대적 의장意匠에 의한 의장적擬裝的 부정을 끝까지 거부하고, 삐뚤어짐과 모순 그 자체에서 변혁의 가능성을 찾으려 했다. 그러한 김석범의 자세를 "극도로 환상화 된 섬망譫妄 상태", "우리들을 실망시키는 편협한 마음"이라고 비판하는 이회성의 문장은 맞지 않다. 그것은 루쉰의 굽히지 않는 불굴을 완미고루頑迷固陋로 단정했던 동시대의 잘못과 같은 의미의 잘못이다.

하지만 그러한 비판을 포함한 논쟁 경위에 대해 이회성이 "우리들의 이 왕복 서한에 결여되어 있는 것은 사랑이 아닐까. 그것을 통감하게 된다. 타인에 대한 고통스러운 감명이 부족하다"라고 썼을 때, 거기에는 루쉰의 싸움과 김석범의 자세와 다른 새로운 하나의 지평이 제시되어 있는 것은 아닐까. 이회성이 그리는 '재일'의 미래상은 다음과 같이 서술된다.

> 21세기는 틀림없이 '남북 조국'과 '재일'의 관계가 한층 깊어질 것이다. '남'이든 '북'이든 21세기를 리드해가는 세대가 나온다. '우'든 '좌'든 종래의 오랜 국가 체제를 넘어 서로 지혜를 내놓고 시민적 사회 공간을 만들어갈 것이다. 한국 정부의 동포정책과 동떨어진 '재일'은 존재하지 않을 것이고 '재일'의 존재 양식과 사고를 벗어난 본국은 지지받지 못한다. 공화국도 마찬가지다. 그러나 어쨌거나 남북의 국가를 벗어난 '제3세력'이 된다면 '재일'은 결국 고립되고 일본인으로서의 귀화 예비군을 더욱 증가시키는 데 머물게 된다.

이회성의 이러한 발상의 근저에는 '재일'을 억압/피억압으로 폐쇄된 관계 내부에 봉인하는 것이, 역으로 이 관계를 온전히 추인하게 되는 것이라는 위기감이 있다. 따라서 이회성에게는 김석범이 말하는 '전위'로서의 '재일', 확대되는 귀화의 흐름에 대항하고 분단의 흔적을 정지시키는 '상징'이라 할지라도, 그러한 위상에 선 '재일'은 아무리 발버둥쳐도 억압/피억압의 관계와 함께 살 수밖에 없다.

문제는 이회성이 이러한 이항 대립적인 폐역閉域 자체를 어떻게 사라지게 할 것인지를 생각하고 있다. 피억압자로서의 '재일'이 억압의 주체 내부에 흡수되어가는 것이 아닌 이항 대립의 이항을 함께 소거함으로써 꺼림칙한 관계의 이 세계에서 말소하게 하는 것이다. 그 때문에 '시민적 사회공간'은 이회성이 제기하는 개념과 마찬가지이지만, 이 개념이 내포하는 주체-객체의 수평적 연관 구조에는 본래 이 도식의 발전으로 구상된 김석범의 '재일' 전위론을 넘어설 수 없다.

'시민적 사회 공간'에서는 복수의 주체들이 주체-객체 관계로 연결되어 있고 어떠한 주체도 객체와의 차이를 통해 자기 자신을 제시할 수밖에 없는 원리적 아포리아를 안고 있는 이상, 억압/피억압 관계로 닫힌 '재일' 존재의 네거티브성과 공통되어 버린다. '시민적 사회 공간'이 누구에게나 구성원임을 보장하는 진정으로 열린 공동체가 되려면 주체-객체의 수평적 관계만으로는 결정적으로 부족하다.

이회성이 말하는 '사랑', '타인에 대한 고통스러운 감명'은 '시민적 사회 공간'의 수평적 타자 관계가 이른바 수직적 타자 관계의 기반이 될 것이다. 수평적 타자 관계에서 외관적 평등성은 실제로는 '평등' 기준에서 일탈하는 자에게 무자비한 폭력적 배제를 무한히 반복한다. 프랑스혁명 이후 근대 국민국가의 기계적 폭력 행동은 그것을 웅변적으로 증명한다고 할 수 있다. 국민국가라는 틀을 부정하는 것이 아닌 이상 이 문제는 무한히 재생산되는 억압/피억압 관계를 매순간마다 계속 정중하게 지워내려는 새로운 기축의 창조와 발견에 문제 해결의 가능성이 있다.

2. 상상력과 폭력

「기억과 표현」이라는 대담[2](이정화와 시마다 요시코嶋田美子의 대담)에서 이정화는 기억·아픔·말하기·공유와 같은 문제들을 다음과 같이 언급한다.

> 학생이 실연하여 슬퍼하는 아픔과 과거 위안부 할머니들이 하루에 몇 명이고 상대하여 굳어진 마음의 고통은, 이제는 느낄 수 없겠지만, 신체가 아파온다는 고통, 이 고통을 나는 감히 구분하고 싶지 않은 거야. 중요한 것이 무엇인지 잘 모르겠지만 '아프다고 하는 것'이라고 본다. 이 감각, 이것만 알고 있다면 시작할 수 있다. 그러니 같은 일을 경험했느냐 하지 않았느냐를 묻는 것은 여기선 중요하지 않다. 그러한 질문을 받게 되면 "벌써 알고 있어요, 그런 것은"이라는 반응이 되고 그것에 대해 "잘 알지도 못하는 주제에 뭘 얘기하는 건가"라는 반응이 돌아온다. 이것은 동일한 건 아니지만 뭔가를 서로 나누어 가지려고 하는 행동을 일으키기 전에, 그 행동을 저해하고 소외시키는 담화가 되고 만다. 마치 그 행동을 해본 것처럼.

이정화는 「투덜대는 정치사상 - 요구하는 시선·슬픔을 향해, 그리고 감춰진 것을 향해」의 저자이다. 이정화의 발언에서는 이회

---

2) 「記憶と表現」(『嶋田美子展カタログ』, 慶應義塾大学アート・センター, 1996).

성이 말하는 '시민적 사회 공간'의 수평적 주체-객관적 주체와는 전혀 이질적인 것을 제시하고 있다. 주체-객체의 수평적 관계에 의해서는 각각의 주체는 '개個'로서의 위치를 개체와의 차이에서 역산적逆算的으로 구할 수밖에 없는 이른바 레퍼런스reference의 관계에 갇혀 있다. 게다가 이 폐역閉域 내부에는 수평적 관계에서 이탈하는 '개'를 억압·배제하려는 폭력이 항상 작동하며, 외관상의 '평등'이 무한히 억압/피억압 관계를 재생산한다. 게다가 그것들을 회수하기 위한 그 어떤 사회적 시스템도 갖고 있지 않다.

이정화는 "중요한 것이 뭔지 모르겠지만 '아프다'고 하는 것이라고 본다"라고 한다. 이 통각痛覺이 실재하는 이상 그 고통을 견디며 살아가는 '여기 나'는 의심할 여지가 없는 '개'로 존재한다. 동시에 이 통각은 타자를 향한 표현으로 표출되어 다양한 아픔의 차이, 체험의 구체적 내용 차이와 시간적 격차를 넘어 표현된 아픔의 관계를 환기시킨다. 그리고 하나의 공동체를 형성한다. 이렇게 생성된 공동체=장소의 존재 핵심에 있는 것이 바로 '상상력'이다. 이회성의 말을 빌리면 "타인에 대한 고통의 감명"이다.

주체-객체를 수평적으로 분리하는 사고로는 이러한 '상상력', 즉 "타인에 대한 고통의 감명"은 작용하지 않는다. 거기에 있는 것은 "벌써 알고 있어요, 그런 것은", "잘 알지도 못하는 주제에 뭘 얘기하는 건가"와 같은 경직된 반응이다. 이 허들을 어떻게 넘을지에 대한 문제는 주객 분리의 근대적 사고나 근대 국민국가가 만들어낸 무제한의 폭력, 전쟁 체험의 유무, 국적 여하 등 이른바 근대적 패러다임에서 만들어진 불가침의 경계선(보더라인)을 말소하려는 시도로 존재한다. 이회성과 김석범의 대립적 언설을 전쟁 체험에 대한 세대적 신구론으로 환원하는 것은 근대 국민국가의 패러다임으로 수렴되어, 양자가 희구하는 '재일'의 미래상은 영원히 미래상으로만 존재하게 될지도 모른다.

이정화는 같은 좌담회에서 표현과 상상력에 대해 이렇게 말한다.

> 아트라는 표현의 영역을 생각하면 여기에서 그 추상화하는 힘을 묻게 된다. 중요한 것은 요약하는 것보다 상상력이다. 같은 것을 경험하느냐 안 하느냐를 묻게 되면 표현은 성립되지 않는다. 여기가 아트의 결정적인 감수성이라 생각한다. 어떤 의미에서는 말도 거기에 있어야만 해. 진정한 말이란 주관도 객관도 아니야. 그 중간을 묻고 있는 거지.

시마다 요시코는 이정화의 이 발언에 응하면서 이렇게 답하고 있다.

> 근원적이고 감각적인 고통이라는 것이 없으면 타자라는 것은 어디까지나 타자이고, 당신들이 아플지라도 우리는 관계없는 이야기가 되고 만다. 그러나 우리에게 있고 없는 것은 완전히 동일한 아픔이라는 것, 완전히 결합해 완벽하게 추상화해버리면 또 다르다.

'상상력'은 표현의 주관과 객관의 중간에서 작용하는 것이다. 대화자가 말하려는 것은 그런 것이다. 주관적 표현은 "우리와는 관계없다"라는 반응밖에 나오지 않으며, 역으로 타자 일반에게 객관화되어 있는 타당한 표현이라면 희석된 흥미 수준의 반응을 끌어낼 것이다. 그러나 중요한 것은 그 어떤 경우에도 표현자와 향수자라는 한번은 분리된 존재의 완전한 융합·일체화를 꿈꾸는 것과 같은 표현이라는 것이다. 실현 불가능한 목적을 향해 성급히 뛰어오르는 이러한 종류의 표현은 억압 장치로 바뀌는 것을 피할 수 없다. 표현에 의한 억압은 근대의 패러다임으로 설정된 주체-객체의 분리도식(표현자와 향수자)이 겪는 말로이다.

'상상력'이란 "주관도 객관도 아니다. 그 중간"이 작용하는 힘이다. 혹은 주관과 객관의 '섞인' 영역을 헤쳐나가는 힘, "근원적이고 감각적인 고통"에서 출발하여 타자의 '고통' 표현과 마주하며 손을 내미는 힘. 이 힘에 의해 주체-객체의 분리 도식과 억압/피억압이 서로 의지하며 관계를 말소한다. 이정화의 「투덜대는 정치사상 - 요구하는 시선·슬픔을 향해, 그리고 감춰진 것을 향해」에서 인용해 보자.

억압받은 사람과 기억을 이야기함으로써 요약되고 사회적으로 살아가는 현장성을 잃어버리는 일도 있을 수 있고, 억압한 자는 이것을 이미 구원받지 못하는 혼으로서의 죄의식 속에서, 혹은 억압자, 강자, 지배자의 틀에서 한걸음도 벗어나지 못하는 이 악순환. 그렇지 않다. 억압을 받은 측에서의 포용, 부둥켜안고 보듬는다고 하는 것 자체로 함께 살아갈 수는 없는가. 위에서부터 용서하고 위에서 주어지는 공생이라는 것은 억압받는 자의 마음이 치유되지 않는 한 근본적으로 상당히 힘들다. 그것이 현실의 냉혹한 모습이기도 하다. 그때, 자신의 배에 탄 남자들 그것을 역으로 어루만지고 부둥켜안는다는 이 행위 자체가 타자와 공생의 길을 열어가는 게 아닌가.

억압의 흔적이 살아가는 에너지가 된다. 억압의 부당성을 이론적으로 말하는 담화가 아닌 마음의 상처를 살아가는 힘으로 바꾸는 기축으로서 '부둥켜안고' '보듬는' 행위이다. 어째서 이런 일이 가능할까? 이정화는 이렇게 말한다.

> 모성이 갖는 이데올로기성을 공격하기 전에 자신의 배 위, 한국어로 말하면 '배', 배=배를 타고 세계를 방랑하는 존재 혹은 혼을 향한 사랑, 혼의 비애, 그것을 사랑하는 자세, 사랑하는 시선, 사랑하는 행위. 그것 자체에서 어쩌면 공생, 함께 살아가는 것이 역으로 있게 될지도 모른다.

통각痛覺에서 시작되는 '상상력'은 여성을 능욕하는 남자들의 '혼의 비애'에도 미치고 그것을 사랑한다. 이것은 놀랄만한 일이다. 여성의 "배(사람의 배)=물위의 배"를 타는 남자들은 이렇게 죄를 면죄받는가. 근대국가가 낳은 모성 이데올로기가 여기서 또다시 반복적으로 기능하는 것이 아닌가.

하지만 모성 이데올로기에 닿을 아슬아슬한 지점에서 작용하는 이 '상상력'은 남녀 간의 억압 관계 바깥까지 미치고 있다. 위안소가 설치·운영되고 반복적이고 일상적으로 능욕이 행해진 '현실' 바깥쪽에 계속해서 모습을 감추고, 그 '현실'을 현실답게 만든 검은 힘쪽으로 '상상력'이 미친다. 물론 남자들은 단순히 그 외부의 힘에 조종당한 것이 아니다. 게다가 스스로 그와 같은 침략적 폭력의 주체가 되고자 한다. 그럼에도 불구하고 거기에 "혼의 비애"가 있다고 할 때, 근대적 보편주의 시대에 살았던 아시아 남자들의 축도縮圖가 부상한다. 혹은 능욕한 남자들을 용서하고 공생하는 것 외에 아시아를 억압/피억압 관계에서 구해내는 일은 불가능하다고 해야 할지도 모른다. 고통의 감각에서 시작되는 '상상력'은 가장 근원적인 폭력에 대한 저항을 위한 아슬아슬한 전략 혹은 최종적인 용서를 향한 재촉이라 말할 수 있는지도 모른다.

3. 일본어로 쓴다고 하는 것

'재일' 일본어 문학이 현재 이렇게 존재한다는 것은 '재일'의 통각으로부터 출발한 일본을 향한 '상상력'의 존재를 증명한다. 그 문학이 일본어로 쓰여질 수밖에 없는 근본과 연계된 문제이기도 하다. 억압/피억압 관계를 무효화하려고 '재일'이 그 억압구조의 핵심을 억압자의 앞에 억압자의 말로 내밀고 위로한다. 문학작품의 작가-향수자와 같은 수평적인 분리 도식으로는 결코 취할 수 없는 수직적 관계이다.

김석범은 「투덜대는 정치사상」의 저자 이정화가 "일본어 이상으로 본래 모어이기도 한 조선어에 능통함에도 불구하고 조선어로 직접 쓰지 않는다. 왜 몸은 그렇게 쓰는 것을 허락하지 않는가"[3]라는 물음에 대해 다음과 같이 논하고 있다.

조선어에 대해 말하자면, 자신의 체내를 따뜻하게 하고, 발효되고, 땀 냄새를 발산하고, 향기를 풍기는 '고향'의 말이다. 그 말은 망각의 단편의 생신生身, 몸속의 몸으로, 정말로 그것이 상처라면 강한 바닷물을 머금은 바람이 되어 닿는다. '고향'의 말은 돌덩이가 되어 작가를 공격한다. 망령의 동맹 무리가 사람을 죽일 것이다.

왜 일본어로 쓰는 것을 그만두지 않았던 걸까. 일본어로 쓴 것은 작가의 도피라 해도 좋다. 그렇지만 쓸 수밖에 없었다. 복수라도 한 건가. 그리고 이 말의 거리距離야말로 작가를 구원한다.

이는 일본어를 넘어 상상력의 공유를 이루고, 하나의 보편적 세계를 만들어내는 힘이 되었다고 할 수 있다.

일본어로서의 표현의 성립은 작가 자신의 망각으로부터의 소생이고 싸움이며, 스스로 구원을 향한 기원이 되어 사랑과 중첩된다.

여기서 김석범이 '상상력의 공유'와 '사랑'을 말하는 것은 이회성과의 논쟁을 알고 있는 이에게 의외로 보일지도 모른다. 그러나 김석범에게 '조선어'는 '고향' 제주도의 기억 밑바닥에서 부글부글 솟아오르는 것이고, 그 억압의 흔적을 조선어로 직접 말하는 것으로

---

3) 김석범, 「망각은 되살아나는가(忘却は蘇るか)」, 『思想』, 1998. 5; 「기억과 표현(記憶と表現)」, 「투덜대는 정치사상(つぶやきの政治思想)」, 「망각은 되살아나는가(忘却は蘇るか)」의 인용은 『투덜거리는 정치사상(つぶやきの政治思想)』, 靑土社, 1998. 12에 근거했다.

부터의 '도피'로서, '재일' 일본어 문학이 규정된 것임을 간과해선 안 된다. 바로 그 점에서 김석범의 불굴의 상모相貌가 분명히 드러난다고 해도 좋다. 하지만 김석범으로 하여금 일본어로 소설을 쓰게 만드는 충동과 이중, 삼중의 속박과 상대의 벡터Vektor가 길항하고 있으며, 어느 쪽으로도 수렴되지 않는 현실이 있다.

'재일'이 일본어로 쓰는 것은 '고향'을 망각에서 끌어올리는 것이고 억압자와의 '싸움'을 재현하는 것이기도 하다. 하지만 그것뿐이라면 조선어로 쓰는 편이 일의적一義的으로는 우선되어야 할 것이다. 그럼에도 불구하고 '재일'이 멈추지 않고 일본어로 쓰는 것은 억압/피억압과는 다른 형태로 '재일'과 일본의 공생에 대한 꿈을 버리기 어렵기 때문이다. 이 꿈을 유지하고 있는 것은 두말할 필요 없이 통각痛覺을 모체로 하는 표현이며, 그것을 가능하도록 만드는 '상상력'이다. 일본어로 쓰는 것이 '재일'의 고통을 한층 더 깊게 만들고 '싸움'으로서 '재일' 문학의 상모를 확립시키는 것이다. 이 아픔을 매개로 억압자의 통각을 상기시킨다. 그리고 "하나의 보편 세계를 만들어내는" 힘이 되는 것은 '재일'에 의한 일본어 문학의 본질론적 전략에 다름 아니다.

따라서 '재일' 문학에는 '싸움'과 '공생'이라는 두 가지 측면이 있다. '싸움'에서 오는 고통이 부정되거나 치유되는 것이 아니며, 고통의 표현 그대로가 '공생'의 기반이 된다. 그러한 수직적 구조체로서 '재일' 문학이 존재한다고 해도 좋을 것이다.

아에바 다카오饗庭孝男는 김석범의 문학관에 대해 다음과 같이 말한다.[4]

작가가 언어 표현을 원하는 것은 현실과 자신의 생활 태도의 위화違和에서 촉발되기 때문이다. 하지만 김석범과 같은 재일 조선인에게는 단순한 현실과의 위화뿐만이 아닌 거기에 일본어로 쓰는 문제에서 발생하는 위화가 더해진다. (중략)
하지만 김석범은 이러한 현실적 위화를 언어 그대로 내세우려는 것이 아니다. 인식과 표현 사이에는 이른바 표현의 자립적 세계에 대한 김석범의 정통적이라 해야 할 생각이 깔려 있다. (중략)
김석범은 이 노력을 오로지 하나의 문학적 보편을 지향하는 것이라 말하고, 언제나 그 작업이 '개個'를 벗어나선 안 된다고 한다. 내가 정통적이라는 것은 이 작업의 자각이 김석범을 떠받치고 있다는 점이다. (중략) 나는 거기에 픽션의 적극적인 긍정, 소박 체험주의의 부정, '개'로부터 '보편'으로의 노력이라는 진정한 정통 소설로의 인식을 보고 있다.

아에바 다카오는 여기서 현실과 위화라는 유난히 '개'적인 통각이 작품 언어의 자립(픽션의 적극적인 긍정)을 통해 '개' 체험의 상위相違를 넘어 '보편'으로 향하는 경위를 말하고 있다. 아에바 다카오가 굳이 "소박 체험주의의 부정"이라고 말하는 것은 '재일' 고유의 고통 감각을 표현 차원에서 구원하고 독자의 통각을 통해 관계를 환기함으로써 "그런 것은 이미 알고 있다", "잘 알지도 못하는 주제에 뭘 얘기하는 것인가"라는 억압적 담론을 꺾는 '재일' 문학의 본질론적

---
4)　饗庭孝男,「人と人物　金石範」(『筑摩現代文学大系 95』, 1977.12).

전략을 분명히 하기 위함일 것이다. 아에바가 말하는 '보편'은 통각의 표현이 환기하는 연대의 확장이다. 근대적 보편주의가 초래하는 보편적 억압구조의 내부에서 자립한 픽션으로서의 고통 표현에 모든 억압/피억압의 당사자가 그 통각에 이끌려 참여하는 것이다.

이렇게 '재일' 문학의 표현은 주관과 객관, 억압과 피억압, 의미와 무의미, 국적 취득과 무국적, 남성과 여성이라는 모든 대립 도식의 어느 한쪽에 가담하지 않고, 그 '중간'에서 의미를 낳는 텍스트가 된다. 하지만 이 '중간' 영역은 순수 결백한 무구無垢의 영역은 아니다. 그뿐만 아니라 거기에는 모든 이해·억압 관계인 당사자의 통각이 차고 넘친다. 그리하여 아에바는 그 표현의 소설적 자립을 김석범 문학에서 인정하고 존중한다. '개'로부터 '보편'으로의 도정은 어디까지나 '개'의 관철이다. 다양한 '개'의 믹스로 이루어지는 계면界面의 형성, 그 열린 '장'의 생성에 '재일' 문학의 표현이 걸려 있다.

'재일' 문학의 이러한 특질은 전쟁기 식민지 시대의 '재일'에 의한 문학에서도 마찬가지로 확인된다. 「빛 속에서」(1939.10)[5]로 아쿠타가와상 후보작으로 거론된 김사량은 굳이 조선어가 아닌 일본어로 이 작품을 쓴 것에 대해 이렇게 말한다.[6]

---

5) 김사량, 「빛 속으로」(『文芸首都』, 1939.10). 이듬해 1940년 상반기 아쿠타가와상 후보작이 되고, 3월 『문예춘추』에 게재된다. 또한 「빛 속으로」를 둘러싼 고찰로서는 朴柎禮의 「金史良作品試論 - 『光の中に』を中心に」(『駒沢国文』 37호, 2000.2)를 참고하길 바란다.
6) 金史良, 「朝鮮文通信」, 『現地報告』, 文芸春愁, 1940.9.

나는 여러 불편을 견뎌가면서 내지어(일본어)로 쓰는 사람이나 또 쓰려는 사람들의 입장을 이해해야만 한다고 본다. 그건 왜일까. (중략) 조선의 문화와 생활, 감정을 훨씬 넓은 내지의 독자에게 호소하는 동기 혹은 또 다른 의미에서 조선 문화를 내지와 동양, 세계로 넓혀가고자 미력하지만 그 중개자 역할을 하고 싶다는 동기도 그럴 것이다. 또한 무엇보다도 지금 시대는 그것을 요구하고 있다.

"조선의 문화와 생활, 감정"이 소설적 허구를 통해 표현되고 내지(일본) 나아가 "동양과 세계로" 넓혀감으로써 김사량은 전쟁기 식민지 시대를 살아가는 '재일'의 아픔을 억압/피억압, 서양/아시아라고 하는 대립 관계를 넘어선 진정 격 없는 확장을 원했다. 다양한 대립 관계를 포화점의 극한 가까이까지 내포시키면서 거기서 생겨나는 온갖 고통을 상상력으로 훌륭히 표현하고 그려냄으로써 대립 관계 자체의 무효를 선언하고, 슬픔과 고통을 껴안는 '개'의 교착적 삶의 '장'을 그려내는 것이 김사량의 창작 동기이다. 김사량이 말하는 "조선의 문화와 생활, 감정"이야말로 이러한 '장'의 생성을 지탱하는 '재일'의 통각으로 관통되는 삶의 모습과 다름없다. "또한 무엇보다도 지금의 시대는 그것을 요구하고 있다"라고 쓸 때, 전시 식민지 시대의 몇 겹씩 중첩된 억압 관계 속에서 '재일'로서 일본어 창작 가능성의 최대치가 조망되었다고 할 수 있다.

나카노 시게하루中野重治는 「피압박 민족의 문학」(1954.4)에서 김달수의 『현해탄』 「후기」의 "일본인에 대해서는 민족의 독립을 상실한 제국주의 치하의 식민지인이라는 것이 어떤 것인지를 보여줄 생각이었다. 이건 지금의 일본인에게 가장 적극적인 과제이어야만 한다"라는 말을 거론하며 다음과 같이 언급했다.[8]

> 그렇다면 지금까지 일본인의 모습을 투영한 것이 오늘날까지의 일본 문학인 이상, 이제부터 피압박 민족의 문학을 연구한다는 것은 지금까지의 일본 문학을 새롭게 연구하고 재검토한다는 것으로 자연스럽게 이어진다. 지금부터의 일본 문학을 다름 아닌 피압박 민족의 문학으로 여김으로써 우리들은 이른바 전혀 새로운 각도에서 일본의 근대, 현대문학의 총체를 볼 수 있는 지점에 온 것이라고 나는 생각한다.

나카노의 이 발언은 샌프란시스코 강화조약에서 미일행정협정으로 독립을 회복한 일본과 미국의 관계에 근거한 것이다. 즉, "앞으로의 일본 문학을 다름 아닌 피압박 민족의 문학으로 생각한다"라는 나카노의 말은 억압/피억압의 대립 도식 내부에 1954년의 일본 국민을 던져놓음으로써 '재일' 문학의 통각을 일본 국민의 '개'의 내부에 상기시키고, 그 안에 놓은 대립 관계 자체를 '재일'에 의한 고통 표현의 공감에 의해 뒤흔들고 무효화하려는 발언[9]인 것이다.

---

7) 金達壽, 『玄海灘』, 筑摩書房, 1954.1.
8) 中野重治, 「被壓迫民族の文學」, 『岩波講座』 第3卷, 1954.4.
9) 고모리 요이치(小森陽一) 「언어와 문화의 복종성(言語と文化の複綜性)」(『군조(群像)』, 1996.7)에서 "리비 히데오(リービ英雄) 이전에 상당수의 재일 한국인, 재일 조선인, 재일 대만인 작가가 문단 혹은 문예잡지 저널리즘의 내부에서 문학적 활동을 전개했음에도 불구하고, 왜 리비 히데오의 등장 때처럼 화제가 되지 않았던 것인가, 라고 물어보자"라고 했다. 이는 미합중국과 '재일'에 쏟아지

그렇다면 나카노의 이 발언은 특정 날짜와 연계된 것이 아닌 메이지 이후 국민국가 일본의 행동적 총체를 향한 것이라 해도 무방하다.

"일본의 근대, 현대문학의 총체를 내려다보는" 시좌로서 '재일' 문학을 자리매김하는 나카노 시게하루의 인식은 근대국가 일본의 억압적 행동에 대한 작금의 놀라울 수밖에 없는 불명료함으로 인해 다시 잊혀지고, 사라지려 하고 있다. 아픔의 기억에 대한 '이해'의 형태가 또 다른 종류의 억압적 재생산을 촉진하고 단절하지 못한 채로 단순하게 유행/유통하는 것이 '재일' 문학 현상의 일면이다. 이러한 현상이 드러내는 '피억압적인 상모 아래 '재일'의 심적 고통의 표현을 풍화風化시키는 것만은 피해야만 한다.

전후 '재일' 문학의 과거의 통각 표현이 머지않아 잊혀지고, 소멸되는 것을 피할 수는 없다 하더라도 지금은 눈감을 때가 아니다. 망각에 대항하고 고통의 기억으로부터 서술되는 표현의 '장'을 지켜야만 하기 때문이다.

"입이 있는 자는 말하라"라고 김석범은 말했다.

는 시선에는 정치적인 힘의 관계에 따른 선입관(bias)이 걸려 있다는 지적이다.

제1부

전후 '재일' 문학론

제1장　김학영론 -「시선의 벽」
제2장　김석범론 -「허몽담」
제3장　이회성론 -「다듬이질하는 여인」
제4장　이양지와 히구치 이치요
제5장　천황·홈리스·정토진종
　　　　- 유미리 『JR 우에노역 공원 개찰구』 시론
제6장　재일 문학 연구의 방향성

제1장 ── 김학영론
-「시선의 벽」

1.「얼어붙은 입」- 발단

　근대 국민국가의 형성 과정은 국민적 동일화와 국가적 제도화라는 두 개의 다른 벡터Vektor의 합성으로 기동되는 폭력적 기계장치의 조립 공정과 같다. 거기에는 국민과 국가 사이에서 생기는 모든 모순을 대외적으로 해소, 발산시켜가는 시스템이 있다. 그리고 국가 팽창 정책의 코스가 대외적 위기를 증대하는 중대한 결과를 초래할지도 모르는데 자국의 안정적 제도의 관리 유지를 위해 자진해 선택되어간다.
　그러나 근대 국민국가가 걷는 이러한 코스를 근대화 프로그램의 교지狡知로 통틀어 비판하려는 시도, 예를 들면 근대의 초극을 주창한 교토학파의 '교의학敎義學'처럼, 근대화 프로그램의 단순한 네거(음화)를 철학적으로 위장한 유사 프로그램이 될 수밖에 없다. 즉, '반제국주의' '반식민지주의'라는 말로 환기되는 전근대적이고 '에스닉'한 영역을 본질론적으로 실체화하는 사고법이다. 그러한 사고의 지평에 실체시實體視된 '재일' 문학의 민족적 의의, "반제국=해방" 투쟁으로의 문학적 공헌이라는 역할론을 '문학' 고유의 시좌로 해체하는 것은, '문학'과 '근대'의 공범시스템 기구를 비춰 보는 시력을 동반하는 한, '재일' 문학에 주어진 가능성을 열어가는 것과 연계할 수 있다. 그런 의미에서 다케다 세이지의 '재일' 문학론은 근대 비판에서 아무도 밟지 않았던 황야와 곤란을 맨발로 헤쳐 나가는 것이었다. 정치주의를 단절하는 그 유연한 논리 전개의 신선함이 광범위한 독자의 지지를 결집하고, '재일'을 살아가는 죄의식을 말하는 다케다의 비평은 근대화 프로그램에 대립하는 유일하고 유효한 문학적 입장으로서 지지받는다.

'재일'이 안고 있는 불우감을 민족의식의 형성으로 극복하고 해방되기를 기원하는 심성이, 마침내 '재일'을 둘러싼 현실적 기반에 의해 꺾이고 불우감을 심화시키는 경위를, 다케다 세이지는 '재일' 2세 작가 김학영의 문학 속에서 확인하려 한다.

접을수록 두툼히 쌓이는 불우감을 "결코 회복될 수 없는 불우감이다"라고 쓴 다케다 세이지는 근대 국민국가가 휘두르는 폭력과 거기에 대항한다는 다소 낡아 보이는 대립 도식에서 보이지 않는 '실존'적 영역을 다루고자 했다. 특히 김학영 문학에서 반복되는 말더듬이의 모티브를 통해 "회복될 수 없는 불우감", 치유될 수 없는 깊은 상처의 얼얼한 통각을 '재일'로 살아가는 '사私'성으로 수용하려 했다고 할 수 있다.

재일 문학은 다케다 세이지의 일련의 평론에 의해 "반제=해방" 투쟁의 문학적 공헌의 위치로부터 '공'에 대한 '사'의 갇혀진 실존 감각의 내부로 위치를 옮겼다고 할 수 있다. 하지만 다케다는 그 장소를 '재일' 문학 비평의 거점, 예컨대 이회성 문학의 '교양소설'적인 배치를 비판하거나 김석범 문학에서 차지하는 '제주도'의 압도적 우위를 '재일'이 살아가는 전후 일본 사회의 현실적 기반에 비춰가며 비판한다.

　'공'과 '사'의 대립 축은 '공'과 '공'의 헤게모니 쟁탈 구조와 다르다. '사'는 일방적으로 '공'의 우위 앞에서 압도되고 상처 입고 그 통각에 의해 근원적인 자아='사'의 핵심을 이해하는 것이라 할 수 있다. 김학영이 그리는 말더듬이의 모습은 그와 같은 극한의 상황을 강요받은 자아의 깊은 고독감을 그린 것이다. 또한 '공'과 '사'의 대립 도식은 인식론상의 소위 '안밖' 문제를 얽히게 한다. 갇혀서 자기 완결된 인식 주체와 인식 대상의 실재성, 이 양극의 관계를 어떻게 조정할까 하는 데카르트 이후의 이원론이다. 칸트의 관념론 철학과 마르크스의 사적 유물론의 관계는 주체와 객체, 내재와 초월, 자기와 타자와 같은 다양한 '안밖' 관계로 변화되며 마침내 양자 사이를 매개하는 조정 이론의 구축으로 나아갈 수밖에 없다. 그것이 서양철학사가 가르쳐주는 인식의 조리條理이다.

　다케다 세이지의 '재일' 문학론이 특별히 김학영이 그리는 말더듬이의 죄의식에 비추어보려 할 때, 김학영 스스로 작품을 써가며 풀고자 했던 '안밖' 문제에 대한 집착을 간과해버린 것은 아닌가. 김학영의 문단 데뷔작인 「얼어붙은 입」(『문예』, 1966.9)에서 각 인물의 개성으로 그려진 말더듬이와 재일이라는 두 측면이 한 인물의 내부 시점에서 통합적으로 그려진 작품은 「시선의 벽」(『문예』, 1969. 11)이 최초다. 그 사이 약 3년 동안 김학영은 말더듬증에서 오는 실존적인 애매함의 감각인 말더듬이와 재일의 중간, 즉 실존적 자기 완결을 향해 퇴행하지 않고 간단하게 대항적 국가 내셔널리즘에 결부시킴으로써 '재일'의 '사'성을 안일하게 사회화 하지 않는 중간적 매개항의 형상화를 위해 악전고투했다고 할 수 있다.

「얼어붙은 입」부터 「시선의 벽」에 이르기까지 김학영은 말더듬이 모티브를 의도적으로 피하면서 '재일'로 살아가는 불우감과 철저하지 못한 민족의식의 각성이 어중간한 주인공의 의식 내면을 반복적으로 그리고 있다. 거의 일 년에 한 작품의 페이스로 『문예』지에 게재된 「완충용액」(1967.7), 「유리층」(1968.1), 「탄성한계」(1969.9)에서 일관되게 흐르는 것은 '재일'이 전후 일본 사회를 살면서 강요받은 정치적 입장과 그것을 '개인'의 불우감으로 직결시킬 수 없는 데서 치밀어 오르는 초조함이다. 예를 들어 「유리층」의 결말 부분에서 김학영은 북조선 귀환의 양상을 보도하는 선술집 텔레비전 화면을 향해 "조선인은 빨리빨리 돌아가"라고 내뱉는 일본인 노동자의 소리를 듣는 '재일' 주인공의 모습을 다음과 같이 그린다.

그는 그 말에 말할 수 없는 분노와 슬픔을 느끼면서 동시에 그것이 자신을 향한 말처럼 가슴을 찔렀고 마음을 관통했다. 그러나 그는 노동자에게 항의의 말을 내뱉지 못하고 노동자와 마찬가지로 일본인 앞에서 생기 없고 얼빠진 눈으로 텔레비전의 귀환선 영상을 보고 있다. 일본인에게도 다가서지 못하고 손을 흔들며 귀환선으로 승선하고 있는 민족의식 넘치는 텔레비전 화면의 조선인에게도 다가서지 못하는 그 사이에서 유리되고 떠다니며 방황하고 있는 자신을 느끼면서.

김학영의 데뷔작 「얼어붙은 입」에서 서사화 되지 않는 않은 '사회' 양상이 여기서는 "말할 수 없는 분노와 슬픔"을 통해 모습을 드러낸다. 그럼에도 불구하고 이 '사회'는 주인공의 '사'성과 무관한 불쾌하고 표층적인 이미지에 지나지 않는다. 심층에 놓인 것은 어디까지나 '사'적인 불우감, 사회적 해결의 출구를 찾지 못한 실존의 어두움이다.

하지만 사회로의 통로가 차단된 실존적 불우감은 본래 「얼어붙은 입」에서 일본인 이소가이의 말더듬이로서의 괴로움에서 추구되었다. '재일'이며 말더듬이기도 한 최규식의 이중고는 단순히 이소가이의 고뇌에 공명하는 자격으로 부여될 뿐이다. 그것도 말더듬이라는 최의 고뇌는 그렇다 치더라도 말더듬이라는 더 깊은 고뇌가 그의 '재일'성을 능가하고 있다.

「유리층」을 비롯한 이 시기의 작품에 그려진 재일로 살아가는 주인공의 모습은 실은 「얼어붙은 입」의 일본인 이소가이, 심한 말더듬이고 최를 남기고 자살한 이소가이의 죄의식이 바탕에 깔려 있다. "동료들에게서 유리되고 떠다니며 방황하고 있는 자신"인 말더듬이 이소가이와 '재일'인 최의 통합적인 상像을 추구하면서 여전히 그 매개를 찾지 못하고 있는 김학영의 모습이 중첩된다.

2. 「탄성한계」- 미주迷走

「완충용액」, 「유리층」이라는 두 타이틀은 매개적인 위치에 있으면서 오히려 삶의 리얼리티를 잃게 만드는 요인인 두 작품의 모티브가 단적으로 표현된다. 하지만 「탄성한계」에서는 화자인 소년에게 말더듬이라는 설정을 면밀하게 피하면서도 '재일'로 살아가는 '사회' 양상이 소년의 아버지(종원)를 광기로 몰아넣는 압도적 폭력성으로 그려진다.

종원의 광기가 일본인 이소가이의 자살로 가는 내적 세계의 긴장감 고조와 '재일'을 둘러싼 사회적 압력이 통합된 모습임은 분명하다. 말더듬이 이소가이의 출구 없는 불우감은 종원에게는 사회적 억압에서 초래된 광기이다. 따라서 태어나면서부터 발생하는 어쩔 수 없는 조건이 아닌 '재일'을 둘러싼 사회구조의 반영이자 거기에서 발생하는 삐뚤어짐이며, 그것을 '문제'화하여 비판적으로 응시하는 시선에서 탄생하는 거리이다. 이 시선은 말더듬이의 실존적 어둠에서 기인하고 사회구조를 향해 당겨진 화살로, 이른바 실존과 사회적 보편의 매개항 발견, 그 '내(안)-외(밖)'의 문제를 푸는 열쇠이다.

하지만 종원의 광기에는 그를 쓰러뜨린 자를 꿰뚫는 시선은 상실되었고, 이소가이가 자살에 이르는 실존적 내부로의 틀어박힘은 여기서도 반복된다. 그러나 아버지를 대신한 아들 현玄에게는 종원의 실존적 어둠을 사회구조의 '문제'로 응시하려는 시선이 확실히 갖춰져 있다. 종원의 밀조가 적발되어 한창 가택수색이 벌어지는 시점에서 현은 파수꾼 구로카와 순사의 등을 응시하며 이렇게 말한다.

> 현은 언젠가 그가 집의 고타쓰에 앉아 종원이 따라준 술을 맛있다며 홀짝거리고 있을 때, 어딘가 비굴한 표정을 떠올렸다. 현은 지금 어떤 증오감으로 그를 바라보고 있다. 그때 마신 술이 실은 밀주였다는 것을 그는 분명히 알고 있었을 것이다. 그러한 그는 지금 술을 밀조했다는 것 따위 전혀 몰랐다는 표정으로 그곳에 서 있음에 틀림없다. 그런 그의 표정과 마음이 창가에서 그를 보는 현에게는 훤히 들여다보였을 것이다. 불안한 생각 속에 분노가 치밀어 오름을 느끼며 현은 구로카와 순사의 약간 구부러진 등을 향해 욕을 퍼붓는다. 구로카와 이놈!
>
> 「탄성한계」

응시와 분노. 현의 시선은 구로카와 순사의 등을 꿰뚫어 '재일'을 둘러싼 전후 일본의 사회구조에까지 미친다. 밀주라는 것을 알면서 묵인하고 제복을 입은 채 종원의 집에서 술잔을 비운 구로카와 순사의 비굴한 표정과 가택수색 집행관의 호위를 담당한 순사의 경직된 등에는 패전 후 미국의 극동정책에 편입되어가는 것에 상응하며 재근대화再近代를 향해 움직이기 시작한 '민주 국가' 일본의 떳떳하지 못한 일면이 한심하고 적나라하게 모습을 드러내고 있다.

그러나 응시하는 현의 분노는 아버지 종원의 광기를 막지 못한다. 아버지가 어머니를 살해하는 비참하기 짝이 없는 사건으로 대학 진학의 꿈이 좌절되고 파친코에서 주거와 식사를 해결하는 점원으로 전락한 자신의 모습과 마주한다. 이렇게 일가는 흩어지지만 그들을 둘러싼 전후 일본 사회가 변화될 조짐은 전혀 없이 파친코점 '후지홀'로 마음을 닫은 고독하고 움츠린 '재일' 동포가 한 명 또 한 명 모습을 드러낸다.

종원의 광기는 밀주이건 귀금속 매매 브로커이건 일본 사회를 살아가는 '재일'이 권력의 개입으로부터 생활수단을 지키기 위해 생겨난 것이다. 그 과도한 긴장으로 종원은 자의식의 내면에서부터 권력의 시선에 의한 침입을 철저히 배제한다. 그러나 결과적으로 그로 인해 종원은 응시하는 입장에서 응시당하는 사람으로 전락하고 만다. 현의 시선을 종원이 다시 획득할 수는 없다. 마음을 닫은 '재일'이 '후지홀'에 출입하고 현은 단지 판盤 앞에 앉은 그들의 우울한 등을 멍하니 바라볼 뿐이다.

3. 「시선의 벽」 - 김희로 사건

「탄성한계」의 다음 작품이 「시선의 벽」(『문예』 1969.11)인 것은 김학영이 이 시점에서 「얼어붙은 입」에서 「유리층」까지의 작품세계에 누락되었던 '시선'의 의미를 자각했음을 보여준다. 「탄성한계」에서 그려낸 종원의 광기는 '재일'을 둘러싼 시선의 폭력과 거기서 도피하는 '재일'의 무력함에 대한 자각이라고 할 수 있다. 「시선의 벽」은 「얼어붙은 입」에서 「유리층」까지의 비판적 의미를 포함해 김학영의 새로운 전개를 보여주는 중요한 작품인 것이다.

'재일'이자 말더듬이인 화자 이수영은 4년 전에 처녀작 「겨울날에」를 동인잡지에 발표한 화학계 대학원생이다. 「얼어붙은 입」의 최규식은 '재일'과 말더듬이 두 측면을 함께 지닌 인물이지만 이수영은 최규식 이상으로 「얼어붙은 입」으로 문단 데뷔 이후 3년 정도 지나 「시선의 벽」을 집필할 당시 김학영의 모습과 더 가깝다. 작품에서 '작년 2월에 일어난 김희로 사건을 떠올렸다'라며 대학의 여름방학 시절 온천여행을 술회했던 1969년 여름으로 작품 시점을 설정하고 있다. 이미 「탄성한계」(1969.9)에서 쓰여진 구로카와 순사의 모습이 김희로와 경찰의 관계에 기반을 두었을 가능성도 있다.

종원의 광기는 김희로가 취한 행동의 네거(음화)일 뿐이지만 이 둘을 둘러싼 전후 일본의 사회구조는 「시선의 벽」에 정확히 포착되어 있다. 김학영이 종원의 광기의 무력함으로부터 일본 사회를 향한 시선을 획득하려고 한번에 주제의 방향성을 역전시킨 배경에는 김희로 사건의 영향이 있다고 생각할 수도 있다.

김희로 사건은 '재일'을 향한 '시선'이 발단이었다. 김학영이 「시선의 벽」에 이 사건을 기록한 것은 아마도 다음과 같은 이유일 것이다. 일본인의 시선에 '재일'이 안고 있는 초조함을 일본 사회를 향해 김희로 사건만큼 노골적으로 드러낸 적은 없었다. 이 사건에 의해 '재일'을 향한 일본인의 반감은 한층 더 강해졌지만, 김학영 자신은 김희로의 폭력적 행동을 '재일' 동포로서의 공감 이상으로 일본인과 동일한 곤혹스러움을 느꼈다. 동시에 그런 자신의 뒤틀린 심성에 한층 더 강한 위화감을 느끼고 있었다. 실제로 문단 데뷔작 「얼어붙은 입」의 최규식 이후, 김학영 작품에 이런 종류의 시선은 이상할 정도로 희미해지고 흔들리는 경향이 있다. 김희로 사건에 직면함으로써 작가는 처음으로 왜 자신의 작품에서 그것을 묘사하지 못했는가를 자문하게 된다.

「시선의 벽」의 주인공 이수영이 4년 전에 동인잡지에 발표한 첫 작품 「겨울날에」은 말더듬과 실연이라는 두 괴로움을 그린다. 거기에서 일본 사회기구 특유의 배제, 즉 그 '시선'을 그리지 않았던 이유를 묻는 것에서 작품은 시작된다.

그리고 생각해보면 '묵살하는' 일과 '속이는' 일은 종이 한 장 차이다. 의식적으로 속이지 않았더라도 무의식적으로 속이는 일은 없었던 것일까. 게다가 묵살하는 자세도 성장한 후 적어도 대학에 들어갔을 때쯤부터다. '시선'에 대한 이전의 자세는 역시 도피에 지나지 않았다고 지금의 그는 생각한다. 그것도 거의 '도피한다'는 의식을 수반하지 않는, 말하자면 본능적인 심층에 있는 그것이다. 그 본능적인 기피가 「겨울날에」를 쓸 때에도 작동하고 있지 않았을까.

(「시선의 벽」)

이렇게 이수영은 처녀작 「겨울날에」를 '재일'로서 살아가는 자기 심성의 뒤틀린 흔적을 마음 깊이 새긴 텍스트로 다시 읽는다. 그리고 그 시선에서 "본능적 도피"를 발견하지만 이수영의 심성의 뒤틀림은 거기에 그치지 않았다. 투숙한 방의 창문에서 깊숙한 산골짜기의 풍경을 응시하며 시즈오카현静岡県 스마타쿄우寸又峽 온천, 즉 김희로 사건이 발생한 온천지방을 떠올리는 이수영은 사건에 대한 자신의 반응을 상기하며 분석한다. 여름방학의 여행지가 산속 깊은 F광천이었던 것도 이런 연상을 끌어내기 위한 설정이다.

「겨울날에」를 다시 읽음으로써 확실해진 "본능적 도피"의 보다 근원에 있는 심성의 깊이가 이 설정으로 확실해진다.

> 깊은 산속의 풍경을 바라보면서 수영은 문득 작년 2월에 일어난 김희로 사건이 생각났다. (중략) 그때만큼 그 '시선'이 일본 전국에 들끓어 하나의 장소, 한 명의 인간에게 쏟아진 일은 일찍이 없었다고 생각했다. 조명된 것은 김희로였지만 수영은 그 여파가 자신으로도 쏟아지고 있음을 느꼈다. 처음 수영은 김희로가 벌집을 건드린 것 같다고 여겼다. 평소에 자신 내면의 어두운 부분에서 몰래 아물었던 상처가 함부로 벗겨지는 듯한 기분도 들었다. 그렇지 않아도 그 '시선'으로 인해 힘들어하고 있었다. 어째서 그것을 재차 부추기는 걸까. 달갑지 않은 민폐가 아닌가.
>
> 「시선의 벽」

사건 직후 그의 이런 반응은 '재일' 2세대에게는 오히려 아주 일반적인 것이었다고 해도 좋다. 전시에 온몸으로 황국주의 교육을 받으며 일본인 이상으로 충실한 파시즘 소년이 된 2세 소년들은 전후 '해방'을 조선어로 받지 못하였다. 마치 자신들을 일본어에 의해 주박된 듯한 기괴한 존재로 발견할 수밖에 없었다.

실탄 1,200발과 다이나마이트 13개를 차에 싣고 오오이가와大井川 상류의 스마타쿄의 온천을 향해 질주하는 김희로의 모습은 전후 일본 사회에 던져졌다. 20여 년을 살며 얻은 '재일' 2세의 벌거벗은 모습 그 자체였다. 이수영이 보여주는 거절 반응은 "평소 자신 내면 어두운 부분에서 몰래 아물었던 상처가 함부로 벗겨지는 듯한" 통각을 회피하려는 심리적 기제에서 기인한다.

그러나 아무리 이 통각을 얼버무리고 회피하려 해도 빼앗긴 언어의 빈틈은 점점 더 내압을 높여가며 긴박해질 것이다. 자기 표현이 곧 폭력이 되는 사회적 임계점에 달하는 순간까지 일본인으로 위장해 살아갈 수밖에 없는 '재일' 2세의 어처구니없는 인생을 얽어낸 것이 김희로 사건이다. 사건을 '민폐'라고 느끼는 수영의 모습이 2세의 일반적인 형태라 하더라도 조선인이 일본인으로 위장해 살아가는 것을 '올바름'의 근거로 받아들이고 사는 '재일' 2세의 일상 감각. 그것은 김희로를 범죄자로 보고 그 시선으로 자신을 "순수하고 바른 조선인"이라 여기는 기만적 사고의 떳떳하지 못함을 이 범죄자의 행동을 통해 폭로했던 것이다. 이수영은 생각했다.

마치 "순수하고 바른 조선인"인 것처럼 그런 입장에서 말하고 있는 자신에게 화가 났다. 그 '시선'을 정당하게 받아들이지 않던 자신, 그 뿐인가 당시 내면에 그 '시선'을 가진 듯한 자신이 어째서 그런 말을 할 수 있었던 걸까. 소총을 들고 여관에 틀어박혀 김희로는 도대체 무엇을 쏘아 떨어뜨리려 한 걸까? 바로 그 '시선'이었다. 그렇다면 김희로는 일본인뿐 아니라 그것을 내부에 간직하고 있는 자신과 같은 조선인에게도 총을 들이대고 있었던 것이다.

「시선의 벽」

이수영은 이렇게 생각하여 이 사건의 본질이 '재일' 2세 고유의 문제 안에 있고, '재일'과 '재일'을 둘러싼 일본 사회의 대립이라는 단순한 구도에서는 사건의 본질을 파악하기 어렵다는 것. 즉, 2세 고유의 실존적 암부로 깊이 들어가 '문제'로 언어화하는 사회화 과정의 확인이 김희로 사건을 통해 비로소 가능하다는 것을 이수영의 사념은 이야기하고 있다.

「탄성한계」는 '재일'과 일본 사회의 대립을 종원의 광기로 써냈다. 거기에는 종원을 둘러싼 전후 일본의 생산기구를 향한 날카로운 비판이 시점인물인 현의 시선을 통해 그려졌다. 정상적인 말을 잃은 종원의 광기는 '재일'의 일상 감각에서 예외적 일탈일 뿐 '재일'을 살아가는 사람들의 일상으로 자리매김될 순 없다. 그리고 종원의 광기에 매몰되어 보이지 않았던 '재일'을 살아가는 사람의 어쩔 수 없는 자기기만이 소설 내부에서는 철저하게 그려지지 않았다. 종원에게 부여된 단조로운 상모가 피억압자가 살아온 상모를 획득하는 것은 김희로라는 범죄자의 모습을 통해서다.

김학영은 피억압자 김희로의 범죄 행동을 '재일'로서 살아가는 사람의 일상적인 악전고투와 중첩시켜 다음과 같이 서술한다.

> 풍차를 향해 창을 들고 돌진했던 돈키호테처럼 김희로는 그 '시선'을 쏘아 떨어뜨리려 소총을 쥐고 맞선 남자였다. 그러나 그는 쏘아 떨어뜨릴 수 없었다. 그 '시선'은 그렇게 간단한 것이 아니었다. 자르면 오히려 두 개로 늘어나고 또 자르면 4개로 늘어나는 그것은 정면으로 맞서면 맞설수록 오히려 그 양과 밀도를 늘려갔다.
>
> (「시선의 벽」)

김희로의 삶에서 '해방'은 있을 수 없다. 그에게 법을 어기는 일은 가능했지만 그를 둘러싼 일본 사회의 시선을 돌파하는 것은 불가능했다. 소총을 준비한 김희로에게 위장적 일본인으로 살아가는 김희로까지 모든 김희로부터 조선어를 빼앗고 있는 한, 그에게 일본 사회를 부정하고 고유한 지평에 발을 붙이는 일은 영원히 허락되지 않는다. 왜냐하면 그는 힘껏 밟아야만 하는 조선이라는 발 자체를 빼앗겼기 때문이다.

'재일' 2세의 이런 엄청난 부자유를 김희로는 조선어라는 다리를 빼앗긴 채 기를 쓰며 내팽개치려 했다. 그가 겨눈 소총은 막연하고 실제로 얻을 수 없는 조선어라는 다리를 향해, 용솟음치는 선혈의 비말로 피를 묻히길 원했던 총구이다. 김희로에게 일본을 부정하는 것은 자신을 부정하는 것이고, 조선어라는 다리를 잃은 '재일' 2세에게 부여된 일본어라는 지팡이로 비틀거리며 걷는 일상의 전면 부정에 다름 아니다.

김희로 사건과의 조우가 김학영에게 던지는 결정적 의미는 '재일' 2세 고유의 부자유가 부자유의 형태 그대로 자기 표현을 얻었다는 놀라움이다. 「얼어붙은 입」이래, 김학영이 '재일'에게 내보인 '시선'을 "본능적 기피"로 묵살한 것은 이 시선을 자기 내부로 끌어안은 2세들의 어쩔 수 없는 자기기만이 응어리가 되어 표현화, 언어화를 거부해왔기 때문이다. 자연히 비판의 상대는 "나쁜 것은 그놈들이다"라는 식의 민족의식과 순수한 실존을 향해 틀어박히는 양극을 흔든 것이다.

그러나 이런 비판 방식이 순수하고 진정한 조선인을 자기 근거로 삼으려는 자기표현에 지나지 않는다는 것을 김희로 사건은 알려준다. 「시선의 벽」의 마지막 부분에서 이수영은 다음과 같이 자기상 自己像을 새롭게 받아들인다.

일본에서 태어나 일본의 교육을 받으며 일본의 풍토 속에서 살아온 그리고 앞으로도 살아갈 자신 속의 '일본인'에서 벗어나지 못할 것이다. 조선인도 아니고 일본인도 아닌 듯한, 혹은 조선인이면서도 일본인이기도 한 듯한, 그런 자신의 숙명에서 나는 벗어나지 못할 것이다. 그래도 상관없지 않은가?

「시선의 벽」

이렇게 이수영은 조선어를 빼앗긴 '재일' 2세의 자기 표현 안에서 억압과 피억압의 삶을 동시에 살아가는 사람의 숙명을 발견하며 "그래도 상관없지 않은가?" 하고 굳이 숙명을 택한다. 이 선택으로 전작 「탄성한계」에서 보았던 종원의 광기는 '재일'을 살아가는 사람의 일상으로 소환된다. '재일' 1세인 종원, 오히려 '재일' 일반으로 존재했던 것처럼 보이는 종원의 모습에서 '재일' 2세의 존재 양상을 떠올리게 된다.

그 '시선'을 받는 측의 인간인 동시에 그 '시선'을 보내는 측의 인간, 그 양자를 함께 갖추고 있는 탓에 그런 존재로서의 자신을 깨달음으로써 오히려 자신은 그 '시선'의 정체를 꿰뚫어 볼 수 있는 것이 아닐까. 그 '시선'을 낳은 국가/민족 또는 인간이라는 존재에 관해 좀 더 깊이 생각하게 되는 것이 아닐까. 그리고 그것에 관해 완벽히 알아내는 것, 완전히 알려고 노력하는 일이야말로 자신을 진정 해방시키는 게 아닐까……

「시선의 벽」

조선어라는 다리를 잃고 주어진 일본어 지팡이를 짚고 전후 사회에 내던져진 '재일' 2세의 조선/일본의 애매한 이중 기반을 기만/속임수로 간주하여 언어화를 피할 것이 아니다. 그곳에 비로소 주체의 근거를 두어 "국가/민족, 또는 인간이라는 존재에 대해서 좀 더 깊이 생각"하는 사고의 장소로 삼고자 한 것이다. 「얼어붙은 입」이래 억압당하는 측의 자기 표현의 적확한 방법, 억압하는 주체에 대한 비판 형태를 모색하면서, 2세 고유의 언어적 결락 문제에 속박되어 미주迷走할 수밖에 없었던 김학영의 도달 지점이 여기서 나타난다고 해도 좋다.

'시선'으로부터의 "본능적 기피" 단계에서 억압/피억압의 구도를 따라 미주를 계속한 시기, 그리고 1968년 2월의 김희로 사건과의 조우로 가능해진 「얼어붙은 입」 이후의 자작 비판과 그 과정에서 본 '재일' 2세의 존립 기반에 관한 표현으로의 당김. 「시선의 벽」에 의해 김학영은 '재일'의 존재를 사회와 실존의 양극으로 분열시켜 생각하는 사고패턴에서 벗어나 자신의 언어적 결락에 의한 일본과 조선의 이중기반을 깊숙이 도려내 '인간' 문제에 이르는 도정을 보여주었다.

4. 국가 · 민족 · 인간

「시선의 벽」은 전후 '재일' 문학이 '인간 개개의 다양한 삶에 새겨진 '국가'와 '민족'의 혼적인 통각을 언어화해 보다 능숙하게 서사화할 수 있다는 문학적 가능성을 명시한 작품이다. 「얼어붙은 입」에 그려진 말더듬이의 고뇌도 「탄성한계」의 종원의 광기도, 억압적 사회 기구로부터의 소멸로 보상받는 피억압자의 막막하고 공허한 '실존'을 향한 우물거림이다. 김학영이 걸었던 길은 그런 '실존'적 우물거림에서 탈출을 바라는 작가의 모습을 보여준다. 그런 의미에서 '재일' 2세 김학영의 문학적 수준을 「얼어붙은 입」을 통해 말할 수는 없다.

이소가이는 죽었고 종원은 광기에 빠져 일본 사회의 '시선'이 닿지 않는 지평선 저편으로 모습을 지웠다. 하지만 김희로의 범죄는 그들과 같은 실존적 암부를 갖고 사회의 '시선'을 의도적으로 불러들여 자타가 뒤얽힌 기만적 구조를 고발했다. '재일'이 살아가는 것을 생활 세계로부터의 소멸(죽음과 광기)로 이야기하는 것이 '김희로'라는 체험에 의해 결정적으로 부정된 것이다.

「시선의 벽」에 의해 김학영은 전후 일본 사회로부터 '소멸'을 강요하는 힘과 그 힘에 대항하며 살아가는 '재일'의 일상적 삶의 양상으로 시점을 전환한다. 작품 말미에 '재일'과 일본 사회의 길항하는 두 시선이 정지된 순간을 포착한 다음과 같은 묘사는 '재일'이 살아가는 일상적 광경에 다름 아니다.

> 그는 조선인의 석상을 열심히 보고 있었기에 자신이 조선인임을 주위의 사람들이 알아차린 듯한 느낌이다. 그리고 얼굴 없는 수많은 눈들이 가만히 무엇인가를 응시하고 있는 그 에른스트의 그림 『시선의 내부』처럼 '시선'을 지닌 무수한 눈이 자신의 주위를 둘러싸고 가만히 바라보는 듯했다. 그는 무심결에 많은 사람에 에워싸여 알몸을 내보인 것 같은 수치심을 느꼈다. 평소의 그였다

면 곧바로 이 장소를 떠나려 했을지도 모른다. 그러나 지금 그는 그렇게 하기 싫었다. 그는 금세 마음을 고쳐먹고 천천히 주머니에 손수건을 넣고 다시 주위를 둘러보았다. 군중 속의 몇 명이 멍한 눈으로 이쪽을 보고 있을 뿐, 지극히 평범한 역 앞 풍경이 그의 주변에 펼쳐졌다.

(「시선의 벽」)

'재일'을 말하는 김학영의 새로운 지평이 바로 여기서부터 열릴 것이다. 「얼어붙은 입」의 김학영과는 너무 멀리 떨어진 지점에 그는 서 있다. 다음 작품 「착미」(『문예』 1971.7)는 이렇게 가까스로 작가의 태내에 그 생명을 보이기 시작했다.[1]

---

[1] 김학영 작품의 인용은 「유리층」과 「시선의 벽」에 대해서는 처음 출판한 잡지(『문예』 1968.1, 1969.11)에 의거했고, 그 외는 모두 『김학영 작품집성』(작품사, 1986.1)에 따랐다. 다케다 세이지의 문장은 같은 책에 수록된 권말 해설 「괴로움의 원질」에서 인용했고 『〈재일〉의 근거 - 이회성, 김석범, 김학영』(국문사, 1983.1 → 지쿠마학예문고, 1996.8)에 수록된 일련의 비평 전체를 근거로 삼았다. 『김학영 작품집성』 수록 연보, 『신예작가총서 김학영집』(河出書房新社, 1972.7) 수록의 오케다니 히데아키 「김학영론」 등 일일이 기재하지는 않았지만, 이 글의 구상에 중요한 지침을 부여했고 발상의 힌트가 된 문헌도 많았다. 이를 부가적으로 밝혀둔다.

제2장 ──── 김석범론
-「허몽담」

> 툭, 탁, 툭탁, 탁, 탁, 물가의 무녀가 춤추고, 이야기할 수 없습니다. 말이 몸에서 나오지 않아……. 이 세상에서 말로 할 수 없는 일이 꿈에 나와요…….
>
> (「만월」 2001.4)

1. 명순의 계보 - 제주도 연작

「간수박서방」(『문예수도』 1957.8)으로 등장한 김석범은 제주도 4·3봉기를 주제로 한 '제주도 연작' 이후 5년 연속으로 집필한다. 미군 지휘 하의 한국 정부군과 경찰의 빨치산 섬멸 작전, 문자 그대로 몰살이라는 지령 아래 놓인 제주도민의 피투성이 항쟁 양상을 그려낸「간수박서방」,「까마귀의 죽음」(『문예수도』1957.12),「관덕정」(『문화평론』1962.5)의 '제주도 연작'과 전시의 홋카이도北海道 크롬광산으로 강제징용된 조선인 노동자들이 겪은 생사의 고비를 그린「똥과 자유」(『문예수도』1960.4)에 이어, 1967년에 첫 창작집『까마귀의 죽음』이 신흥서방新興書房에서 간행된다.

김석범의 자필연보[1]에서는 "1964년, 재일조선문학예술가동맹(문예동)으로 옮겨 기관지『문학예술』(조선어잡지)의 편집"을 하거나 "장편『화산도』를『문학예술』에 연재하지만, 1967년에 중단하고"「관덕정」발표 이후에는 일본어가 아닌 조선어 창작으로 변경해 장편 집필에 매진했음을 알 수 있다. 장편소설「화산도」의 중단과 일본어 작품집『까마귀의 죽음』 간행은 모두 1967년이었고, 그 후 김석범의 소설 집필은 장기간 중단된다. 일본어 작품「관덕정」발표부터 계산해보면 7년간의 집필 중단이다.

일본어에서 조선어로의 변경과 창작 자체를 포기한 경위는 제주도 4·3봉기를 그리는 김석범의 입장과 밀접하게 얽혀, 1969년「허몽담」(『세계』8월호)까지 연결된다. 일본어 작품「허몽담」은 '제주도 연작'이나 일본 제국주의 하의 조선인 징용을 그린「똥과 자유」와 전혀 다른 소재였는데, 7년 전에 감행된 시프트shift와 완전히 반대 형태의 모습을 보인 의미는 무엇일까.「허몽담」발표 이듬해 1970년,「만덕유령기담」(『인간으로서』4 1970.12)으로 재차 제주도 4·3봉기에 몰두한 김석범은 초기 '연작'에 무엇을 덧붙일 수 있었을까.

---

1) 「金石範年譜(著者自筆年譜)」(『筑摩現代文学大系 95』, 1977.12).

「만덕유령기담」은 '제주도 연작'과는 확실히 단절된다. 이 단절은 주인공 만덕으로 이어지는 아Q적 민중상을 '연작'에서 찾으려는 시선으로는 포착할 수 없다. 그럼에도 불구하고 그런 종류의 시선을 따르는 읽기가 반복된 배경에는 작가의 민족주의적 세계관을 선명히 구워냄으로써 논자가 문학적 공명을 말하려는 자세가 좀 더 쉽게 받아들여졌으리라는 사정이 있다.

이소가이 지로磯貝治良, 니시다 마사루西田勝, 이토 나리히코伊藤成彦, 오카니와 노보루岡庭昇의 평론에서 작가의 의문을 재차 확인하고자 하는 욕망을 보면서 "이미 전제되어 있는 '문학적' 질문의 중심을 동의 반복적으로 맴돌 수밖에 없다"라고 단정한 것은 다케다 세이지竹田青嗣였다[2]. 다케다의 시선은 논자와 작가의 유착 구도를 날카롭게 추궁하면서 다른 한편으로는 작가가 그린 "박백선 - 떠돌이 노인 - 용백 - 만덕이라는 민중상의 추이"에 '성선설적 민중'의 본질적 불변성을 거의 자명한 것으로 인정하고 있다. 거기에서 김석범의 시선적 한계를 설명하는 논리가 전개된다.

다케다의 이러한 비판은 작가보다 스무 살이나 젊은 '재일' 2세인 다케다가 사는 "재일' 사회의 새로운 지층"을 돋보이게 함과 동시에 김석범이 사는 1세적 규범에 대한 위화감을 전경화前景化한다. 하지만 그것이 오히려 작가의 문학세계를 잘못 짐작하게 만들어 버린 것은 아닐까. 다케다는 마치 김석범을 '재일' 1세인 것처럼

---

[2] 다케다 세이지(竹田青嗣)의 문장은 모두 『〈재일〉이라는 근거 - 이회성, 김석범, 김학영(〈在日〉という根拠―李恢成, 金石範, 金鶴泳)』(國文社, 1981.1; 筑摩學藝文庫, 1995.8)의 문고판에서 인용했다.

논하고 있지만 실제로는 1925년생인 '재일' 2세이다. 작가와의 유착을 비판하는 논리가 역설적으로 신구 두 세대의 단절을 전제하는 자세로 귀착된다.

「만덕유령기담」에는 '여자'가 등장하지 않는다. '여자의 냄새'로 만덕을 현혹하는 서울 보살(절의 관리인)이 있지만 만덕은 그녀를 육체를 통한 감각으로 공포를 느낄 뿐, 그녀와 말하지 않는다. 만덕은 죽은 스님에게 말을 걸고 부처에 의해 온전함을 유지하고 있다. 말의 배후에 가물거리는 '여자'의 모습은 필요로 하지 않는다. "가까스로 그 마음이 분노로 떨리기 시작한 것을 느껴", "이제 어떤 일이 있어도 공권력 앞에서 한 발자국도 물러서지 않는다"라는 만덕의 각오에는 "스님은 부처와 함께 너의 마음속에 있다"는 스님의 목소리가 뒷받침된다. 그것은 만덕 자신의 목소리가 되고 확신이 되어 그의 투쟁을 받쳐준 심봉心棒으로 바뀐다.

따라서 「만덕유령기담」이 '연작'에 들어간 것은 순진하고 우직한 만덕의 투쟁에 대한 각성과 빨치산으로의 변모, 일상생활에서 투쟁으로 향하는 합목적성合目的性으로의 도약처럼 보인다. 오노 데이지로는 만덕의 이런 변신을 다음과 같이 말한다.

> 만덕에게 '균열' 의식은 관음사가 관의 손에 의해 없어진 때 시작된다. 이 '균열' 감각은 그에게는 '마음의 답답함'으로 의식된다. 작가는 이 '균열' 감각, '마음의 답답함'을 점층적으로 짚어나간다. (중략) 균열이 폭발하여 답답한 심정이 분노의 마음으로 발전해 결국에는 파열된다. 그리고 만덕은 제주도 빨치산 투쟁의 상징, 한라산으로 회귀한다.

일찍이 초기 빨치산 작품(「간수박서방」, 「까마귀의 죽음」, 「관덕정」)에서 본 꽤 허무적인 끝맺음, 어느 정도의 인간적 각성은 있지만 예지에 지나지 않았던 그것이 자연스럽게 혁명적 각성에 이르는 지점에서 만덕 탄생과 김석범 재생의 의의를 볼 수 있다.[3]

물론 이런 읽기 역시 작가에 의해 전제된 "문학적' 질문의 중심을 동의同義 반복적으로 맴돌 수밖에 없다"라는 다케다 세이지의 비판으로부터 자유롭진 못하다. 그러나 오노가 지적한 "초기 빨치산 작품"에 있던 "꽤 허무적인 끝맺음, 어느 정도의 인간적 각성은 있지만 예지에 지나지 않았던" 작품 속 어둠의 감도가 다케다의 비평문에는 결락되어 있다. 오노는 작가의 초기 작품군이 지닌 그늘의 색조에 반응하고 그곳에 머물려 한다. 작가의 긴 침묵도 그 어두운 색조와 관련된 것이라고 보는 오노의 통찰은 침묵적 존재를 언급하려 하지 않는 다케다의 논맥論脈을 강도强度에서 능가하고 있다.

그럼에도 불구하고 오노의 통찰에는 '연작'에 깊이 침투한 "꽤 허무적"인 색조를 자체의 핵심에서 논리적으로 정착시킬만한 강도가 여전히 결여되어 있다고 할 수밖에 없다. 초기 '연작'을 채운 그늘은 긴 침묵 속에서 "자연스럽게 혁명적 각성에 이르러" 소멸하고 "만덕 탄생과 김석범 재생"을 부負의 측면에서 이끈 것이 아니다. 만약 그 그늘이 진정 「만덕유령기담」에 그림자를 드리우지 않았다

---

[3]   小野悌次郎, 『存在の原基 金石範文學』(新幹社, 1998.8).

고 한다면 김석범은 그로 인해 이때 이미 어떤 대가를 치렀어야만 한다.

'제주도 연작'에는 주인공 남성의 언동을 깊이 지배하는 '여자'의 존재가 선명히 그려진다.「간수박서방」에는 박백선을 처형으로 몰고 가는 발단이 된 사형수 명순明順이 있고,「까마귀의 죽음」에는 스파이 정기준을 밀명密命 고백의 충동 한가운데에 세워 바깥세상과의 연결을 영원히 빼앗으며 죽어간 양순亮順이 있다. 그리고「관덕정」에서는 떠도는 노인을 통해 경찰의 앞잡이가 되고 빨치산의 "막 잘린 목"을 파는 '장사'를 그만두게 하고, "어떤 일이 있어도 '경찰'에 몸담아선 안 된다"라고 말하게 한 것은, 체포된 '빨갱이' 오빠에게 달려들다가 사살된 '젊은 여자'였던 것이다.

'제주도 연작'에 그려진 '여자'들은 남자에게 일종의 단념을 하도록 만드는 존재다. 박백선은 명순의 뒤를 쫓았기에 처형당하지만 "나는 말이오, 아무래도 대한민국이 어울리지 않는 거요"라는 그의 마지막 말에는 최하층 민중의 사회적 정의에 대한 각성이라는 '올바름'을 향한 통찰을 빠져나가는 보편성과는 근본적으로 무관한 정념이 어른거리고 있다. 이 정념의 바다에는 근본적으로 아름다운 명순에게 다가가는 백선의 집착이 있지만, 명순에게 백선의 존재는 도주를 위한 '도구' 이상의 의미는 없다.「간수박서방」은 남녀의 이런 비대칭적 관계에서 주고받는 '시선'의 뒤얽힘과 엇갈림에서 오는 남자 쪽의 단념하는 모습을 가장 전형적인 형태로 그려낸다.

이 구조를 빨치산의 스파이라는 설정으로 살려낸「까마귀의 죽음」은 명순과 백선의 관계 형태의 윤곽을 따르면서, 그곳에서 발생하는 정기준의 정념의 굴곡을 스파이라는 이중 존재자의 체제 내부로부터 재차 구해, 투쟁의 '의'로 연결시키려는 작품이다. 그러나 단념에 수반되는 추락을 밀명에 대한 충성의 증거로 반전시키려는 정기준의 이지적 간계奸計는 무엇보다 그 자신을 얽어내어 오뇌懊惱의 늪으로 끌어들인다.

모든 것이 끝나고, 모든 것이 시작되었다. - 그는 살아남아야만 한다고 생각했다. 그리고 이 토지야말로 자신이 의무를 다하고 목숨을 묻기에 가장 적합한 땅이라고 생각했다. 떠돌이 노인의 슬픈 목소리를 들으며 그는 이를 악 물었다. - 나는 울어서는 안 된다고.

스파이라는 이중 존재인 정기준에게는 양순을 단념하는 것만이 당과 조국에 대한 충성을 증명할 수 있다. 그는 양순에게 '배신자'로 낙인찍힘으로서 "배신자 아닌 배신자"가 될 수밖에 없다. 반대로 당과 조국을 대한 충성심이 양순을 향한 마음을 잘라내는 것은 아니다. 명순을 향한 집착 때문에 결과적으로 국가 반역행위를 한 박백선과 정기준의 차이라면, 기준이 이중 존재자의 이지적 간계에 의해 백선의 어리석음을 교묘히 은폐하고 처형을 면하는 점밖에 없다.

따라서 "살아야만 한다" "울어서는 안 된다"는 계율이 은폐하는 것은 이중 존재자의 '정체'가 아니라 '여자'를 향한 헛된 집념과 다름없다. 왜냐하면 어리석은 박백선은 그것을 끝까지 감추지 못해 처형당했기 때문이다.

정기준이 "아아, 나도 이 벙어리 같은 존재에서 해방되어 저놈처럼 총을 들고 맘껏 날뛰고 싶다!" 하고 바라는 것은 당연하다 하더라도, 이중 존재자의 신분에서 해방되어 빨치산의 투사 장용석처럼 올곧은 투쟁의 '의'로 연결되려면 양순을 향한 끊어낼 수 없는 집착이 있어서는 안 된다. 양순과 같은 '여자'가 확실하게 그려지고 그들이 투영된 색조에 젖어 있는 것이 '제주도연작' 작품의 공통적 특징이다. 장용석처럼 되고 싶어 하는 정기준의 생각이 실현되었을 때야말로 '여자'가 사라지고 만덕이 모습을 드러내는 순간이다. 그 때문에 만덕은 백선이나 떠돌이 노인의 후신이 아니다.

지금까지 많은 논자가 보려고 한 아Q적 민중의 계보는 '연작'에서는 그림자 같은 허상에 지나지 않는다. 만덕은 정기준의 후신, 즉 이중 존재자라는 신분에서 해방되어 양순을 향해 무시무시할 정도로 피어나는 '열정'을 투쟁의 '의'란 명분 삼아 망각의 늪으로 밀어버린 정기준의 모습이다. 「만덕유령기담」은 '여자'를 향한 집념을 봉인하는 '의'의 획득 이야기이자 소년 같은 만덕이 '여자'를 우회해 전사로 성장해가는 모습을 그리고 있다.

이렇게 긴 침묵에서 다시 일본어 소설로 회귀한 「허몽담」에서 작가는 대가를 지불했다. 즉, '여자'는 그려지지 않은 게 아니라 그릴 수 없게 된 것이다.

2. 꿈의 신빙 - 「허몽담」

'허몽담'. 무수의 소라게에게 내장을 물어뜯기는 무참한 꿈. 종전 후 "20여 년의 세월"을 지내온 '내'가 꾼 꿈. 화자인 '나'는 "일본 병원에 가고, 일본 버스를 타고, 일본어로 말하고, 아르바이트로 일본어 원고를 교정하고, 여기가 일본인 것도 가끔은 잊어버릴 것 같은 그 일본 안에 있는" 재일 조선인이다. 일본의 패전 당시 "경성(서울)에서 반년 만에 오사카로 돌아와 잠시 볼일이 있어 도쿄에 온 19살 나는 순수하게 외골수로 살아온 민족주의자임을 자부했었다"라는 서술은 김석범의 자필 연보 내용과 거의 일치한다.

꿈에서 내장이 후벼 파인 '나'는 "도려내진 이후 그 속에 채워 넣어야 할 것을 찾아 조선팔도 여행에 나선다." 물론 이 부분에서 재일의 농밀한 민족주의를 읽어내는 것은 가능하다. 하지만 상징적인 것은 조선의 전설적 영웅 홍길동과 '내'가 만나 이 영웅에게 "너는 진짜 조선인이 아니지만 내가 본 너에 대한 본질론이다. 너는 우선 속이 없으니 어쩔 도리가 없지 않느냐"라는 꾸지람을 듣고 "나는 버림받았다"라고 쓴 작가 자신이 새삼스럽게 작품 말미에 다음과 같이 주기注記된다.

서울 재상宰相의 집 서자로 태어난 홍길동은 봉건적 신분제도에 반항해 집을 나와 농민봉기에 가담한다. 봉건 지배층에게서 불의의 재물을 빼앗아 빈민에게 주어, 스스로 활빈당의 두목으로서 둔갑술을 사용하며 조선 전국에서 신출귀몰 활약한다.

김석범이 이렇게 민족의 영웅을 더욱더 강조하고 그것에 버림받은 '나'를 소위 이중적으로 부정한 것과 「허몽담」의 다음 작품이 「만덕유령기담」인 것은 방패의 표리 관계라 할 수 있다. 그것은 "둔갑술을 사용하며 조선 전국에서 신출귀몰 활약한다"라고 「허몽담」의 말미에 주기된 이 영웅은 "소문이 천리를 달린다는 그 소문을 타고 도처에 나타났다"라고 서술되는 "만덕의 유령" 그 자체이기 때문이다. 만덕은 김석범이 만들어낸 홍길동인 것이다.

앞서 언급했듯이 「만덕유령기담」에는 '여자'를 배제 · 은폐하려 했던 흔적이 있다. "육친인 누나의 뒷모습에서 여자의 모습을 보고 자신의 몸의 이상한 변화에 놀라 고뇌하고, 창피해 했던" 남동생이 자신의 하반신을 "단번에 돌로 내리쳤다"는 이야기에 "음란한 웃음 소리까지" 내는 주위를 "다만 그(만덕)에게는 그것이 슬픈, 기묘하게 슬픈 이야기로 여겨졌다"라고 작가는 썼다. 만덕에게 주어진 이 무구함은 「허몽담」의 '나'에게 가해진 이중의 봉인 위에 그려진 상像이다. 뒤에서 서술하겠지만 '내'가 꿈에서 홍길동에게 부정당하고 버림받은 것은 '내'가 일본 '여자'를 식역識閾의 경계선에 새겨 넣었고, 그것이 민족주의의 지평에서 용서받지 못할 '악'이라는 의식이 '나'의 꿈 심층에 있기 때문이다.

「허몽담」을 읽는 하나의 독법은 조선의 정신을 잃은 '내'가 일본 사회에서도 위화감 · 단절감을 품는 '재일'의 무근거성을 보는 읽기이다. 하지만 이런 종류의 읽기에서 '재일'은 어디까지나 '재일'이라는 동어반복에 지나지 않는다. 사실 '재일'은 내셔널리티의 근거를 잃고 조선 본국과 일본 어느 쪽에도 귀속되지 못하는 동어반복에 불과하다. 「허몽담」이 말하는 것은 그런 '재일'의 '정의'와 전혀 관련이 없다.

'제주도 연작'에 그려진 '여자'들은 모두 자신에게 집착하는 남자에게 단념을 강요하지만, 그곳에 그려진 남녀가 체제적 입장을 확실하게 '정의상定義上'을 다르게 하는 것에서 시작된다. 감옥에 갇힌 명순에게 박백선은 간수이고, 빨치산 리더 오빠를 둔 양순에게 정기준은 '정의상' 주한미군에 고용된 통역이다. 떠돌이 노인은 빨갱이의 잘린 목의 신원을 알아내는 경찰의 앞잡이지만 '젊은 여자'는 오빠의 잘린 목을 찾는 여동생이다. '연작'에 그려진 '여자'들은 이렇게 제도상 반체제 측에 명확하게 서 있어 체제 측에 의해 처형당한다는 공통점이 있다. 따라서 이 '여자'들과 '정의상' 대립해야 하는 남자들의 내면 심경은 '여자'를 향한 집착과 체제로의 귀속의식이 맹렬히 갈등함으로써 최종적으로는 체제 비판으로 흘러가는 '자격'을 얻는다. 이 '자격'의 근거는 '여자'들이 흘리는 피에 의해 속죄되며, '여자'를 향한 집착을 끊기 힘든 남자들은 혈채血債의 반환을 강요하는 체제 비판자이거나 민족주의자의 위치로 다시 태어나게 된다.

따라서 '제주도 연작'은 '여자'를 향한 남자들의 정념이 제도상의 대립·귀속 관계의 차원에서 추상되어 민족주의 '문제'로 승화되는 구조를 지녔다고 할 수 있다. 남녀 사이의 시선의 능綾이 '여자'의 죽음에 의한 남자 내면에 맡겨져 마침내 투쟁의 '의'에 의해 억눌리고 만다. 「만덕유령기담」에 그려진 '만덕=홍길동'의 활약과 거기서 '여자' 시선의 결락은 김석범에 의해 의도된 '연작'의 구조적 순화라고 해도 좋은 것이다.

「허몽담」에 의해 김석범은 '연작'에서 반복하여 그린 남녀의 시선 교착을 일본 패전의 날, 즉 조선 민족의 해방·광복의 날로 재현했다. 남자는 조선인, 여자는 일본인. 젊은 두 남녀가 '천황의 항복 방송' 직후에 우에노행 전차를 같이 타고 시선을 주고받는다. 조선인인 '나'의 마음속은 '조선 독립 만세!'의 환성으로 부풀어 터질 것 같지만 '여자'는 이 남자가 조선인이라는 사실을 모르고 있다.

마침내 남자의 얼굴을 "외면하지 않고 응시하는" 눈물에 젖은 여자의 눈동자가 "같은 일본인으로서의 깊은 공유감"으로 '나'를 집요하게 유인한다. '제주도 연작'에서는 반체제 측에 '여자'가 있고 '정의'의 체제에 남자들이 자리하지만 거기의 남녀는 모두 조선인이고, 민족·국가 내셔널리즘의 회복이라는 '의義'의 선상에서 남자는 침략자가 그은 경계선을 관념의 연극으로 건너갈 수 있었던 것이다.

하지만 패전 직후 도쿄의 차 안에서 마주 보게 된 이 남녀에게는 두 사람의 일체화를 정당화하는 '의'가 부여되어 있지 않다. 있는 것은 "밝은 단절"뿐이라는 상황임에도 '나'는 '여자'의 시선에 사로잡힌 것이다.

여자의 깜빡임을 모르는 눈빛이 도중에 꺾인 듯 부드러워져, 잔잔히 밀려 나온 눈물이 밖으로 떨어졌다. 그때 왠지 모르게 나는 자신의 눈에 흔들거리며 고였던 눈물이 아무런 저항도 없이 넘쳐 주르륵 뺨을 타고 흘러내려 입술에 닿는 것을 느꼈다. 나는 뺨에 남은 젖은 흔적을 느끼면서 눈을 감았다. 눈물이 어두운 눈 속에서 뜨겁게 부풀어 올랐고 한층 더 부풀어 올라 강한 힘으로 눈꺼풀을 타고 흘러내렸다. 이상한 일이었다. 모를 일이었다. 그것은 필시 그 아름답고 젊은 여인에 의해 촉발된 것임에 틀림 없다. 그러나 도대체 어떻게 된 일일까. 어째서 내가 촉발되어야만 했는가. 알 수 없었다.

'나'에게 충격적이었던 이 체험은 그날부터 20여 년이 경과해도 여전히 그의 의식에 깊이 새겨져 있다. "보여서는 안 될 것을 보이고 말았다는 가책"의 필터를 통해 의식 표층을 오가며 전후 사회의 다양한 영상에 의미 부여를 하고 있었던 것 같다.

소라게에게 내장을 먹히고 홍길동에게 버림받는 꿈도, 전후의 원체험이 된 일본 여성과의 '공유감'에서 출발하는 무의식의 투영이다. "더 단절하자", "조선을 뿌리쳐야만 한다", "커뮤니케이션은 나중에 생깁니다"라고 했던 '나'의 평소 지론도 기껏해야 꺼림칙함의 보상행위가 된다. 그리고 중요한 것은 "어째서 내가 촉발되어야만 하는 것인가"라는 질문에 '나'는 전후 20여 년을 통해 전혀 해답을 주지 않는다. 꿈은 풀리지 않은 채로 있으며 그 꺼림칙함 역시 해소되지 않은 그대로다.

민족 · 국가 내셔널리즘에서 빨려들어온 '의'에 비추어 볼 때 꺼림칙함만 남는 차에서의 체험은 여전히 20여 년 동안 지속되며 '나'의 마음을 매혹시킨 '여자'의 독특한 아름다움의 원형으로 남아 있다. 술집 여주인의 U자형 얼굴은 "긴장과 동요가 만들어내는 불균형의 아름다움"으로 표현되고, 차 안의 '여자'도 "묘하게 불균형한 아름다움"으로 '나'를 매혹시켰다. 민족 · 국가 내셔널리즘을 위협하는 이 '불균형'은 '제주도 연작'에서는 '여자'의 유지遺志를 짊어지기로 결의하는 남자 측의 심경으로 예외 없이 '균형'을 회복했다고 할 수 있다.

그러나 '여자'의 유지를 짊어지는 일로 박백선은 처형되고 정기준은 이중 존재로 살아갈 수밖에 없듯이, 객관적 정세는 아직 '균형'과 거리가 먼 정황이며 오노 데이지로가 지적한 '허무'가 지배하는 혼란한 상황에 조국 조선이 놓여져 있던 것도 사실이었다.

'제주도 연작' 이후 조선어로 장편 「화산도」 집필을 시작한 김석범의 투쟁의 '의'가 작품에 깔린 '허무'의 색조로 어김없이 투영되었다고 할 수 있다. 「관덕정」이후 일본어 작가로서 7년의 완고한 침묵은 '연작'에 깔린 그 허무의 색이 「허몽담」의 '여자'의 표정에 나타난 "불균형의 아름다움"이 되어 현재화顯在化하기까지의 시간 폭과 맞닿아 있다. 이 7년과 거의 병행하며 진행된 '재일'을 둘러싼 상황 변화와 재일 문학자의 대응을 하야시 고지는 다음과 같이 정리했다.

> 재일 조선인 문학은 1960년부터 1967년의 귀국운동 기간을 전환점으로 크게 변화했다. 혁명시인 허남기와 소설가 김달수가 초기의 방향을 선보인다. 공화국(북한) 지향의 혁명문학은 그림자를 감추고, 재일 조선인 청년의 삶의 번민과 현실 참가를 그린다. 또 이회성처럼 한국에서의 사회주의 혁명을 상상해도, 거기에 제시된 것은 김일성 주의와 명확히 차이가 난다. 김석범도 제주도의 혁명투쟁을 그리지만, 공화국의 주도권과는 전혀 관계없는 시점에서 쓰고 있다. 김학영은 북조선으로의 귀국을 비판적으로 그리며 한국에 대한 공감을 보여준다.[4]

예를 들어 김학영의 「착미」(『문예』 1971.7)에 그려진 공화국으로의 귀환선 전송 정경은 하야시가 여기서 지적한 '변화'의 전형적 예일 수 있다. 작가는 그 장면을 다음과 같이 그린다.

---

4) 林浩治, 『戰後非日文學論』(新幹社, 1997.8).

그때, 갑판 위의 명자 표정이 갑자기 바뀌었다. 지금까지 조용하고 무표정했던 명자의 얼굴에 동요의 빛이 비쳤다. 마치 자신은 지금 엄마나 가족으로부터 혼자 떨어져, 알 수 없는 땅으로 가고 있다는 것을, 마침내 진실로 깨달았다는 듯이, 나에게는 아주 익숙한 겁에 질린 표정이 갑자기 명자의 얼굴에 비쳤다. 그러자 엄마를 '어머니'라고 부르기로 했던 명자가 갑자기 이전의 명자로 되돌아가 이렇게 외치기 시작했다.

"오카아상! 오카아상!" (중략)

그리고 명자의 얼굴이 갑자기 흐트러지고, 순식간에 일그러져, 눈에서 눈물이 넘쳐났다.

명자의 오빠인 '나'는 이 정경을 바로 앞에서 지켜보며 "어찌된 일인가. 이게 어찌된 일인가"라고 중얼거리며 넘치는 눈물을 닦는 것조차 잊은 채 꼼짝하지 못했다. 명자가 '어머니'가 아닌 '오카아상!'이라고 외치는 것을 본 '나'의 내면에 있는 조선인으로서의 투쟁, 그 투쟁의 '의'는 맥없이 무너져버리고 '나'는 '재일'을 둘러싼 확고한 현실, 즉 동화라는 함정 속에서 '나' 자신을 찾아낸다.

「허몽담」의 '나'도 마찬가지로 "살며시 발걸음 소리를 죽이고 다가오는 동화로의 막연한 불안"을 느낀다. 소라게의 꿈은 "모든 대사가 전부 조선어였을" 텐데 작품의 끝부분에서 '나'는 알고 있을 것이 분명한 소라게의 조선말을 떠올리지 못하고 "그럴 리가 없다"며 고개를 갸웃거릴 수밖에 없다. 「착미」의 명자는 '어머니'가 아닌 '오카아상'이라고 소리치는데, 그건 아직 두 개의 다른 언어영역이 '재일'로 살아가는 명자의 내면에서 대립하면서도 병존할 수 있었던 것이다. 학습으로 조선어를 배운 명자에게 '어머니'란 단어를 우회하는 것은 두 개의 다른 언어영역이 명자와 주고받는 관계적 신빙성信憑性의 심도로 연계된다. 명자의 말은 심도가 얕은 쪽에서 깊은 쪽, 즉 일본어 쪽으로 흘러가고 있을 뿐이다.

그러나 소라게의 조선말을 기억하지 못하는 '나'는 모두 조선어였던 그 꿈을 정말 꾼 것인지 의심하기 시작한다. 홍길동에게 부정당하고 버림받아 "사막에서 죽어버린다는 공포의 한복판에서 허우적거린" 그 질식할 것 같은 핍박감, 즉 꿈의 신빙성은 어디에 있는 걸까.

> 나는 돌아가면 먼저 소라게의 조선말을 찾아야만 한다고 생각했다. 그리고 허망한 꿈이라고 생각했지만, 아니 그렇게 생각해 그 내장과 함께 마음을 도려내는 그 꿈을 부정하고 싶었지만, 적어도 조선어로 구성된 그것만은 무너트리고 싶지 않았다. 나는 눈이 내리는 밤공기 속에서 혼자 얼굴을 붉히며 쓴웃음을 짓는 자신의 일그러진 표정을 어딘가의 거울 속에서 보고 있었다.

이 문장은 민족·국가 내셔널리즘의 근원에서 조선어의 존재를 선천적으로 믿는 일 또는 조선어와 일본어의 대립·억압 관계를 통해 '재일'을 말하는 것이 의미 없음을 말하고 있다. 그 꿈과 깨어있는 '나'를 이어주는 것은 조선어, 그것도 소라게라는 조선말 하나인데 그것을 잃어버려 꿈이 허망하다는 것은 마찬가지로 이 삶도 허망하지 않은가. 꿈의 신빙信憑이 식역識閾의 억압구조에 있고, 그 "긴장과 동요가 나타내는 불균형" 구조의 투영으로 인해 꿈의 표층적 배치가 결정된다는 '해몽서'적 시선으로 보면, 꿈은 어디까지나 현실적인 삶의 반영이다.
 그러나 여기서 '나'는 보일 리 없는 꿈 쪽에 현실적 삶의 투영을 보고 있어, 꿈의 신빙이 현실에서 근거를 잡지 못한 채 공중에 떠버린 것이다. '해몽서'적 시선은 '거울' 앞에서 목표를 잃고 지금 균형을 잃으려 하고 있다.

> 꿈은 허망이라고 한다. 그러나 그것은 사람을 치는 힘을 갖는다. 어둠의 세계는 백주 세계의 배설물을 모아두는 장소가 아니다. 사람을 슬프게 하고, 상처받게 하고, 기쁘게 하고, 화나게 하는 힘을 갖고 있다. 아니, 그렇지 않을지도 모른다. 그것은 역시 거짓이고 나처럼 '해몽서'적 정신에서 자유롭지 않은 인간만이 그것이 사람을 친다고 할 것이다. (방점 인용자)

 일본의 패전일에 도쿄의 차 안에서 시선을 주고받은 일본인 여성의 "묘한 불균형의 아름다움"이 하나의 심층적 원형이 되어, 술집 여주인의 U자형 표정에 있는 "긴장과 동요가 나타낸 불균형의 아름다움"이 되어 현현顯現했다는, '나'를 놀라게 한 발견은, 그 자체가 '해몽서'적 정신의 소산에 지나지 않는다. 그렇다면 잃어버린 소라게의 조선말과 함께 이 발견도 의미를 잃어갈 수밖에 없다. 사실 소설은 U자의 표정에 나타난 "나의 내부에서 비추어진 것 같은 환영으로서의 아름다움"이 마치 "화장만을 남기고 벗겨져" 버린 듯 사라져갔다고 서술된다. 패전일의 '여자'와 술집 '여자'를 잇는 끈은 이날 처음으로 발견되어, 그날 아침 소라게 꿈의 신빙의 붕괴와 함께 영원히 사라져버린 것이다.

3. 말과 음성 - 「사기꾼」

　김석범이 「허몽담」을 쓰면서 지불한 대가는 "나의 내부에서 비춰진 것 같은 환영으로의 아름다움"을 놓아주는 것이었다. 이를 통해 '제주도 연작'에서 예외 없이 그려졌던 '여자'가 모습을 감추게 된다. 그러나 「허몽담」으로 새롭게 획득한 것도 있다. 그것은 다음 작품 「만덕유령기담」에서 유감없이 발휘되는 유머이다.
　'여자'의 존재는 표층에 배치된 의미를 심층의 레퍼런스로 밝혀 나가는 '해몽서'적 정신의 구동 장치였다. 「까마귀의 죽음」의 주인공 빨치산 스파이 정기준의 표층적 언동은 양순의 처형을 통해 비로소 이중 존재의 심층적 고뇌를 머금게 된다. 그러나 「허몽담」을 통해 '해몽서'적 정신을 무효를 선언한 작가는 정기준의 이중 존재적 성격과 만덕의 유머를 합친 새로운 주인공을 만드는 데 착수한다. 「사기꾼」(『군상』 1973. 12)의 백동기가 그렇다.
　백동기는 동기라는 "조선의 흔한 이름에 불과한" 자기 성명의 이런저런 의미를 생각하고 해석한다. "동이라는 것은 백동기의 생각으로는 동쪽 방향을 가리키는 것이고, 그 동쪽 방향에는 어느새 일본이란 나라가 보이게 되었다"라고 서술되듯이, 그는 이 해석 행위를 통해 일본에 가야 할 운명(심층)을 꾸며낸다. "원래 너는 이름으로 볼 때, 동쪽인 일본에 기반이 있었던 것이다"라는 것이 백동기가 이끌어낸 '해몽서'적 결말이다. 그러나 소설은 백동기의 소원의 발단인 졸렬한 사기행위를 매개로 뜻하지 않은 방향으로 전개된다.

백동기는 일본으로 가는 밀항 비용에 필요한 40만 원을 일본에서 공화국으로 건너간 사촌인 바위를 이용해, 바위 모친을 속여 얻으려 계획한다. 바위가 북의 '공비'로 이 섬(제주도)에 남몰래 상륙해 잠복하고 있고, 공작 자금으로 필요한 돈을 동기가 바위에게 건네주겠다는 거짓말로 30만 원을 빼앗는 데 성공한다.

그러나 그것이 사기라는 것이 모친에게 들켜 결국 사기죄로 경찰에 고소된 백동기는 경찰의 조작된 수사에 의해 바위와 함께 '공비' 침입의 용의자가 된다. 한술 더 떠 "단순한 공비 한 명이 아닌 무장공비 상륙 사건의 주모자, 고정간첩, 즉 국내 지하공작 간첩으로 몰리게" 된다.

"고문 방식을 통한 '자백'의 유도"와 "반공법의 무서움"에 의한 정신적 압박으로 그는 마침내 "우렁차게 외쳐대며 일어선다". 백동기의 '해몽서'적 정신이 붕괴되며 찾아오는 순간이다.

> 어차피 어쩌지도 못하고 주모자로 몰린다면 내가 보스가 되어주겠다고 생각한 것이다. 이제 일본으로 건너가 성공할 희망도 끊겨버렸다. '동기'라는 이름의 의미부여도 덧없이 무너졌다. 동기, 동기, 동기, 일본이, 일본에 있는 형이 부르고 있지만 이것도 소용없다. (중략) 고행하는 승려처럼 가만히 벽을 응시하며 주모자라고 읊어본다. 주문처럼 반복해서 읊는다. 주모자……. 나는 주모자다, 그렇게 생각하자, 그 말의 느낌이 참으로 멋지고 매력적으로 들려오기 시작했다.

또 다시 말에 집착하는 백동기. 하지만 말을 뒤적거리는 손짓이 지금은 완전히 다르다는 것을 알게 된다. '東'의 문자 심층에 일본을 상기하는 '해몽서'적 정신을 버리고 주모자, 주모자, 주모자라고 "주문처럼 반복해 중얼거리는" 백동기는 그 불가사의한 음성의 전개와 함께 "자신이 부풀어 오르는 것을 느꼈다. 혼도 몸도 부풀고 자꾸만 부풀어 오른다"고 느낀다. "주모자, 그 말은 날개를 펴고 빛을 내고 있는 것처럼 느껴졌다"라고.

그가 '東'의 심층에 이르는 해석 행위에 몰두한 것, 그리고 바위 어머니의 면전에서 그녀의 심층(아들 바위를 생각하는 어머니 마음)을 탈취하는 허위행동이 경찰의 날조 수사에 의한 죄를 뒤집어씌우게 했다. 즉, 백동기로 하여금 심층의 진실을 압살하는 쓰라린 고통에 마주하게끔 했던 것이다. 이들 세 행위에서 표층에서 심층으로 향하는 '해몽서'적인 정신적 악용을 볼 수 있다면, 고문과 반공법으로 체제 측의 폭력을 진정으로 고발할 수 있는 것은 '해몽서'적 정신에서 해방된 이후의 백동기일 수밖에 없다.

부풀어 오른 조선어 음성에 녹아들 듯 "혼도 몸도 부풀고, 자꾸만 부풀어 올랐다"는 백동기의 모습과 「까마귀의 죽음」 말미에 조선·제주도 민중의 있는 그대로의 생활을 "유리창을 사이에 두고" 인정할 수밖에 없는 정기준의 "나는 울어서는 안 된다"며 "이를 악무는" 불행한 모습 사이에는, 정기준의 투쟁적 '의義'를 흩어지는 모래처럼 비산시켜버리는 맹렬한 동화 압력의 문제가 개재介在한다. 「허몽담」을 통해 그 부분을 통과한 김석범은 몇 가지 대가를 지불하고 몇 개의 공덕을 얻는다. 그렇게 함으로써 유머 넘치고 근원적으로 투쟁하는 제주도의 산 자와 죽은 자 모두에게 말의 리듬으로 생명을 불어넣는 만덕과 백동기라는 두 조선인을 훌륭히 그려낸다.

    1971년 10월, 작품집 『까마귀의 죽음』의 신장판新裝版이 고단샤 講談社에서 발간되었다. 신흥사판에서 계승된 네 편과 마지막에 「허몽담」을 새롭게 추가해 마침내 김석범의 첫 번째 창작집이 완성된다. 꿈의 신빙을 추구했던 '해몽서'의 시선도 조용히 그 거친 관념의 눈을 감게 된 것이다.

제3장 이회성론
-「다듬이질하는 여인」

1. 어머니의 형상

　이회성은 1971년 하반기 「다듬이질하는 여인」으로 제66회 아쿠타가와상芥川賞을 수상했다. 아홉 살 당시, 사별한 어머니 장술이의 추억을 '나'의 입장에서 기록한 작품이다. 이 작품은 '재일'이라는 존재의 정치성과 그와 같은 정치적 위상과 엇갈릴 수밖에 없는 '나'가 구체적이고 특수한 영역의 긴장관계를 통해 떠올리고자 했다. 따라서 이 작품에 그려진 어머니의 모습은 일본의 조선 식민지 지배라는 역사의 불가역적 흐름 속에서 다분히 정치적 의미가 부여된다. 동시에 그 역사성·정치성이 한 조선인 여성의 인생으로 강인하게 회수될 때 전전輾轉하는 모습을 전자의 멍에에서 구원하듯 그려냈다.

그러나 이회성은 이러한 묘출描出의 태도를 자명하고 단순히
긍정하지 않았다. 작가는 훗날「다듬이질하는 여인」을 이렇게 언급
했다.

어머니에 관한 것을 어떻게 쓰면 좋았을까.
어쨌든 그녀는 식민지 시대의 불행한 풍경 중 하나였다. 그
시대 조선의 여인들은 다듬이질하는 것처럼 보상받지 못하는 인
생을 땀 흘리고 일하다 죽어갔다. 어머니에 관한 것을 쓰려고 하면
나는 그 추억 때문에 펜이 멈추기 일쑤였다. 하지만 그 추억에
매몰되지 않고 어머니의 생애를 남녀의 역학관계 속에서 사회의
억압이라는 이중적 멍에 속에서 파악해보려고 시도했다. 그렇게
하는 것만이 그녀의 짧은 인생을 헤아리는 데 적합한 거리距離와
방법이었다고 지금도 생각한다.[1]

여기에는 '재일' 작가, 그중에서도 재일 2세대 작가가 조우하는
곤란함이 단적으로 드러난다. 이회성은 어머니를 추억하는 작가의
시선이 "그녀의 짧은 인생"을 "식민지 시대의 불행한 풍경 중 하나"
로 포함시킴으로써 그것을 "헤아리는 데 적합한 거리"를 마침내
획득했다 말하고 있다. 결국 이회성은 작가로서 정치적인 입장에
서지 않으면 가장 구체적이고 개인적인 영역조차도 그 자체만으로

---

[1] 李恢成,「著者から読者へ—どうかわが故郷を訪ねてほしい」(講談社文芸文庫
『またふたたびの道・砧を打つ女』, 1991.11).

그려낼 수 없다고 고백한 것이다. '재일' 2세대인 이회성이 '재일' 1세대가 지닌 소박하고 강렬한 민중 내셔널리즘의 의미를 알게 된 것은 와세다早稲田대학 노문과 학생이 되면서부터이다. 소년의 눈에 비친 아버지의 폭력과 어머니의 상처 입고 무너진 모습은 아마도 그 자체로는 의미 없을지도 모른다. 하지만 소년기 작가의 마음을 한순간에 무너트리고 훗날까지 인격에 진하게 투영되는 음울한 기억으로 감춰둘 수밖에 없는 것이었다.

다케다 세이지竹田青嗣는 『'재일'이라는 근거』[2]에서 2세대의 공통되는 이러한 경험에 대해 다음과 같이 말한다.

> 마치 재일 2세대에게 최초의 불행은 거기에 나타났다라고 해야 할까, 난폭한 아버지상이 아름다운 어머니상을 부수기라도 하듯 나타난다. 이 난폭한 아버지의 기억은 가난, 차별, 굴욕감 등과 동일하게 거의 2세대 대부분에게 뿌리 깊게 공유된 심상 풍경이었다. 누구나 이러한 아픈 기억을 가지고 과거의 밑바닥에 조용히 간직하고 있을 것이다. 사람들은 그것을 다양한 방법으로 상기하는데 그 상기 방법이 2세대의 다양한 현재를 지탱하고 있다고 해도 좋다.

'재일' 2세대이기도 한 다케다 세이지는 이 상기想起의 "다양한 방법"의 유형으로 이회성, 김석범, 그리고 감학영이라는 세 전형을

---

[2] 竹田青嗣, 『〈在日〉という根拠—李恢成, 金石範, 金鶴泳』(國文社, 1981.1).

제시한다. 이 세 명에게 공통되는 '심상 풍경'을 다케다는 바꿔서 "동료들 속에서 혐오스러운 존재라는 죄의식"이라고도 말한다. 다케다는 이 '죄의식'으로 규정된 이른바 상부구조로 '재일' 2세대 작가의 작품세계를 자리매김해가고 있다.

「다듬이질하는 여인」의 방법은 다케다가 말하는 '죄의식'의 "다양한 방법으로 상기"된 하나의 양상에 다름 아니다. 그리고 이회성은 이 '상기'가 어머니에 대한 구체적 디테일에서부터 "그 시대의 조선 연인들"의 "인생을 헤아리는 데" 적합한 기준의 형성에 불가결한 방법이었음을 고백한다. 거기에는 '죄의식'을 직접 그리길 망설이는 작가의 강한 응어리를 볼 수 있고 '상기'의 강도를 어떻게 설정할지에 따라 어머니상이 역사의 꼭두각시가 될 위험성도 증대될 수 있다.

그러나 이회성은 「다듬이질하는 여인」을 집필함으로써 정치적 존재일 수밖에 없는 재일 조선인의 일상적 상모相貌에서 양자를 잇는 솔기를 발견했다. 그 발견이 없었다면 작가는 문단 데뷔작 「또 다시 이 길을」(1969.6)에 그려진 의붓어머니義母의 재혼·귀국이라는 '배신' 같은 행동의 의미를 여전히 깨달을 수 없었을 것이다. 두 작품 「또 다시 이 길을」과 「다듬이질하는 여인」은 의붓어머니와 친어머니라는 차이는 있지만, 소년기 작가에게 깊은 영향을 준 "그 시대 조선의 여인들" 인생을 정치성과 일상성의 양극을 잇는 지점에서 깔끔히 그려내고자 고뇌하며 써내려간 이회성의 초기 행보를 잘 보여준다.

이회성이 제12회 군조신인문학상을 수상하고 문단에 등장한 1969년부터 아쿠타가와상 수상작 「다듬이질하는 여인」을 발표한

1971년까지 2년 동안, '재일' 2세대로서 작가 고유의 사고를 심화시켜가는 과정을 '어머니'의 형상 문제를 중심으로 고찰해 보자. 데뷔작 「또 다시 이 길을」이 등장인물의 디테일을 꾸준히 겹쳐가며 도달하고자 했던 주제 사이에 암부를 남기고만 문제. 이회성은 이 암부를 자신의 내부에서 확인함으로써 전후 '재일' 문학의 담당자가 될 수 있었다.

2. 「또 다시 이 길을」

신인상 수상이 결정된 시점에 「또 다시 이 길을」의 제목은 「조씨 일가趙家의 우울」이었지만 편집자의 조언으로 현재 타이틀로 바뀌었다. 이회성은 그 경위에 대해 이렇게 말한다.

> 이 작품의 최초 타이틀은 「조씨 일가의 우울」이었다. 이 타이틀 밖에 떠오르지 않았다. 그 정도로 나는 우울했었다고 할 수 있다. 자기 가족의 변천을 소설로 쓰는 것 자체가 죽도록 음울한 일이었다. 어딘가에서 인간의 빛을 구하려 해도 출구가 보이지 않는 안타까움. 자그마한 인간의 영위와 커다란 역사와 정치. 그런 심리와 흔들림 속에서 「조씨 일가의 우울」로 명명했던 것이다. 그런데 수상이 결정된 후, 제목과 관련해 편집자 하시나카 유우지橋中雄二씨가 나에게 정중히 말을 걸었다. 이 제명보다 작품 자체가 위대한 것을 내재하고 있지 않은가. 그가 이렇게 말하는 것이었다.

그 말은 나를 크게 현혹하였고 새로운 내성과 상상력 속으로 이끌어주었다.[3]

작품의 발표로부터 12년이 경과한 작가의 이 말에 여전히 자료적 가치가 있다고 한다면, 작품의 제목 변경과 병행하며 진행했던 주제 그 자체의 변용 사실과 관계되는 부분일 것이다. 일가의 "출구가 보이지 않는" 우울이 「또 다시 이 길을」로 바뀌었을 때, 재일 가족 제각기의 우울을 보편적 레벨로 단번에 끌어올려 의미를 부여하는 줄거리가 작가의 "내성과 상상력" 안에서 그려진 게 틀림없다. 하지만 작품 완성 후 타이틀 변경이 작품 집필 시점에 깊이 간직했던 모티브와 써내려갔던 말의 상대를 완전히 변용하는 것은 있을 수 없다.

이 작품에는 정말로 출구 없는 「조씨 일가의 우울」이 반복적으로 그려지고, 그 구체적 양상이 보편적인 수준으로 승화, 해소의 역학力學에 역행하며 여전히 「조씨 일가의 우울」로 지속된다. 여기에서 이 소설의 특징적 구조는 드러난다. 이회성이 소설을 쓸 수밖에 없는 애초의 이유도 거기서 찾을 수 있다.

조선으로의 귀환을 위해 사할린에서 탈출한 주인공 철오 일가는 사할린에 남은 조부모와 오빠의 부인 도요코豊子와 이별 후, 결국 20년 동안 조국으로 돌아가지 못한 채 홋카이도 S시에서 생활했다. 철오의 아버지 조서방이 생전 입에 달고 살던 "아이고, 이

---

[3] 李恢成,「著者から読者へ—どうかわが故郷を訪ねてほしい」(講談社文芸文庫『またふたたびの道・砧を打つ女』, 1991.11).

원쑤를 누가 갚는가!"라는 앓는 소리는 아버지 사후에는 그것을 누가 이어갈 것인가. 주인공 철오의 가슴속에 있는 우울의 실체는 바로 이러한 것이라고 본다. 시체소각로의 총안銃眼에서 아버지의 최후의 소리를 듣고자 하는 철오의 모습은 이 작품에서 방사상放射 狀으로 퍼지는 인간의 중심에 놓여 작품 전체를 지탱하는 지주 역할을 담당한다.

    총안에서 훅 하는 열기가 눈을 찌르는 순간, 철오는 소각로에서 떨어졌다. 봐서는 안 됐는지도 모른다. 그래도 꼭 아버지의 외침을 듣고 싶단 생각이 들었다. 그렇게 하지 않으면 아버지는 언제까지나 죽지 못할 것 같았다. 철오는 얼굴이 파랗게 질려 화장터의 화장인에게 고개를 숙인 뒤 그곳에서 나왔다.
    지금도 그때의 아버지 모습이 가슴에 새겨져 있다.
    홍련의 화염에 안겨 아버지는 너무 뜨거울 것 같았다. 마침 철오가 총안을 들여다보았을 때, 아버지는 쑥하고 힘차게 팔을 올렸다. 그때 아버지가 필사적으로 외쳤다.
    아이구 이 원쑤를 누가 갚는가!

    소각로의 총안이 내뿜는 열기의 건너편에서 아버지의 원통한 외침을 듣고자 하는 철오의 이 행위는 사할린의 가족과 이별하고 조국으로의 귀환길이 끊긴 조씨 일가의 우울 그 자체다. 철오가 소년 시절부터 실감나게 품어왔던 한 가족이 천천히 흩어져가는 감각의 정점으로 나타난 것이다. 따라서 철오는 이 장면의 상기想起에 이어 다음과 같이 말한다.

아버지의 유골은 사찰에 안치되었다. 흔들리는 바다를 보고 있으면 이 바다에 유골을 뿌리는 것이 아버지의 삶에 어울리지 않을까 하는 생각이 스쳐간다. 그렇게 하는 것이 아버지의 영혼이 구원받는 것이 아닐까.

조국으로의 귀환길이 끊겨 타향에 머무를 수밖에 없는 조서방의 삶이 "표동漂動하는 바다"와 중첩되어 하나로 간주될 때, 철오의 눈앞에 있는 바다의 광경은 「또 다시 이 길을」에서 '길'로 건너가야 하는 것이 아닌 오히려 소망을 부수고 단념을 강요하는 듯한 벽으로 존재한다. 그리고 이 바다의 이미지는 조씨 집안이 조부모와 도요코를 남겨둔 채 사할린을 떠났을 때, 한 가족을 찢는 것처럼 거칠게 요동치는 바다의 광경에 그 시원始原이 있다.

조풍潮風이 강해졌다. 비가 차갑게 그리고 심하게 내리고 있었다. 철오 옆에서 목놓아 우는 사람의 목소리가 들렸다. 늙은 할머니 같은 거칠고 추한 울음소리였다. 죄에 겁먹은 듯한 목소리가 바닷바람에 날아갔다 .
아무렇지도 않게 옆을 봤더니 의붓어머니가 계셨다. 의붓어머니는 오직 육지만 바라보며 손등을 치아에 대고 오열하고 있었다. 그 얼굴이 추했다. 철오는 보고 싶지 않다고 심각하게 생각했다.
　　　　　　　　　　　　* 어머니/의붓어머니

소년 철오에게 도요코를 남겨두고 떠나기로 한 의붓어머니의 행위는 '죄'임이 틀림없다. '일심一心으로 육지를 응시하며 손등에 얼굴을 묻고 오열하고 있다'는 의붓어머니의 모습을 '그 얼굴이 꼴 보기 싫었다. 보기 싫다고 철오는 심각하게 생각'한다. 소년에게는 일가의 이별이 어디서 어떠한 힘에 의해 강요되는 것인지 인식할 수 없다. 물론 그것은 당연한 일일 것이다. 소년 철오의 마음에는 도요코를 두고 떠나면서까지 보신을 꽤하는 의붓어머니의 기만을 비난하는 것 외에는 눈앞에 벌어지는 사태를 수용할 방법이 없었다. 하지만 소년의 눈에 비친 북쪽 바다의 격랑은 선상의 모두를 책망하고, 항거하기 어려운 힘의 존재를 소년의 마음에 각인시켰다.

20년 후 철오가 "표동하는 바다"야말로 "아버지의 혼을 구원하는 것이 아닐까"라고 생각하는 것은 "다모이의 배"를 나뭇잎처럼 가지고 놀면서 조국으로의 귀환을 영원히 단념시킬 것처럼 거칠게 요동치는 북쪽 바다의 광경, 그것이야말로 조씨 집안의 이산의 우울을 지배하는 원풍경이다. 거기에는 아버지며 의붓어머니도 정신없이 농락당하고, 무력하고 보잘것없는 존재에 불과함을 마침내 알아차렸기 때문이다. 하다못해 철오가 그 격랑 속에 유골 가루를 흘려버리는 것으로 조국 귀환의 꿈을 훗날에 의탁하고 싶다는 생각을 했다하더라도 이상할 건 없다.

철오가 아버지의 죽음을 보며 생각한 이러한 사정은 '재일'의 정치적·역사적 피구속성을 네거티브한 형태 그대로의 망각으로부터 지켜내려는 자세와 무관하지 않다. 도요코를 남겨두고 귀환선을 탄 의붓어머니의 오열하는 모습이건 일본에 머무를 수밖에 없었던 아버지의 '아이고'라는 신음소리건, 다다를 장소를 잃은 듯이 흘러가는 '재일' 1세의 견디기 힘든 굴욕과 비분悲憤에 의해 관철되고 있음을 보여준다.

이처럼 1세적인 삶의 범형範型은 소박한 민중 내셔널리즘과 민족·국가 내셔널리즘4)의 네거티브이며, 왜곡된 현상을 거부하고 원상회복의 요구를 내면에 안은 채 끝 모를 억압을 끊임없이 견디어 고 있다. 의붓어머니와 아버지의 모습으로 전형화된 이러한 1세의 규범적 유형에 대해 철오는 그들의 신음소리를 듣고 2세대 자신의 문제로 내면화하여 망각으로부터 지켜내고자 한다. 하지만 철오의 의식이 어떻든 작품에서 철오의 역할은 의붓어머니와 아버지의 슬픔을 현실적인 해석법으로 연결시키지 않고, 심리적 체험으로 1세의 규범적 삶의 유형을 해방되지 못한 완료형 존재로 순화해간다. 그리고 그런 아버지와 의붓어머니에 대한 철오의 이해는 정치적 존재로서의 피구속성을 강조하며 특권화하는 방향으로 전진할 수 밖에 없다. 물론 철오 자신도 그런 규범적 이해에 답답함을 느낀다. 하지만 결국 근본적 비판을 하지 못한 채 작품은 종결로 흘러간다.

---

4) 다케다 세이지는 『〈재일〉이라는 근거』에서 "원리적으로 말해서 '천황제 파시즘'을 정치적 '강압' 제도로 받아들인 1세의 시선은, 생활의 전통적이고 자연적인 틀(枠組)을 지키려고 하는 민중 내셔널리즘을, 민족 내셔널리즘으로부터 국가 내셔널리즘으로 밀어올리든 아니든, 결국 인간-민족-국가라는 관계를 자명하게 자연적인 것으로 간주하는 관점이 거기에 들어가든 안들어가든, 정치적 '강압'에 대한 반항으로서의 민중 내셔널리즘은, 역으로 정치적 '제도'와 권력에 가담해야 하는 것으로 변용해 버리는 것이다. 뿌리가 말라버리는 것이다"라고 언급하였다. 철오가 '재일' 2세로 성장해가는 과정에서, 아버지와 의붓어머니를 보는 시선이 다케다의 지적처럼 '변용'을 면하고 있다고 단정할 수는 없을 것이다. 오히려 민족·국가 내셔널리즘으로부터 요청된 조선인상에 비추어, 의붓어머니의 재혼·귀국이라는 행위가 평가의 도마 위에 올라와 있다고 생각된다. 철오에게는 망부의 생전 모습의 기억이 의붓어머니의 행위를 용인하는 것을 저지하는 장애가 되어 있고, 작중의 이러한 철오의 인식의 型은, 결국 넘을 수 없는 그대로이다. 2세에게 망부의 이미지는 진정 민족·국가 내셔널리즘을 형성해가는 중핵적인 이미지인 것이다.

철오의 이러한 이해의 범형은 실은 재혼 이야기로 다섯 자식에게 추궁받는 의붓어머니의 말에도 침투된다. 그녀의 동요하고 정체되기 일쑤인 '답변' 중 때마침 이치에 맞다 싶은 한 구절을 인용해 보자.

이렇게 말하면 화를 낼지도 모른다. 하지만 내 인생이란 뭔가 한층 엇갈렸는지도 모른다고 몇 번이고 생각한 적이 있다. 그것은 좋은 생활을 했다는 것이 아니야. 좀 다른 자신의 삶도 있었던 것이 아닐까 싶어. 그런 것을 혼자 생각하면 지금부터라도 자신에게 살고 싶단 생각이 든다. 그때 지금의 그 사람과 만난 거죠. 그 사람 집에 다섯 명의 아이들이 있다 들었을 때, 나는 팔자라고 생각했을 정도야. 왜 항상 아이가 많은 곳과 인연이 있는 걸까라고. 팔자라면 괜찮다. 어쨌든 스스로 다시 시작하고 싶다 생각해서….

철오의 여동생 순남順南은 "자기가 가고 싶은 거야. 여자잖아. 그런 거죠. 그렇게 말하면 되는 거 아닌가"라며 의붓어머니를 추궁한다. 확실히 순남의 비난은 의붓어머니의 '답변'이 품고 있는 로맨틱한 울림을 민감하게 알아채고 있다. 의붓어머니의 '답변'은 재혼에 장애가 되는 사정 일체를 '팔자'로 봉인하고, 조씨 일가의 한사람으로 참고 살아왔던 반평생이 아닌 다른 평행세계를 환상幻想하는 언설과 다르지 않다.

그것은 재일 1세의 정치적·역사적 피구속성의 멍에를 단절하는 모든 현상의 부정적 행위인 의미론적 패러다임이 근대의 '미학'

적 패러다임임을 보여준다. 그러한 패러다임에서 아버지의 저 '아이고' 신음과 의붓어머니의 배신적 행위가 마침내 철오와 같은 2세대에게 긍정적으로 수용되어 미적으로 순화된 기억으로 머물게 된다. 그럼에도 1세대의 유랑적 슬픔에 강하게 남아 있던 건강한 민중 내셔널리즘의 탄성이 어색하게 경화된 소상塑像처럼 해체되어 버리고 만다.

철오는 의붓어머니의 독백을 듣고 한층 깊은 우울에 빠진다. 순남의 비판이 맞다면 재혼하려는 의붓어머니의 행위를 "여자의 행복"이라는 명목 하에 용인하고 축복하며 보내주어야 한다. 철오에게 그러한 인식의 이치는 명백하지만 뭔지 모르는 석연찮음이 남아 있다. 1세 고유의 삶의 세계를 그는 어떻게 '이해'할 수 있을까. 음울한 가족회의가 있던 다음 날, 철오는 고교 시절의 친구였던 사이조 헤이하치로西條平八郎를 만나러 나간다. 사이조는 철오가 조선인이라는 것을 고등학교 시절에 이미 저항 없이 받아들인 사람이다. 하지만 "의붓어머니의 재혼 이야기와 자식들의 반발, 그 의붓어머니의 행복을 생각하면 그 재혼을 심적으로 기뻐하고 싶지만 어쩐지 석연찮은 자신의 기분……"을 이야기한 철오에게 사이조는 그것을 "조선과 일본의 과거"문제로 접근하려 한다. 철오가 여기서 부딪치는 것은 역시 '이해'의 절망적 불가능성이다.

사이조와 서로 이야기하더라도 가족 문제에 이렇다 할 단서를 얻지 못했던 것 같았다. 두 사람은 조가에 영향을 끼친 역사의 의미에 대해서도 의견을 나누었지만 급박한 가정 문제를 해결할 수가 없었다. 철오는 자신을 쫓아오는 허무함에 젖는다.

의붓어머니의 로맨틱한 '답변'이 "의붓어머니가 떠나는 두려움"이라 말한 조씨 집안의 자식들이 품은 구체적 심정과 잘 맞지 않았다. 마찬가지로 일본인 사이조의 사상적 정당성의 입증은 가능하지만 철오의 우울의 구체성에는 전혀 맞지 않았다. "어디로 가면 이 기분을 풀 수 있을까"라는 철오의 술회는 재혼 후 머지않아 조국으로 돌아갈 의붓어머니의 뜻밖의 행동을 직면하며 지워지지 않은 채 반복된다.

철오의 아내인 안희는 귀국하는 의붓어머니의 행동에 화를 내는 남편을 두 가지 논점으로 설득하려고 한다. 하나는 조씨 가족에 집착하는 철오의 수구적 입장에 대해 개인의 의지에 높은 가치를 부여하는 개인주의적 새로움을 강조하는 입장이다. 그리고 다른 하나는 예전의 순남과 마찬가지로 "여자의 행복을 추구하려는" 의붓어머니의 여성성을 강조하며 높은 가치를 부여하려는 입장이다. 의붓어머니의 귀국 건을 알리는 둘째 형 병오炳午의 편지에서도 "앞으로 조금 더 엄마의 앞날을 격려해줄 것"을 말하는 입장이 조리있게 언급된다.

그러나 철오는 결국 이러한 것들로 해서 마음이 움직이지 않았다고 할 수 있을 것이다. 철초는 둘째 형의 편지에 대해 이렇게 반응한다.

형의 편지를 읽었을 때, 철오는 순순히 설득당하고 있다는 안달을 느꼈다. 그것은 인간의 이상적인 기대에 뿌리를 내리고 있다. 그러나 그것이 설득력을 갖출수록 철오는 부조리에 몸을 기대고 싶은 생각이 들었다. 그래, 분명 의붓어머니의 새 출발을 우리는 미소로 배웅해야 했었다. 그리고 그것은 지금도 늦지 않았다. 그러나 나만은 막무가내인 이대로 있고 싶다.

부인 안희에게 "뭐야, 형의 말을 앵무새처럼 말하고"라며 반박하는 철오이다. 안희에게는 이렇게 둘째 형에 대한 감회를 뒤집는 것은 불가능한 일이었다. 병오와 안희 그리고 사이조의 이해를 포함해 그들이 의붓어머니의 재혼과 귀국이라는 행위를 긍정할 때, 그들 각자가 의붓어머니와 주고받았을 구체적인 여러 관계의 결박朿을 민족문제나 개인주의 혹은 여성성의 존중 같은 추상적 '문제'로 살짝 바꿔 의붓어머니의 행위를 재평가하고 있다.[5] 철오가 집착하는 것은 구체적인 관계의 결박이 추상적인 '문제'로 단번에 바뀌어 가는 순간, 구체적인 결박의 리얼리티는 어디로 사라지는가에 있다. 철오에게 이러한 의문은 추상적 논리학이 아닌 명확한 실체를 동반한 성질인 것이다.

"아아, 아아……"
철오는 소리조차 나지 않는 신음을 내고 있었다. 이 맹렬한

---

5) 철오에게 보낸 둘째 형 병오의 편지에는 의붓어머니의 재혼이 소외론 관점에서의 현상부정과는 다른 무언가로 보는 시점을 읽을 수 있다. 예를 들면 "이야기는 관련이 되는데, 상대의 가정에 다섯 명의 자식이 있는 것이 왠지 기이한 인연처럼 생각되는 것이다. 아마도 어머니는 마음속에 한 번 더 우리들을 키우는 기분이 되어 있는 것은 아닐까"라는 구절은 「다듬이질 하는 여인」에 그려진 장술이의 '마음'으로 통하는 것을 의붓어머니의 행위로 보려고 하는 것이라 할 수 있을지 모른다. 하지만 결국 이 편지가 철오를 움직이지는 못하고 작품 결말에 '의붓어머니의 배웅'과 이 한 구절의 관련성이 명확하게 그려져 있지 않다.

망집妄執은 어디에서 오는 것일까. 한 가족의 흩어짐, 아득한 조국, 무너져가는 조씨 집안. 그것을 느꼈기 때문에 아버지는 그 총안銃眼의 아버지는

"아이구 이 원쑤를 누가 갚는가!"라며 아들에게 하소연했던 것은 아니었을까.

철오가 의붓어머니의 귀국을 용서하지 못하는 것은 망부의 '아이구'라는 신음소리를 의붓어머니가 받아들이며 살아가는 역할을 요구했기 때문이다. 재혼하고 아버지 사후의 귀국이라고는 하지만, 의붓어머니는 망부가 살았던 징표로 적어도 남편의 뼈가 묻힌 나라에 머물면서 남편과 동일한 신음소리를 내기를 바란 것이다. 그렇지 못하면 총안의 건너편에서 보였던 아버지의 허망한 모습은 갈 곳을 찾지 못한 채 망각의 늪으로 떨어질 수밖에 없다. 철오가 보아온 아버지의 삶과 죽음의 현실적 무게는 추상적인 민족문제로 번역될 수 없는 이해를 초월한 구체성 그 자체로서 의붓어머니의 손으로 온전히 보존되어야만 했던 것이다.

철오의 이러한 "맹렬한 망집"은 의붓어머니에 대한 것이면서도 그 이상으로 아버지를 향한 것이었다. '집' '가족제도' 같은 것이 아닌 어디까지나 철오의 아버지라는 한 개인이 주고받은 현실적인 관계의 결박을 잃고 싶지 않은 마음이다. 그렇게 보면 안희와 병오 형에 대한 철오의 위화감은 철오가 의붓어머니를 마주하려 할 때의 자세도 마찬가지가 아닐까. 그 의문은 작품 말미에 철오가 의붓어머니의 귀국을 간신히 납득하는 부분에서 한층 깊어진다.

"지금도 나는 어머니에게 배신당했다고 생각한다. 이 감정은 언제까지나 없어지지 않을 것이다. 그런 생각이 든다. …… 하지만 이상하단 생각도 든다. 뭔가 안도하는 기분도 든다. 아버지는 그렇게 귀국하고 싶었지만 그러지 못했다. 조부들도 다시 조국으로 돌아갈 수 있는 것은 언제일까. 그 대신 먼저 어머니가 돌아가는 것일지도 모른다. 조씨 집안의 어머니로는 아니지만 조씨 집안의 인생을 살아온 사람으로서……. 그렇게 생각하면 뭔가 그것도 조씨 집안의 한 진실이라는 생각까지 든다……."

의붓어머니의 귀국은 귀국하지 못한 망부가 총안 건너편에서 보였던 애석한 모습과 결부됨으로써 마침내 철오가 승인할 수 있는 의미로 다가온다. 도요코를 남겨둔 마오카真岡 안벽岸壁과 의붓어머니를 태운 '다모이의 배'를 사이에 두고 펼쳐지는 거친 바다는 철오에게 아버지의 유골 가루로 흘려보내고 싶은 몽상을 일깨운다. 조국으로 통하는 바다에서 모습을 바꿔 의붓어머니를 통해 망부가 실현하지 못했던 귀국길 바다로 변모한다. "또 다시 이 길을"이란 망부의 유지를 짊어진 의붓어머니에 의해 마침내 뚫리고 열린 바닷길이다. 조씨 집안 그 누구도 가지 못했던 바닷길을 의붓어머니가 가는 것이다.

유체소각로의 총안을 일부러 보러 간 철오가 의붓어머니의 귀국을 용인하는 인식의 이로理路는 이것밖에 없었음을 이해할 수 있다. 그러나 철오가 그토록 혐오했던 '이해'에 수반되는 구체성에서 보편성으로의 비약이 여기서 이루어지는 것을 무시할 수 없다. 즉, 의붓어머니는 망부의 대리로 "또 다시 이 길"을 가고 있다.

의붓어머니에게 바다는 도요코가 생활하는 마오카로 연결되는 길이 아니었을까. 그런 의붓어머니의 정념이 무시된 채, 철오의 아버지가 실현하지 못한 꿈의 대리인을 연기하게 된 것은 아닐까. 의붓어머니에게 "또 다시 이 길"은 어디로 연결되는 바다인가. 한 번도 철오의 가슴에 떠오른 적이 없는데 그는 망부의 화신처럼 의붓어머니의 출국을 배웅하러 간 것이다.

3. 「다듬이질하는 여인」

이회성이 「다듬이질하는 여인」(『계간예술』 1951.7)을 써야만 했던 이유는 '재일' 1세대의 구체적 상모를 추상화하려는 유혹에 대항해 구체성을 추출하려 했던 「또 다시 이 길」이 결과적으로 1세대 여성의 정념을 모두 그려내지 못했기 때문이다. 그리고 주인공 철오가 아버지의 죽음에 대한 기억을 현재 상황에서 초월하려는 토대로서, 점차 성숙해가는 과정을 짚어가는 교양 소설적 '미학'의 패러다임을 보여주는 것이다.

그것은 근대 일본의 국가정책의 일환이었던 식민지정책 자체를 비춰주는 토대를 작품에서 배제시킨 것과 다르지 않다. 왜냐하면 철오의 눈에 비친 부모의 모습은 현실의 멍에에 짓눌려 그 비통한 체험을 저항의 근거로 전환시키지 못한 채, 아들 철오의 관념 내부에서 미적으로 순화되는 존재이기 때문이다.

하지만 현재의 멍에에 끌려가는 굴욕이 저항의 근거로 바뀐다는 것은 구체적으로 무엇을 말하는 걸까. 「또 다시 이 길을」에서 의붓어머니의 재혼부터 귀국까지의 도정을 의붓어머니의 유념으로 그려낼 수 없었던 이회성은 36세에 세상을 떠난 친어머니의 후반기 삶을 주제로 재차 이 문제와 마주한다.

장술이는 아들과 남편의 관계를 기정사실로 하지 않고 한 명의 당사자로서 적극적으로 작용함으로써 자기 실현을 강하게 원하는 여성으로 묘사된다.

> 평소에는 친절한데도 격한 벌이 나에게 '부모'의 신기함을 느끼게 한 것이다. 어머니는 아무래도 무언가 생각하고 있다. 나를 '내 아이'로 키우려고 한다. 막연하지만 나는 그렇게 생각했다. '내 아이'라는 말이 마치 주사를 맞은 후에 통증처럼 내 몸에 흐른다.

"그녀의 엄한 태도는 그대로 자신의 남편에게도 통하는 것"이라고 이회성이 말하는 작품 속의 장술이는 "나의······"라고 말할 수 있는 남편과 아들이기를 강하게 바란다. 실제로도 그 바람을 위해 아들과 남편에게 엄함을 유지했다. 인자함과 엄함이 모순 없이 병존하는 것이 "어머니의 신기함"이라고 한다면, 장술이는 그런 어머니이자 아내인 동시에 "무언가를 생각하고 있는" 여성이라 할 수 있다. 그 '무언가'에 대해 이회성은 부부싸움에서 둘의 말다툼을 묘사하며 생각하고자 했다.

> 어머니는 아버지처럼 흘러가는 사람에게 어딘가에서 멈춰주길 강하게 바라고 있었던 것 같다. 흐름에 역행하는 것은 무리라

하더라도 어딘가에서도 굽히지 않는 의지를 아버지의 삶에서 기대하고 있었던 것 같다.

"어디까지 흘러가요. 시모노세키下關면 충분해요. 그것을 혼슈, 홋카이도 그리고 가라후토까지. 당신의 삶도 그것과 똑같이 흘러가는 것이에요. 왜 협화회의 임원을 맡는 건가요. 당신은 사람이 좋기 때문에 그렇게 이용만 당하는 거죠. 모두가 회원이 되었다고 하더라도 깃발까지 흔들지 않아도 되잖아요."(중략)

아버지에게는 아버지 나름의 고충이 있었던 것 같다. 하지만 어머니의 날카로운 비난에 상처받고 거기서 벗어나려고 정신을 잃어가는 듯 보였다. "모두 다 나를 나쁜 사람으로 만든다. 이놈 저놈 모두 다"라고 아버지는 호통을 치는 것이었다.

장술이에게는 남편의 '고충'이 그를 자책하게 만드는 '고충'으로만 끝나는 것이 용서되지 않았다. "어디까지 흘러가요"라는 남편을 향한 비난은 '고충' 때문에 자신을 붕괴시키는 것이 아닌 그 '고충' 속에서 '나'를 일으켜주길 바라는 장술이의 희망의 표명이다. 그녀가 '나의 아들', '나의 남편'을 칭하기 전에 우선 '나의'라고 말할 수 있는 주체의 위치에 서고자 했던 여성이었듯이, 그녀는 남편에게도 "어딘가에서 분발하는 의지"를 바라고 있었다.

물론 장술이에게 '고충'이 없었던 것은 아니다. "거의 10년 만에 고향에 돌아온" 그녀는 "일본 기모노를 입고 양산을 쓰고 나타나" "조모를 놀라게 했던" 것이지만, 소년이 "초등학교 3학년이 되었을 무렵" 부부가 "다투는 일이 잦아졌던" 장술이는 결국 집을 나가기로 결정하고 "일본 기모노를" "죽죽 찢어버리고" 말았다.

상처 난 입을 마스크로 숨긴 채 어머니는 묵묵히 떠날 준비를 서두르고 있었다. 장롱을 열고 트렁크에 옷가지를 쑤셔 넣었던 것이다. 갑자기 어머니는 포장한 일본 기모노를 꺼내 갈기갈기 찢어버리며 벽장 속 상자에서 퇴색된 저고리, 치마를 꺼내 그것과 바꿨다. 어디로 가는 것일까. 미친 듯한 어머니의 행동은 우리들의 마음을 완전히 떨어뜨렸다. (중략)

얼마나 시간이 흘렀을까. 어머니는 정말 긴 시간 거기서 웅크리고 있었다. 그리고 구부정한 자세로 얼굴을 숨기려고 울부짖었다. 잠시 후, 아무 일도 없었던 것처럼 일어나 트렁크를 정리하는 것이었다.

장술이가 죽은 것은 이런 일이 있고 불과 10개월 뒤였다. "산부인과' 병을 오래 앓았던 어머니는 남몰래 자신의 수명을 느끼고 있었던 것일까"라고 서술했던 이회성에게 가출을 시도했던 장술이의 '고충'은 분명했다. "나의 아들", "나의 남편"이 되어주었으면 하는 바람, '나의'라고 말할 수 있는 주체의 위치에 서고자 했던 그녀가 실은 자신의 생명을 갉아먹는 병과 싸우고 있었던 것이다. 더구나 남편에게 처절한 폭력을 당하고 끝내 남편과 아들과 결별의 길을 택하려 했던 때였다. 그때 "어디까지 흘러가는 것이냐"라는 자신의 말은 진정 자신을 관통해 주체가 되고자 하는 최후의 힘으로 작용해 그녀의 가출을 단념케 한 것이다.

작품은 임종을 맞이한 어머니가 그럼에도 '무언가'에 대항하는 주체이고자 했던 것은 아닐까, 라고 생각하는 화자의 말로 끝맺는다.

그러나 요즘에 나는 이렇게도 생각해 본다. 어머니는 남편의 팔을 잡고 두 사람의 미완성된 삶의 끝이 다가오는 것을 누군가에게 거부하려 한 게 틀림없다. 남편이 손에 힘을 주고 붙잡더니 그녀는 희미하게 고개를 끄덕이고 오히려 남편을 격려하려 했던 것이 아닐까.

"흘러가지 말아요."

아버지는 우리에게 어머니의 이야기를 전할 때, 그녀가 그러한 뜻을 가진 채 죽은 여인이었던 것을 자책하며 말했다.

「또 다시 이 길을」에서 작가의 시선은 심리분석이 돋보인다고 할 수 있다. 아버지의 신음과 의붓어머니의 언동에 내재된 심층적 의미를 작가는 철오의 시선을 통해 분석한다. 하지만 「다듬이질 하는 여인」의 마지막 장면에서 극명하게 각인된 것은 심리가 아닌 '뜻'이다. 그것은 장술이가 심리의 심층으로 경사傾斜에 대항해 지속해서 연마해온 '사상'이다.

「또 다시 이 길을」을 통해 작가가 남긴 과제는 심리 분석적 '이해'의 함정陷穽을 회피하고 1세대의 삶을 매일 반복되는 일상성과 정치적·역사적 피구속자로서의 구조성構造性이 교착되는 지점에서 그려내는 것이다. 2세 작가 이회성의 1세대에 대한 감상적이고 '미학'적인 자세가 아버지와 의붓어머니의 시선을 같은 높이에서 받아들이는 것, 그것을 방해한 「또 다시 이 길을」과는 다른 거리距離에서 '양친'의 문제를 생각할 필요가 있었다.

하지만 그는 실제 부모의 모습을 사소한 일화를 쌓아 가는 에피소드주의적 리얼리즘으로 묘사하는 길을 선택하지 않았다. 그가

「다듬이질 하는 여인」에서 보여준 것은 부모의 일상에 반복적으로 출현하는 '다툼'의 상相에 각인된 형태이다. 그 형태를 보다 선명하게 형상화하려고 그는 몇 가지 픽션을 작품에서 자유자재로 구사한다.

    이 소설을 써나가는 중, 역사의 흐름 같은 것에 끌려 들어가는 듯한 어떤 한 종류의 감흥이 있었습니다. 이것은 지나치지도 부족하지도 않은 표현이며, 그렇게 말해도 좋을 것이라 생각합니다. 이것은 사소설이라 말했지만 전부가 사소설은 아닙니다. 예를 들어 어머니가 싸움을 하고 집을 나가려고 할 때, 장롱에서 일본의 기모노를 꺼내 찢는다는 부분은 사실이 아닙니다. 그것은 내가 마음대로 갖다 붙인 것입니다. 그런 부분이 이 단편에는 더 있습니다. 그러니 완전한 사소설은 아닙니다. 만약 정말로 사소설이었다면 모친을 조금 더 떳떳하지 못한 인생의 비밀을 가진 인간으로 그려내는 편이 좋았을지도 모릅니다.[6]

여기서 이회성은 사소설과 역사를 대비하여 이야기하는데 「다듬이질 하는 여인」은 후자 계열의 작품으로 자리매김하는 듯하다. 하지만 이회성은 「다듬이질 하는 여인」을 어디까지나 사소설적인 전형을 세세하게 따른 작품임을 인정하고 있다. 그리고 사소설과의 본질적 차이로 "역사의 흐름 같은 것에 끌려 들어가는 듯한, 어떤

---

6) 『砧を打つ女』と着物」(『時代と人間の運命』(エッセー篇), 同時代社, 1996.11).

한 종류의 감흥"에 관해 이야기하고 있다.

이 '감흥'은 역사적 구조 그 자체가 된 작품을 리지드rigid로 지향하는 역사관과 달리, 어디까지나 실존하는 인물의 일상적 영위를 가시화하며 묘사한다. 거기에서 반복되는 무의미한 형태가 점점 의미를 갖는 일련의 연결고리로 부상시키는 듯한 체험을 가리키고 있다. 그들의 형태를 의미 있게 부상시키는 '지地'로서 "역사의 흐름 같은 것"의 존재를 생각할 수밖에 없는 그러한 체험을 이회성은 작품을 통해 담아낸다.

작가에 의하면 "흘러가지 말아요"라는 말도 실은 픽션이었다고 한다. 그러한 허구적 필터를 통해 실재했던 장술이는 임종의 순간에도 충분히 연마되어 뜻을 굽히지 않으려는 조선 여인으로 변모한다. 반복되는 일상이 그녀에게 강요했던 "흘러가지 말아요"라는 '뜻'은 실제 장술이의 체험에서 발신된 '재일' 1세 조선 여인이 품은 '사상'의 외침이다.

현실의 어머니 장술이의 인생에 관해 이회성은 다음과 같이 말한다.

> 하지만 실제 모친은 그것을 찢을 만큼 예리한 로자 룩셈부르크처럼 강한 여자가 아니었어요. 그저 흘러가고, 흘러갔던 여자이고 너무도 고생했기 때문에 결국 아이를 낳았을 때 여러 병이 겹쳐 죽고만 불행한 여자입니다. 따라서 이 소설은 나의 진짜 모친을 쓴 것이 아니고 픽션의 조선의 어느 여인을 쓴 것입니다.[7]

「또 다시 이 길을」에서 의붓어머니가 재혼부터 귀국까지 행동하는 여성이었음을 여기서 다시 상기해보자. 실제 모친 장술이의 인생은 의붓어머니와 비교해 보아도 그저 "흘러가고 흘러갔던 여자"이다. 심리적 심층으로 들어가면 거기에는 회한과 비분과 절망으로 흐트러진 풍경이 펼쳐질 뿐이다. 그리고 그 퇴색된 풍경을 진정한 자아 내면의 묘사로 받아들이는 문학 향유의 '장'에 '재일' 문학을 놓고 보면, '재일'에 의한 일본어 문학과 일본의 근대문학의 골격 차가 속일 수 없을 정도로 명백한 차이로 부상한다.

　재일 문학이 상실과 소외를 본래 있어야 할 원상에서의 결락으로만 이야기된다면 그것은 '문학'으로의 향유의 장을 충분히 형성할 수 없다. 왜냐하면 "본래 있어야 할 원상"이 향유하는 측에게 공유되지 못하고, 상실과 소외를 정서적으로 미화하는 것만으로는 독자를 '문학'의 지평으로 이끌어낼 수 없기 때문이다. 「또 다시 이 길을」의 의붓어머니가 그 배신적 행위를 '사상'화하여 철호에게 '뜻'으로 이야기할 수 없었다. 그렇기에 철오의 2세적 시선이 대상을 완전히 포착하지 못한 채 안타깝게 흘러간 것도 결국 같은 문제에서 기인한다.

　"흘러가지 말아요"라는 "뜻을 지닌 채 죽은" 장술이의 모습은 심리 심층의 갇힌 풍경과 마주하는 것을 스스로 금한다. 또한 "누군가에게 거부하려고" 하는 저항의 주체이고자 하는 완고한 자세로 「또 다시 이 길을」의 의붓어머니의 행동을 지탱한 '뜻'이 무엇인지 전하고 있다.

---

7)　『砧を打つ女』と着物」(『時代と人間の運命』(エッセー篇), 同時代社, 1996.11).

철오를 비롯한 주위 사람들은 다양한 방법으로 '이해'(그것은 심리적 심층의 다양한 해석에 불과하다)하려 했던 그녀의 반평생은 철오라는 젊은 2세대의 '미학'적 감성에 비춰짐으로써 겨우 일본 근대문학의 '지평'에 오를 수 있었다. 그러나 그것은 철오의 지극히 2세적인 감성과 일본 문학의 서정성이 통합된 이른바 요행에 의한 것이었다. 즉, '재일' 2세의 성장에서 일본의 문화적 전통과 사회사상에 깊이 관계하면서 성장했다는 사실이 1세대를 실제 크기로 이해하는 것을 방해하고 있다. 동시에 2세대에게 1세대의 삶을 일본 문학 내부로 언어화해가는 가능성을 부여한 것이다.

그런 의미에서 이회성은 1세대의 심리적 심층을 생생한 문체로 능숙히 일본 문학의 서정과 함께 나열해 보여준 「또 다시 이 길을」을 통해 일본 문학의 골격을 가진 '재일' 문학의 문장가이다. 그리고 이회성은 마침내 「다듬이질 하는 여인」을 통해 일본 문학과는 다른 골격의 일본어 문학으로서 독자적 지위를 획득했다고 할 수 있다.

제4장 ── 이양지와
히구치 이치요

1. 들어가며

다케다 세이지의 '재일' 문학론을 중심으로 연구 시좌가 확장되고 있는 전후 '재일' 문학 연구에서 이양지에 대한 관심이 고조되고 있다. 갑작스런 죽음으로 미완성작으로 남은 「돌의 소리」도 있지만 이양지의 마지막 작품 「유희」에 대한 언급이 눈에 띈다. 「유희」가 작가로서 정점기에 창작되었고 제100회 아쿠타가와상 수상작이라는 점이 컸을 것이다. 물론 「나비타령」, 「해녀」, 「오빠」, 「각」 등 1982년부터 1984년 사이에 집필한 완성도 높은 작품들에 관한 언급도 점차 확대되고 있다.

다케다 세이지는 「각」을 다음과 같이 평가했다.

이른바 『각』의 주인공은 자신의 '재일'성으로 "고민하는" 듯이 묘사되지만, 이 '재일'성은 건너편에서 다가와 작가를 사로잡고 그 문제로 덮어씌우는 형태로 나타난 것이 아니다. 아마도 이양지는 자신의 자의식 형태를 확정할 수 없기에 '재일'이라는 고민을 소환하고 있는 것이다.[1]

다케다 세이지에게 '재일'성이란 작가의 무정형적 감성을 담는 그릇일 수는 없다. 그것은 "건너편에서 다가와 작가를 사로잡고 그 문제로 덮어씌우는" 듯한 저항하기 어려운 무언가로 존재한다. 다케다 세이지는 김학영의 존재를 '재일'성을 가장 순수한 형태로 그려낼 수 있던 작가로 높이 평가한다. 또한 「각」의 이양지는 "기묘한 표현일지 모르지만 과연 '자이니치' 작가인가라는 생각이 든다"라고 했다.

김학영을 다룬 에세이 「괴로움의 원질」에서 다케다 세이지는 "그가 달성한 것을 한마디로 말하면 '재일'로 살아가는 어려움을 단지 고발하고 극복하려 했다기보다 오히려 그것을 개인의 일상적 노력을 초월한 불우의 문제로 다루었다"[2]라고 했다.

다케다 세이지는 김학영의 문학을 통해 재일성과 한 개인의 일상성의 관계를 추출해내는 데 성공했다고 할 수 있다. 하지만 그렇게 골라낸 재일성과 일상성의 관계에서 살아가는 개인은 결국 성적

---

[1] 다케다 세이지, 「이양지저 『각』」(『주간독서인』, 1984. 4. 22.) 인용은 『'재일'이라는 근거』(지쿠마학예문고, 1995. 5. 8.)에 의거한다.
[2] 다케다 세이지, 「괴로움의 원질」(『김학영작품집』, 작품사, 1986. 6. 1.).

차별이 각인되지 않은 추상적인 '개'임을 말할 수밖에 없을 것이다. 다케다의 비평이 재일론으로 유효할 수 있었던 것은 이 추상적인 '개'를 전제하여 재일을 둘러싼 이데올로기 대립을 넘길 수 있었다. 이를 통해 민족문제와 재일 문학을 다른 차원으로 옮겨놓을 수 있었다. 하지만 한편으로는 여성 표현자로 등장한 이양지의 텍스트 분석에는 실패했다고 할 수 있다. 다케다의 재일론은 여성 표현자 이양지가 이야기하는 여성 일인칭 텍스트에 새겨진 성적 편차의 감수와 의미 부여 측면에서 한계를 보여주기 때문이다.

「각」을 포함한 대부분 작품이 기본적으로 여성 일인칭을 내포한다는 의미가 제기될 때, 이양지의 참조 계열에 히구치 이치요의 텍스트가 존재한다. "'생리'일의 우울감", "답답한 혐오감과 나르시시즘을 동시에 포함한 양면적 감수의 형태"야말로, 여성 표현자를 둘러싼 규범적 제도의 내부에서 유통되고 수용되는 '여자의 말'의 편차이다. 그 편차를 통해 제시되는 규범적 영역의 저항에 여성 작가 이양지의 재일성 전체가 던져진다.

이양지의 족적은 1880년대 후반에 히구치 이치요가 싸우며 밟았던 과정과 겹친다. 향후 이양지론의 전개가 전후 재일문학론의 확산 가능성으로 나아가려면 이치요의 텍스트가 제기하는 몇 가지 문제를 정리해야만 한다.

2. 여자의 말/사랑가

히구치 이치요의 부친 노리요시則義가 실의에 빠져 병사한 1889

년, 장남인 이즈미타로泉太郎는 폐결핵으로 죽고(1887), 장녀 후지ふじ는 초혼 실패(1875) 후 재혼(1879)을 한다. 아버지 노리요시의 죽음으로 사실상 파산에 몰렸던 히구치 집안의 모친 다키たき, 나쓰奈津(이치요), 여동생 구니くに 세 명은 아버지가 살아계실 때 불량스러운 소행으로 호적이 갈라진(1881) 둘째 도라노스케虎之助에게 몸을 맡긴다. 하지만 이듬해 1890년 9월 본고향 기쿠자카쵸菊坂町에 집을 빌려 모녀 셋이 살림을 꾸린다. 나쓰(이치요)는 아버지가 죽기 전 16세에 호주가 되지만 모녀 살림으로 독립한 이후에는 세탁과 바느질 수입으로 생활을 꾸려간다. 이른바 호주인 이치요가 가계의 부활을 위해 움직이기 시작한 것이다.

한편, 이양지의 부친 두호斗浩는 1940년에 제주도에서 도일, 오영희와 결혼하여 장남 데쓰오哲夫, 차남 데쓰토미哲富, 장녀 양지, 차녀 사카에さか江를 낳고 1964년 일본으로 귀화한다. 그 후 부모의 불화는 쌓여갔고 이양지가 고등학교 때 별거해 이혼 조정을 밟기 시작한다. 결국 부모의 이혼은 이양지가 27세였던 1982년에 이루어졌고, 그때 이미 큰오빠 데쓰오, 작은 오빠 데쓰토미가 연이어 급사한 터라 모친, 이양지, 여동생 셋만 남게 된다.

가족 관계에서 나쓰와 양지의 위치가 놀랄 만큼 일치함을 알 수 있다. 두 가족이 처한 현격한 시대차를 배제하더라도 분적分籍과 이혼으로 가족이 중심을 잃고 거듭된 죽음으로 집안 남자들이 차례로 사라지면서, 가정의 중심임을 자각하는 두 여성이 있다. 나쓰는 독립과 동시에 소설가가 되기로 결심해 1891년 1월에 소설「시든 참억새 한 송이かれ尾花ー もと」를 집필했고, 양지는 부모의 이혼을 전후해「나비타령」(1982.11)을 발표한다.

「나비타령」의 화자 '나'는 길어지는 부모의 이혼 협의에 증인으로 나와 부친 측의 'Y변호사'로부터 '조선인의 독립'을 둘러싼 정치 운동 가담에 관한 세세한 질문을 받는다. 이렇게 추궁받는 한심함에 "아이, 모조리 산산조각 폭파해 버리고 싶다"라고 생각한다. 이혼 협의란 이혼이 결정된 부모의 재산분배를 놓고 서로를 비난하는 싸움이다. 그런 한심한 흥정의 장소에서 마치 한 줄의 메모를 읽듯이 간단히 '조선'을 언급한 것에 대한 분노와 굴욕감. 아이코愛子는 결국 길어지는 이혼 협의로 인해 심신 상태가 나빠지기 시작한다.

일본인에게 살해당한다. 그런 환각이 시작된 것은 그날부터였다. 만원 전차에 탔을 때는 한 정거장씩 홈에 내려 상처가 없는지 확인하고 다시 전차를 탔다. 홍수처럼 밀려드는 사람의 무리에 떠밀려 역 계단을 내려간다. 여기서 살해당해 나는 피투성이가 되어 쓰러져 죽을 것이다.

이 망상은 양친의 이혼, 둘째 오빠 가즈오和男의 입원, 애인 마쓰모토松本와 이별이라는 연속적인 추이의 확실한 현실 변용, 즉 남성의 소멸 사태를 서서히 자각하는 과정에서 더욱 심해진다. 둘째 오빠는 '식물인간'처럼 변했고 큰오빠 '뎃짱'도 지주막하출혈로 허망하게 31년의 삶을 마감한다. 두 오빠를 현실 세계에서 잃는 것을 계기로 10년간 계속된 이혼 협의가 종결된다.

아이코는 내심 마쓰모토를 향한 마음을 끊어내지 못했지만 홀로 한국으로 가고자 결심한다. "한국으로 가지 않으면 죽어버린다. 일본에서 도망치는 거야. 더 이상 복잡해서 싫어, 일본은"이라는 아이코 말대로 한국행의 목적은 처음부터 도피였음을 부정할 수 없다. 하지만 서울 하숙집에서 아이코는 어떤 상념에 사로잡힌다.

'일본'에서도 '우리나라'에서도 겁을 먹는 나는 그렇다고 마쓰모토의 여자로 돌아가는 것도 망설여진다. 이것은 여자로서의 편안함에 대한 무서움이라 해도 좋다.
재일 동포라는 번거로운 자존심을 느끼면서도 한편으로 적당한 흉내를 치가 떨릴 만큼 혐오하고 있는 자신에게 마쓰모토의 여자로 종속되는 것을 기뻐하며, 그 기쁨을 허망으로 보고만 자신을 겹쳐본다.

아이코는 서울 하숙집까지 전화를 걸어오는 마쓰모토의 목소리에 "'일본'에서 뛰쳐나왔을 때의 기세가 의외의 속도로 쇠약해"간다. 마쓰모토에게 '교태'를 부리는 자신의 한심함과 초초함에서 아이코는 "부유하는 생물"이자 한 '여자'로서의 자신을 발견한다. 그리고 "나체를 드러내고 부유하는 생물"의 모습과 '하얀 나비'가 겹쳐 보인 순간, 아이코는 그 '하얀 나비'가 '나비 타령(비탄의 나비)'임을 확신한다. 그것을 받아들이는 '여자'가 된다.
이양지의 첫 작품 「나비타령」을 형성하는 '여자의 말'은 작품 말미에 "사랑가를 부르기 시작"하지만 부친을 비롯해 마쓰모토와 두 오빠를 잃은 아이코는 '여자'를 받아들인다. 그렇게 함으로써 누구에게나 거리낌 없이 '사랑'을 노래하는 '사랑하는 주체'로 부활한다. 하지만 이 '사랑'은 대체 누구를 향해 쏟는 '사랑'인가. 사실 그것은 '우리나라'라는 포괄적 장소로서의 '모국'이란 점에서 작품의 결착을 읽어낼 수 있다. 아이코의 한국행 결심의 의미가 '사랑가'를 통해 독자에게 제시된 것이다.

「나비타령」을 이야기 형식으로 분류하자면 일종의 '참회담'으로 볼 수 있다. 세키 레이코関礼子의 지적대로 "특히 여성의 일인칭은 통상, 규범에서 크게 일탈한 '요주의 여성'의 이야기로 개전改悛 뒤인 현시점에 과거 일탈을 이야기하는 악녀의 패턴을 답습해온"[3] 것이다. 「나비타령」에서 아이코의 과거 '악녀' 지표를 찾는 것은 어렵지 않다. '참회담'이 이야기 형식으로 성립하는 최종 요인은 '악녀'가 '어머니의 딸' 내지 '아버지의 딸'의 위치로 돌아온다는 것이다. 그런 의미에서 '우리나라(모국)'에 대한 사랑을 확신하는 아이코는 최종적으로 '어머니의 딸'이 되었다 하겠다.

하지만 여기에서 중요한 것은 완성된 가부장제 사회에서는 논리적으로 대등하다고 할 수 있는 '아버지의 딸'과 '어머니의 딸'이라는 두 카테고리를 '아버지의 딸'이 아닌 '어머니의 딸'로 자립시키려 하는 강력한 역학이 '여자의 말'에 작용하고 있다는 것이다. 이 두 개의 카테고리를 엄격히 구별하는 지점에 '여자의 말'의 본질이 있다. 이양지는 「나비타령」에서 '참회담'의 이야기 형식을 통해 '아버지의 딸'로 회수되는 참회한 딸의 모습을 사라져간 남자들 속에 아버지를 넣음으로써 확실히 거절하게 된다.

호주가 된 이치요의 데뷔작 「밤의 벚꽃闇桜」(『무사시노』 제1편, 1892. 3)은 지요千代와 요노스케良之助가 "마리지천의 잿날에 사이좋게"

---

3) 関礼子, 「闘う『父の娘』ー一葉テキストの生成(『語る女たちの時代ー一葉と明治女性表現』, 新曜社, 1987.4.).

둘이서 걷는 것을 지요의 "학교친구"가 보게 됨으로써 "어제는 경솔했다"라며 자신의 요노스케에 대한 연정의 행위를 스스로 처벌한다. 결국 신체적 쇠약으로 끝내 "오늘 밤은 설마 하고 생각했는데" "임종을 맞게" 된다. 병문안을 온 요노스케 앞에서 "어머니께 돌아가라 해주세요"라고 말하며 나가는 지요의 이야기가 '참회담'의 형식을 따른 것임은 분명하다. 작품 말미의 결말부에는 "실례지만 돌아가시길 바랍니다"라고 요노스케에게 부탁하는 어머니와 도리 없이 퇴실하려는 요노스케의 모습이 묘사된다. 지요는 '아버지의 딸'로서의 금기를 건드리고 '어머니의 딸'로서 남자를 거부한다는 구도가 확실히 그려진다.

하지만 이야기의 내부적 세부사항에는 신체의 쇠약을 대가로 병문안을 온 요노스케와 대면한 뒤 "반지를 빼고 이것이 유품이라는 걸 들은 뒤 기뻐하며 불안하게 웃는" 등 거리낌 없이 행동하는 모습이 묘사된다. 병실에 아버지가 부재한 것은 그런 의미에서 매우 중요하다. 그것에 대해 세키 레이코는 다음과 같이 논한다.[4]

마음은 아버지가 없는 공간에서만 말하고 싶지만 그리하지 못한다. 그러다 생각대로 만들어진 그 몸이 병들고 나서부터는 병실이라는 확장된 '몸 안'에서 자신이 선물한 반지 낀 손을 보여라, 그것을 나라고 생각해라, 하는 평소의 지요라면 절대로 입밖에 내지 못할, 마음에 없는 말도 매우 자연스럽게 말하게 된다.

---

4) 関礼子, 『『縫ひとどめ』る心ー『闇桜』』(『語る女たちの時代ーー一葉と明治女性表現』, 新曜社, 1997.4).

이양지와 히구치 이치요가 작가로 출발하는 경위의 공통점은 가부장제 내부에서 통용되는 '아버지의 딸'의 '참회담' 형식을 따르면서, '어머니의 딸'인 작가의 위치를 확립하고 확인하여 '여자의 말'이 형성된다는 생성 과정이다. 그리고 '여자의 말'의 마지막 모습이 '사랑'을 보낼 존재인 남성마저 필요로 하지 않는, 이른바 '사랑' 그 자체의 분방한 집착을 원하는 대로 서술하는 문체로서의 '여자의 말'이다.

3. '어머니'와의 멀어짐背理

이양지가 「해녀かずきめ」(1983.4)에서 '어머니(나라)의 딸'이 된 아이코의 '사랑가' 음조는 완전한 죽음의 선율로 변한다. 이 작품은 구성상 몇 가지 중요한 포인트를 이치요의 「흐린 강にごりえ」(『문예구락부』 1895.9)과 공유하고 있고, 실제로 이양지가 「흐린 강」의 주제/수법을 의식해 「해녀」 집필에 착수했을 가능성도 없지 않다.

두 작품의 주요 공통점을 정리해 보면 다음과 같다. 우선 「흐린 강」의 여주인공인 오리키おカ는 자신의 말로 참으로 비참하고 암담했던 일곱 살 소녀 시절의 어느 겨울날을 소환해 서술한다. 그렇게 기억된 하루가 이후 오리키 인생의 상징으로 자리매김한다는 점, 그리고 「해녀」의 주인공이 소학교 4학년 시절의 기억에 "자신의 지금까지의 생활"을 "모두 암시"한다는 것을 '그녀'가 깨닫는 설정이 겹친다.

두 번째는 재일 조선인 '그녀'를 시점 인물로 이야기하는 장과

'그녀'인 일본인 의붓언니 교코景子를 시점 인물로 이야기하는 장이 나뉘어져, 이 의붓자매의 심리를 돌아보고 대립적 엇갈림이 균질한 시선으로 포착되어 묘사되고 있다는 점이다. 그리고「흐린 강」의 주인공 오리키 내면의 어두운 분류奔流 같은 심정 기복이 묘사되는 한편, 오리키를 위해 영락해버린 겐시치源七의 아내 오하쓰お初의 말이 오리키와 전혀 다른 차원에서 고뇌의 말로 뿜어져 나오는 모양을 묘사한다. 여기서 두 여자의 대립적 생활의 진실을 균질한 시선으로 나누어 묘사한다는 수법과 일치한다.

세 번째는 앞서 이야기했던 '오리키'와 '그녀'가 소녀 시절 어두운 기억에 사로잡힌 이후 두 여성의 인생에 광기 어린 모습을 보이며, 작품 결말에 두 사람의 죽음이 어릴 적 기억의 반추 형태로써 하나의 필연적 귀결로 묘사된다는 것이다.

「해녀」의 "몸에 밴 습관처럼 되어버린 절망의 덩어리 같은 눈"을 가진 '그녀'와 "어떻게 하면 아무 소리도 들리는 않는 조용하고 멍하니 무념에 잡길 수 있는 곳으로 갈 수 있을까"라며 "쏜살같이 집을" 뛰쳐나가는「흐린 강」의 오리키의 심상치 않은 어두움은 대체 어디서 기인하는 걸까.

앞서 '여자의 말'이 '어머니의 딸'이라는 확립을 논했는데 '어머니의 딸'로서의 확립은 '아버지의 딸'을 부정하는 데서 성립될 수밖에 없다. 이때 '딸'의 손을 잡고 있을 터인 '어머니'가 그 손을 놓아버렸다면 '딸'은 '아버지' '어머니'가 없는 무명의 어둠에 "나체를 드러내고 부유하는 생물"이 된다. 휩쓸리고 떠내려가 생사를 가르는 경지로 떨어질 것이다.

어머니는 이지러진 바구니에 깨진 냄비를 걸치고 나에게 장을 보러 가라고 했다. 장을 보는 도구를 들고 동전을 손에 쥐고 쌀집 앞까지 들떠서 달려갔지만 돌아오는 길은 너무 추워 손발이 얼어붙었다. 대여섯 채 떨어진 곳에서 널빤지 위의 얼음을 밟다 미끄러져 손에 들고 있던 물건을 빠뜨렸다. 빠진 널빤지 틈 사이 아래로 더러운 물이 흐르고 있었다.

이와미 데루요岩見照代는 "옷깃 주변의 화장도 아름다워 보이지 않을 정도의 천연색 흰 피부"로 묘사되는 오리키의 '백白'에 착목하여 "이것은 무녀적인 일면으로서 '백白=빛光'으로 이어진다. "그 아가씨 덕분에 신개新開의 빛이 보이더라'고 하는 성성聖性의 증거로 흰 '백白'이며 이것은 어린 오리키가 도랑에 떨어뜨린 하얀 쌀의 은유로 이어지는 것이기도 하다"라고 논한다.[5]

오리키의 특징으로 "결혼을 싫어한다"는 것과 이 하얀 '백白' 두 가지를 지적하는 이와미의 견해에 '어머니의 딸'이 '어머니'와의 연결고리를 잃는다는 축을 하나 추가하고 싶다. 일찍이 오리키가 도랑에 떨어뜨린 쌀은 '어머니'로부터 조리개와 함께 받았던 돈과 교환한 것이다. '어머니'와 '딸'의 연결고리는 '어머니'의 기대처럼 '어머니'를 대신해 수행하는 '딸'에게 부여된 것이다. 그 기대를 저버림으로서 '어머니'의 것을 잃어버린 '딸'의 눈앞에는 '어머니'와의 연결고리가 한순간에 사라지고 만다.

---

[5] 岩見照代, 「お力伝説手ー『にごりえ』論」(『樋口一葉を読み直す』, 学芸書林, 1994.6).

"저는 그때부터 정신이 이상해진 겁니다"라고 말하는 오리키에게 폐결핵으로 죽은 '어머니'와 그 '어머니'를 뒤따르듯 죽어간 '아버지'는, '어머니'가 '딸'의 것이 아닌 '아버지'(가부장제)의 소유물임을 전경화하며 받아들인 것이다.

「해녀」의 '그녀'는 오리키와 마찬가지로 '어머니의 딸'로서 깊은 상실감을 품고 있는 '딸'이다. 계부의 아들에게 능욕당한 고등학생 '그녀'는 임신이 발각되면서 '어머니'에게 상대 남자가 누구냐고 추궁당한다. 이때 '딸'은 재혼한 '어머니'의 "약지와 중지 사이의 보라색 반지와 다이아 반지"를 바라보며 "어머니는 분명 행복하다"고 느낀다. 현재의 남편은 조선인 전남편과 마찬가지로 주정을 부리면서 폭력을 휘두르지만, 현재 '어머니'의 행복은 능욕당하고 '어머니'가 된 '그녀'가 절대로 도달할 수 없는 모멸까지 담아낸 시선으로 '딸'의 신체를 꿰뚫고 있다. 더럽혀진 '아이'(애늙은이)를 낳게 될 것이라는 시선이 '그녀'에게 전해진다.

오리키가 결혼을 싫어하는 점과 '그녀'의 생식 부정은 '어머니'와의 연결고리를 잃은 '딸'이 자기에게 내리는 처벌이다. 그리고 생의 말로인 죽음이다.

「해녀」의 '그녀'는 "틀림없이 어머니는 제주도로 돌아가버린 아버지를 지금 마음속에서 되돌아보고 있다"라고 생각한다. "어머니는 행복한 거야. 그렇다면 그걸로 좋다"라고, '어머니'와의 연결고리를 이렇게 잃어버린 '딸'은 "행복해질 수 없는 더럽혀진 딸"이라는 낙인이 치유될 수 없는 상처를 안고 '물' 속으로 들어간다.

"니기라. 물속에서 나가라."

머릿속에서 낮은 신음소리가 되살아났다. 그 목소리에 재촉 받듯 그녀는 욕조 안으로 몸을 가라앉히고 머리를 가라앉혔다.

그녀의 귀에는 제주도의 바위 표면에 부딪히는 파도소리가 들려왔다. 그녀는 으르렁거리는 파도 사이로 뛰어들었다. 부서지는 해면의 소리가 멀어지고 자신의 신체를 물속에 풀어놓았다. 두 손과 두 다리가 자유롭게 물의 감촉을 더듬기 시작했다. 태어나서 한번도 맛본 적 없는 편안함이 온몸 깊숙이 스며들어 물속에서 그녀는 한없이 흔들리고 있었다.

친아버지가 '어머니'와 이별 후 돌아갔다는 제주도의 "으르렁거리는 파도 사이로 뛰어"든 '그녀'는 일본 '아버지의 딸' '어머니의 딸'임을 부정당하고, 그 공백을 '조선의 아버지'를 통해 채우려 했다. 아마도 이양지 문학에서 '재일성'의 본질은 여기서 드러난다.

'그녀'에게 제주도는 어디까지나 어릴 때 들어본 적이 있는 '제주도'이다. 양친의 다툼, "아이고- 아이고- 하며, 울부짖던 어머니의 목소리"의 기억 속에 '제주도'라는 울림이 있다. '그녀'의 죽음은 일본에서 전남편과의 생활에 지친 '어머니'가 그토록 하고 싶었던 것이었지만 결국 할 수 없었다.

'그녀'는 '어머니의 딸'의 진정한 의미가 '죽음'밖에 없었음을 알고 있었던 것이다. '어머니'의 존재에는 그런 역설이 내포되어 있다. '딸'이 그것을 알았을 때, 「흐린 강」의 오리키와 「해녀」의 '그녀', 이 두 '딸'은 과거 그렇게 되고 싶었고 원했던 '어머니'의 대리로서 깊은 광기와 원망을 짊어지고 '어머니'를 위한 '딸'로서 마지막 행위

를 향해 결정적인 한걸음을 내딛었던 것이다.[6]

---

[6] 히구치 이치요와 이양지의 문장은 각각 『히구치이치요전집』(지쿠마서방)과 『이양지전집』(고단샤)에서 인용하였다.

제5장 ──── 천황 · 홈리스 · 정토진종
          - 유미리 『JR 우에노역 공원 개찰구』
          시론

1. 일본 문학과 일본어 문학

일본어 문학을 생각할 때, 소위 일본 문학과 상대화하고 많은 경우 글로벌리즘의 관점에서 일본 문학의 폐쇄적 공동성共同性에 상대적으로 공공적公共的인 소리의 주체로서 패리아paria 정치성의 문학을 상정할 것이다. 일본 문학의 폐쇄적 공동성은 일본어 문학의 공공적 정치성으로 비판받고 역사에 묻힌 마이너리티의 소리와 일본 문학의 벽을 허물어 알려야 한다. 1990년대 일본 문학 연구가 직면한 세계정세와 예상외의 대규모 재해가 반복되는 격렬한 상황은 그 연구의 공동성 유지를 불가능하게 했다.

하지만 일본 문학은 과연 일본어 문학이라는 개념의 성립으로 무엇을 부정당했고 무엇이 살아남았는가. 양자 모두 일본어로 서술되어 글쓴이와 일본어의 거리가 문체와 주제에서 현재화하는 것이 기존의 일본 문학 공동성에 어디까지 관계할 수 있었던 걸까. 많은 경우 그러한 문제를 간과해온 것이 아닐까. 일본어 단일 화자와 바이링걸, 트리링구얼, 포링그얼 순으로 일본 문학 비판이 단선적으로 고조된 것은 아닐 것이다. 특히 바이링걸 층에 포함되긴 하지만 양 언어와 화자의 연령 수준에 도달하지 못한 더블·리미티드double limited의 존재는 일본어 문학 내부의 계층성을 부각시킨다.

일본어 문학을 실체로 파악하려고 하면 탈중심적인 개방계開放系에서 윤곽을 놓칠 것이다. 일본어 문학은 그 내부에 탈중심화할 수밖에 없는 흔들림과 비틀림을 내포하고 있어 그 불안정성 자체를 개별 문학의 실천적 중심에서 찾아내는 수밖에 없다. 일본 문학이 가진 내향적 배타적인 국민주의를 어떻게 들춰내고 크리티컬critical한 문제로 잘라낼지에 대한 구체적 행위를 수행해 일본어 문학의 가능성을 파악할 수밖에 없다.

일본어 문학 행위수행의 성격은 일본 문학의 공동체적 친밀성이 언어적 공간場을 확대해 강제되는 국면과 친밀권親密圈 내부에서 정치성의 은폐가 생기는 국면에서 현저하게 나타난다. 일본어 내부의 문화적 편차를 매몰시켜 마치 처음부터 그런 편차가 없었던 것처럼 평탄한 평지로 만드는 것이 공동체의 욕망이다. 일본어 문학의 가능성은 부지중 출현한 언어적 평지 현상의 심부에서 문화적 편차가 매몰 유적처럼 누워있는 것을 섬세한 센서로 잡아내는 데 있다.

이 글은 그러한 문제의식에서 유미리의 『JR우에노역 공원 개찰구』(2014)[1]에 초점을 맞춘다. 화자인 남성은 '히로노미야 나루히토 친왕浩宮德仁親王'과 같은 해, 같은 날 태어난 21세 아들의 돌연사를 직면한다. 그 후 '천황폐하'와 황태자의 세습 관계로 포섭되는 국가·일본 문학적 폐쇄 공간과 외부를 이야기하는 정토진종의 종교적 공간의 경계선을 상기시킨다. 특히 환상회향還相廻向의 종교적 설교에서 성립되는 이 작품의 독특한 이야기 구조와 구조에서 크게 일탈하고 확산하면서, 예토穢土로서의 현생 왜곡을 날카롭게 조사照射하는 언어적 시도를 고찰한다. 또한 일본 문학의 영역을 뚫는 일본어 문학의 정치성 단면을 짚고자 한다.

2. 이야기의 구조

『JR우에노역 공원 개찰구』는 작품 말미에서 역사轢死하는 화자의 사후死後의 말로 전편이 서술된다. 그리고 패전 후에 노인에 이르는 근친자의 죽음을 엮어 자살에 이르는 마지막 순간(그 직후에 담장 사이로 본 놀랄 만한 광경)까지 서술된다는 점이 특징적이다. 모두冒頭가 작품 말미의 자살부터 이야기되는 시간 구성인데, 이 이야기의 원환圓環을 직선으로 재배치해 화자의 인생을 정리하면 다음과 같다.

---

[1] 『JR우에노역 공원 개찰구』(가와데쇼보신샤(河出書房新社), 2014.3). 이 작품으로부터의 인용은 『JR우에노역 공원 개찰구(JR上野駅公園口)』(가와데쇼보(河出書房), 2017.2)에 의거한다.

화자는 '1933년'에 '후쿠시마현 소마군 야사와무라福島県相馬郡八沢村'에서 태어나 12세 때 패전을 맞는다. 전후의 식량난에 부모와 동생 7명을 보살피려고 '이와키岩木'의 항구로 돈벌이를 나간다. 23세에 '세쓰코節子'와 결혼하고 '1960년 2월 23일' 황태자와 같은 날, 장남 '고이치浩一'가 태어난다. "히로노미야 나루히토 친왕과 같은 날 태어나 고浩라는 글자를 따 고이치라고 이름 지었다." 2년 후 장녀 요코洋子가 태어난다. 막 "국가시험 뢴트겐roentgen 기사 시험에 합격한" 장남 고이치가 "하숙집 아파트에서 잠들어 죽은 채" 발견된다. 향년 21세. "고이치의 부고를 받고 화자는 시간이 멈춘 것 같았고 잊혀지지 않는 비통함에 괴로워한다. 60세로 돈벌이를 그만두고 '고향인 야자와무라八沢村'로 돌아온다.

장남의 귀향을 기다리고 있었다는 듯 연이어 부모가 죽고, 7년 후 아내 '세쓰코'마저 급사한다. 향년 65세. "자신은 술에 곯아떨어져 옆에서 아내가 숨을 거두는 것조차 눈치채지 못했다. 자신이 죽인 것이나 마찬가지다"라고 생각한다. 장녀 요코의 딸 '마리麻里'가 혼자 남은 화자를 보살필 겸 동거하게 된다. 이 무렵 "고이치도 세쓰코도 잠자면서 생명을 잃었다"고 생각해 잠을 이룰 수가 없다. 1년 후, "이제 갓 21세가 된 마리가 조부인 자신과 이 집에 속박될 순 없다"며 "찾지 말아주세요"라는 메모를 남긴 채 집을 나간다. 68세. 이후 5년간 '우에노온시공원'에서 홈리스로 생활한다.

화자에게 도쿄東京는 30세부터 도쿄올림픽 경기장 건설의 일꾼으로 1년간 일했던 장소다. 73세의 겨울(우에노온시공원 관리사무소의 '벽보' 날짜는 2006년 11월 20일), 소위 사냥(야마가리山狩り) 당일에 "천황폐하의 승용차"와 마주친다. 같은 '1933년' 태생의 천황과 살아온

둘의 '73년간'을 한 가닥 로프가 갈라놓고 있다. "나는, 일직선으로 멀어지는 천황의 승용차를 향해 손을 흔들고 있다." 그 직후 화자는 깨닫는다. 『JR우에노역 공원 개찰구』를 지나 '2번선' 선로로 뛰어내려 역사轢死한다.

'1933년' 태어난 화자가 자살한 것은 사냥 당일인 2006년 11월 이었고, 2011년 3월에 발생한 동일본대지진이 일어나기 4년 몇 개월 전이었다. 작품 말미에 "야마노테선山手線 안쪽 순환선 2번선" 홈에서 평상시의 아나운서 목소리가 울린다. "잠시 후 2번선 이케부쿠로池袋 · 신주쿠新宿 방향의 전차가 들어옵니다. 위험하니 노란선 밖으로 물러나 주세요." 이 '노란선'을 경계로 현세此岸와 피안彼岸이 단절되고 또 어떤 의미에서 접속하고 있다. 다음은 화자가 '노란선'을 넘어 선로에 몸을 던진 직후에 일어난 일이다.

심장 속에서 자신이 고동치고, 울부짖어 전신이 약해진다.
시뻘게진 시계視界에 파문처럼 펼쳐진 것은 푸른빛이었다.
논…… 물이 들고, 막 모내기를 끝낸 금년의 논…… 여름이라면 매일 풀베기를 해야만 할텐데……(중략) 강가의 들판에 내리쬐는 눈부신 빛……

조반센常磐線 가시마역鹿島駅 옆으로 펼쳐지는 파란 밭의 풍경, 화자는 어린 시절부터 이 풍경을 보아왔다. 돈벌이로 홋카이도에 갔어도 "10월 초에는 벼를 베러 돌아온다. 그런 생활을 3년 정도 이어갔다". 계속해서 "어린 시절부터 익숙한 미기타하마右田浜를 걷고 있는" 자신을 본다. "이따금 바닷바람이 불어오고 (중략) 뜨뜻미

지근한 한숨처럼 볼을 닿는다."

눈으로 바람의 뒷모습을 쫓고 보고 있는데, 그것이 태어나고 자란 기타미기타北右田의 부락部落임을 깨달았다.
우리 집은 바다에서 분명 보이지 않을 터인데 지붕이 선명하게 보인다.

익숙한 고향 풍경이지만 실제로 보일 리 없는 지붕이 보인다. 이 광경은 현실이 아니며 화자가 실제 고향 밭을 둘러보고 해변을 걷는 것이 아님을 보여준다. "눈에 비치는 모든 것이 너무도 밝고 또렷해, 풍경을 보고 있는 것이 아닌 풍경이 보고 있는 것처럼 느껴진다"는 기술을 통해 고향의 풍경이 살아있는 인간의 손이 닿고 발자취를 남기는 세계가 아님을 알 수 있다. 마치 다른 세계에서 침입한 수상한 사람처럼 이 풍경에서 응시되는 화자는 끝까지 이 세상의 타자로서 불안정한 공간에 자리 잡고 있다. 이 세계의 시간은 현세에 흐르던 시간과 연결되고 비틀어져 있다. 계속해서 4년 수개월 후, 화자의 눈앞에 현실세계를 뒤덮는 대재앙[2]이 그 모습을

---

2) 연재 에세이를 편집한 『국가로 가는 길(国家への道順)』(河出書房新社, 2017. 10)에는 동일본대지진과 관련한 서술이 많이 보인다. 그날 유미리는 서울에 있었다. 서울의 호텔 TV에서 비춰지는 "쓰나미에 삼켜지는 집이랑 사람이랑 자동차, 불바다가 되어버린 이리에(入江)의 부락, 하얀 치솟는 원폭의 모습"에 "나는 한잠도 못자고 '어쩌지, 어쩌지' 하고 양손을 맞잡고 계속해 오열했다. 그날을 경계로 나의 시간은 나아갈 수가 없게 되었습니다"라는 것은 한 예이지만, 『JR우에노역 공원 개찰구(JR上野駅公園口)』의 묘사와 부합되는 말이 늘어서 있다.

드러낸다.

바다 새 무리가 날카로운 소리를 내며 송림에서 일제히 날아올라, 상공의 바람을 타고 미끄러지듯 날고 있는 게 보였다. 부웅-하며 점보제트기가 이륙하듯 땅이 울리고, 소리라는 소리는 모두 가라앉은 한순간이 지나고 지면이 흔들렸다.
전신주가 거친 바다를 항해하는 선박의 마스터처럼 흔들리는 게 보였다.

화자는 "태어나고 자란 기타미기타北右田 마을"을 그리고 있다. 미기타하마右田浜를 걷고 있다. 지진이 발생한 2011년 3월 11일 14시 46분 그 순간, 자살한 화자는 노렸다는 듯이 미기타하마에 나타난 것이다. 4년여의 시간 공백을 넘어. 무엇 때문에? "쓰나미는 송림을 짓뭉개며 흙먼지를 날리며 선박들을 집어삼키고, 나무를 으스러뜨리고, 밭을 뒤엎고, 가옥을 허물고, 정원을 부수고, 자동차를 집어삼키고, 묘지석을 넘어뜨리고, 집의 지붕, 벽의 기둥, 창의 유리, 배의 기름, 자동차의 가솔린, 테트라포트, 자동판매기, 이불, 다다미, 변기, 스토브, 책상, 의자, 말, 소, 닭, 개, 고양이, 사람, 사람, 남자, 여자, 노인, 아이들……" 화자는 그 괴멸적인 파도 속에서 손녀 '마리'의 모습을 포착한다.

썰물에 휩쓸려 손녀와 두 마리 개를 태운 자동차가 바다 속으로 가라앉는다.
바닷물의 숨결이 잔잔해졌을 때, 자동차는 바다 빛으로 감싸여 있었다. 앞 유리창 너머 마리의 동물병원 핑크색 제복이 보였다. 귀와 입에는 바닷물이 들어가고, 물결에 떠다니는 머리카락은 빛의 가감에 따라 갈색으로 보이기도 하고 검은색으로 보이기도 했다. 꿰뚫어보는 두 눈은 시선을 잃어버린 걸까, 반짝반짝 빛나는 검은 균열 같았다. (중략)

안아줄 수도, 머리카락과 볼을 쓰다듬을 수도, 이름을 부를 수도, 소리 내어 울 수도, 눈물을 흘릴 수도 없었다.

화자는 자살한 그 직후 "새빨개진 시계視界"를 느꼈다. 그 시계에 "파문처럼" 녹색이 펼쳐진 것이라고, 그 녹색이 '기타미키타'의 "막 모내기를 끝낸 금년今年의 논"임을 거의 동시에 깨달았다. 하지만 '금년'이라는 그 해는 도대체 언제인가. 자살 직전까지 살아 있던 2006년의 '모심기'였다고 화자 자신이 엉겁결에 생각했다 해도 이상하지는 않다. 화자 앞을 차례로 흘러가는 광경을 쫓아가는 한, 2011년 3월 11일 14시 46분 그 순간의 양상이 자살 직후 화자의 인식 지평에 마치 피어오르는 환상처럼 불쑥 나타난 것으로 이해할 수밖에 없다. 자살 직후 약 4년의 시간을 넘어 실제 발생한 대재앙을 화자인 그는 선명히 알고 있었다.

즉, 그 괴멸의 광경은 화자 밖의 세계 자체인 동시에 그의 내부 세계에 생긴 일들이기도 하다. 그 양의성이야말로 손녀의 위기를 직면하면서 화자가 어떠한 구제 방법을 호소할 수 없었던 이유인 것이다.

작품은 그 후, 손녀를 삼켜버린 "물의 무게를 짊어진 어둠 속에서 어떤 소리가 들려온다"는 형태로 진정한 현실, 이른바 화자가 자살을 한 "야마노테선 안쪽 순환선 2번선" 홈에 울려퍼지는 전차 소리, 혼잡한 소리를 접한다. "잠시 후 2번선 이케부쿠로 · 신주쿠 방향의 전차가 들어옵니다. 위험하니 노란선 밖으로 물러나 주세요"라는 평상시 아나운서의 3분 간격으로 흐르는 현실에 의해 비뚤어졌던 시공이 되돌아오듯 돌아온다. 죽은 자로서 그곳에 다시 되돌아온 화자는 작품 모두에서 시작했던 말을 이야기하기 시작한다.

3. 천황과 홈리스

화자가 시공을 되돌리듯 돌아온 것은 자살 직후의 "야마노테선 안쪽 순환선 2번선" 홈이 아니다. 시침은 동일본대지진이 발생한 이듬해 어느 날을 가리키고 있다. 자살 이후 5년 이상 경과한 2012년의 '우에노은사공원上野恩賜公園'. 화자의 시점은 그곳에서 홈리스로 5년간 생활했던 장소에 놓여 있다. 그곳에서 보이는 것, 들리는 것을 줍듯이 이야기하며 화자의 과거를 응시하듯 되돌아본다. 작품 서사의 기본 구성은 여기에 고정된다. 이 화자의 현재가 2012년임을 독자에게 명시적으로 제시한 것은 역시 동일본대지진을 둘러싼 기술이다.

고야コヤ에서 라디오의 국회 중계가 흐르고 있었다.
"작년 3월 사고로 인해 복잡한 감정을 갖고 계시는 국민이 많으실 거란 점도 알고 있습니다. 하지만 그것을 근거로 국론을 분열시키는 테마에 확실하고 책임 있는 판단을 해야만 하는 것이

정부의 역할이라 생각하고 있기 때문에, 반복해서 설명을 해나가고 싶습니다." (중략)

"내각총리대신"

"다양한 설문조사가 있을 거라 생각합니다. 제각기 다양한 설문조사를 하고 있다는 것을 알고 있습니다만 기본적으로 피해자 여러분을 위해 우리 정권은 작년 9월에 발족했지만 진재로부터 부흥 그리고 원자력발전소 사고와의 싸움, 일본 경제의 재생, 이것을 최우선으로 해결해야 할 과제로 생각하고 있습니다. 그리고 피해자를 위해 바짝 다가선 정책이라는 것을 지금부터 분명히 해 가고 싶다는 것입니다.

이 기술대로라면 3년 3개월 동안 이어진 하토야마鳩山·간菅·노다野田의 민주당 정권의 최후가 된, 2011년 9월에 발족한 노다 요시히코野田佳彦 내각이 여기 해당된다. 작품을 관통하는 시간 축은 화자를 중심으로 보면 크게 자신의 죽음으로 갈린다. 하지만 생전과 사후의 두 위상은 '우에노은사공원'이란 장소, 그곳에서 홈리스 생활과 일상의 나날을 좇는 이야기를 통해 매개된다. 제1차 노다 내각이 9월 11일 첫 각의에서 결정한 '기본방침' 9개조의 서두에 "하나, 재작년 정권 교체의 원점으로 돌아가 '국민생활을 최우선'이라는 이념에 맞게 정권 교체의 의의를 실감할 수 있도록 국민 눈높이에서 정치 실현에 매진한다"라고 외친 사실은 '우에노은사공원'에서의 '사냥'과 부딪친다.

그렇기에 화자가 여전히 천황폐하의 '승용차'를 향해 손을 흔드는 사실과 더불어 화자가 자살한 의미를 몇 겹으로 굴절시켜 풀기 어렵게 된다. 천황과 홈리스. 양자를 매개하는 '우에노은사공원'이란 장소와 이 문제에서 '도호쿠東北'가 교차된다.

우에노은사공원의 홈리스에는 도호쿠 출신자가 많다.
도호쿠의 현관 입구-, 고도경제성장기에 조반선과 도후쿠 본선 야간열차를 타고 돈벌이와 집단으로 취직을 위해 도호쿠의 젊은이들이 처음 내린 곳이 우에노역이었다. 추석과 연말 귀향할 때, 짐을 잔뜩 짊어지고 기차에 오른 곳도 우에노역이었다. 50년 세월이 흘러 친형제는 죽었고 돌아갈 집도 없어 이 공원에서 하루하루를 보내는 홈리스……

전후 일본 경제를 저변에서 지켜낸 사람들의 멘탈리티mentality로 천황을 향한 신애信愛의 정은 부정하기 힘든 에토스ethos다. 하지만 그것과는 전혀 무관하게 다수가 '도후쿠 출신자'인 그들의 고향에 국책으로 원자력발전소가 건설되어 가동되고 있다. 생계를 책임지는 일꾼으로 죽도록 일만해온 50년 동안 천황과 홈리스, 천황과 원자력발전소 문제를 마주할 여유도 없었다. 대항 이데올로기로서 전후 민주주의와도 무관하게 살아온 사람들이다.
화자가 그랬던 것처럼 "운이 없었던"만큼 돌아갈 집도 잃고 홈리스가 된 그들에게 우에노는 그들 인생의 출발지임과 동시에 종착점이다. 즉, 죽음의 장소임에 틀림없었다. '우에노은사공원'에서 그들의 존재를 배제하려는 압력은 황실·황족을 중심으로 생성되는 종교성과 정치성 양쪽으로부터 무자비한 폭력으로 공격받는다.

정치적 통치자가 권력을 잡음으로써 종교적 권위는 흔들림 없는 '국체'를 이룬다. 두 위상을 하나로 유착시키려고 휘둘렀던 폭력과 그로 인해 강요당한 희생은 사후事後의 시선으로 볼 수 없다. 하지만 유달리 화자에게 천황의 존재가 소위 인생의 규범으로 계속해 의식된 것은 간과할 수 없다. 화자에게는 이것이 천황의 종교성과 정치성으로서 볼 수 없지만 확실히 존재하는 두 위상을 합치는 솔기이자 봉합된 희미한 흔적을 알게 하는 계기가 된다.

눈과 귀 앞에 천황과 황후 두 폐하가 계신다. 두 분은 유화로밖에 표현할 길이 없는 시선을 이쪽을 향해, 죄와 창피함과 무관한 입술로 미소 짓고 있다. 미소에서 두 분의 마음을 들여다볼 수는 없다. 하지만 정치가와 연예인처럼 마음을 감추는 듯한 미소는 아니었다. 경쟁하거나 탐내거나 방황하는 것을 한번도 경험한 적이 없는 인생, 자신이 살았던 세월과 동일한 73년 동안, 같은 1933년 태생이니 틀릴 수 없이 천황폐하는 이제 곧 73세가 되신다. 1960년 2월 23일에 태어나신 황태자 전하는 46세, 고이치도 살아 있다면 46세가 된다. 히로노미야 나루히토 친왕과 같은 날 태어나서 고浩 한 글자를 따와 고이치로 이름 지은 장남.

자신과 천황 황후 두 폐하 사이를 갈라놓은 것은 로프 한 가닥밖에 없다. 뛰쳐나와 다가가면 수많은 경찰관에게 둘러싸여 저지당하겠지만, 그래도 이 모습을 봐줄 것이고 무언가 말하면 들어줄 것이다.

무엇이-.

무엇을-.

소리는 텅 빈 것이었다. 나는 일직선으로 멀어져가는 승용차에 손을 흔들고 있었다.

여기서 묘사되고 있는 것은 같은 해에 태어난 두 노인과 같은 해, 같은 날 태어난 그들의 두 자식이 이렇게 갈라진 운명에 처한 것에 대한 한탄에 머물지 않는다. "유화로밖에 표현할 길이 없는 시선을 이쪽을 향해 죄와 창피함과 무관한 입술로 미소 짓고 있는" 그 미소가 "수많은 경찰관"에 의해 빈틈없는 경비를 받는다. 화자도 그들 중 한 명이었던 국민의 "천황폐하 만세"의 열광에 "승용차에 손을 흔드는" 에토스에 의해 지켜짐으로써, 천황의 권력과 폭력적 배타성은 국민의 눈에서 감춰지고 아무것도 감출 것 없는 표층 그 자체로 미소화되어 출현한다.

화자가 '천황폐하'를 향해 말하고 싶었던 것은 같은 세월을 살았던 인간으로서 공유할 수 있는 자신의 인생 보고報告였다. "고浩한 글자를 따와 고이치로 이름 지은 장남"의 죽음은 특별히 들어주길 바라는 인생의 고충이었음이 틀림없다. 죽도록 일만 해왔던 그 인생 역시 '천황폐하'에게 보고할 가치가 있는 것, '천황폐하'가 깊이 귀 기울이고 진심으로 새겨도 좋을 사실이었다. 하지만 화자의 "소리는 텅 빈 것이었다." 화자가 전하고 싶었던 것은 '천황폐하'에게는 의미 없는 것이었다. "일직선으로 멀어져가는 승용차에 손을 흔들면서" 화자는 수신처를 잃은 자신의 소리를 삼킬 수밖에 없었다.

자기의 소리를 궁극적으로 보내줄 곳으로 화자 인생의 수속점 收束点인 '천황폐하'에게 패싱당한 화자는 세계인식의 틀이 크게 흔들렸고, 인식의 지평을 막는 벽의 존재를 '깨닫는다.' 하지만 벽을 넘어 반대쪽으로 가는 것은 인생의 기둥을 제 손으로 버리고 떠나는 행위와 대등하다. 새로운 지주가 화자의 내부에 창출되지 않은 한, 그는 끝내 주체성을 회복하지 못하고 죽음의 위기를 맞을 수밖에 없다.

이 국면에서 전후 민주주의의 이데올로기는 완전히 무력하다. 화자가 '천황폐하'를 근거리에서 맞은 순간에 깨달은 것은 "죄와 창피함과 무관한 입술로 미소 짓고" 있다는 "천황 황후 두 폐하"의 인간적인 부자연스러움이자 무서움이다. 그 표층 자체가 된 비인간적인 미소가 은폐하는 어둠 깊숙한 곳으로 심연의 밧줄을 내릴 때, 죽음과 연결돼 연면히 유지해왔던 천황제의 뿌리로 섭취되어, 천황제를 떠받드는 양분으로 죽어가는 사람들의 두꺼운 암반과 부딪치게 된다.

그 후, 화자가 자살하는 것은 천황제의 뿌리로 흡수되어가는 흐름과는 다른 죽음을 택하고자 하는 주체화로의 재촉이다. 인식지평의 전반적 갱신을 향한 발걸음이라고 할 수 있다.

하늘을 쳐다보고 비 냄새를 맡고 빗방울 소리를 듣는 사이에, 지금, 이제부터 자신이 하려는 것을 확실히 깨달았다는 말을 떠올리는 것은 태어나 처음이었다. 무엇인가에 사로잡혀 그렇게 하려는 것이 아니라, 무언가로부터 도망쳐 그렇게 하려는 것이 아니라, 자신이 돛이 되어 바람이 부는 대로 나아가듯, 추위와 두통은 걱정되지 않았다.

'73년간' 살아왔고 "깨달았다는 말을 떠올리는 것은 태어나 처음"이었다고 화자는 말한다. 하지만 에도 후기에 가가엣추加賀越中로부터 소우마相馬로 이주한 정토진종淨土眞宗 문도의 고생담을 부친으로부터 듣고 자랐다. 그의 친척들이 타계할 때마다 '아미타경阿彌陀經'을 들으며 '와산和讚'을 읊어왔던 화자에게 '진종근행집眞宗勤行集'을 믿는 '가가 사람加賀者'의 신심을 늘 가까이 했음은 의심할 여지가 없다. 화자는 여기서 선대부터 전래되는 '가가 사람'의 신심을 갖고, 천황의 무서운 미소의 근원을 확인하고자 했다. 예컨대 화자의 등을 떠민 것은 부친의 이런 말이다.

"죽음과 동시에 부처로 다시 태어나 정토에서 우리가 있는 곳으로 돌아와 365일, 46시간 내내 우리들을 지켜준다." (중략) "나무아미타불을 외면 시방무량의 모든 부처는 백중에도 천중에도 우리를 감싸주고 기뻐하며 지켜준다"고. 이렇게 진언근행집에 적혀 있다. 염불을 외면 돌아가셔서 부처님이 된 사람들이 백중에도 천중에도 우리를 감싸주고 기뻐하며 지켜준다고.

그리고 '고이치'가 죽었을 때, 정토진종 "쇼엔지勝緣寺 주지"가 자식의 죽음을 받아들이는 것을 힘들어 하는 '세쓰코'에게 이렇게 말한다.

부처仏様로 다시 태어난다는 것은 우리를 구원해주는 쪽에서 다시 태어난다는 것입니다. 아미타부처님의 손을 대신해 이번에는 지금 이 사바에서 괴로워하고 있는 우리를 구제하기 위해 아미타부처님보다 낮은 지위位의 보살이 되어 돌아와주시는 겁니다. 그러니 죽으면 끝이라는 것은 있을 수가 없지요.

여기서 분명한 것은 천황제의 정치성·종교성의 근거를 천황제와는 다른 원리로 파악하려는 극한적 지혜를 향한 욕망이다. "진심으로 원하는 것은 생명 있는 모든 것과 함께 많은 경전을 읽고 배우며 바다처럼 깊고 넓은 지혜를 터득하고 싶다." 독특한 서사로 전개되는 이 작품이 큰 틀에서 왕상회향往相回向에서 환상회향還相廻向으로 향하는 줄거리를 밟고 있는 것은 분명해 보인다.

율령제 이전의 종교적 권위로써 천황제의 지점으로 거슬러 올라갈 수 있다면 그것은 정치제도로 이행되는 과도기에 행해지는 교묘한 위작임을 확인할 수 있다. 그것을 가능토록 하는 것은 "지혜의 바다처럼 되길" 바라는 것, 즉 진정한 깨달음을 얻는 자가 되는 수밖에 없다.

4. 천황제와 정토불교

요시모토 다카아키吉本隆明가 「천황과 천황제에 대해서」(1969)[3]

---

[3] 요시모토 다카아키(吉本隆明), 「천황과 천황제에 관하여(天皇および天皇制について)」는 『전후 일본 사상대계 5국가의 사상(戰後日本思想大系5国家の思想)』(지쿠마서방, 1969.9) 권두의 「해설」로 게재되었던 것이 초출이다. 인용은 여기에 의거한다.

에서 "이족 관계와 지배/피지배 관계의 솔기를 알 수 없을 정도로 완벽하게 소멸시켜, 즉위의 제의祭儀로 수탈한 방법은 너무나 훌륭해, 역사적으로 각 시대는 이 솔기를 거의 알아차릴 수 없었다. 그리고 이것이 제의의 사장司掌 자체에 최고의 '위력'을 제공해온 유일한 이유라 생각한다"라고 했다. 이는 소설의 구성을 통해 천황제가 은폐해왔던 '솔기'를 확인하는 시좌로 정토불교를 들여온 작가 유미리의 천황제 인식에 대응한다.

화자의 "자기 자신이 돛이 되어, 바람이 부는대로 나아가는 듯"한 감각은 인간 이성의 외부적 존재를 무조건 알아차리게 되는 진정한 종교적 감각이다. 진정한 지식에 무한히 접근하고 인간 생사의 경계를 넘어 행해지는 정토불교는 이 소설에서 "천황과 황후 양폐하"의 미소의 부자연스러움을 알아차리지 못한다. 아니면 그 으스스함의 근원을 보지 않은 채 불문으로 부치는 사람들의 공동성에 타자로서 마주하는 주체적 기반을 제공한다고 할 수 있다.

하지만 독자는 화자의 이 깨달음이 사후에 성립되지 않음을 알고 있다. 왕상住相에서 환상還相으로 나아가 "정신을 차려보니 이 공원에 돌아와 있다"는 화자는 "아미타부처님보다 낮은 지위位의 보살이 되어 돌아"온 것인가. 분명한 것은 이 '보살'에게 진정한 지식이 주어지지 않았다는 것, 돌아온 이 화자가 한 명도 구원할 힘을 갖고 있지 않다는 것이다.

　　죽으면 죽은 사람과 재회할 수 있을 것이라 생각했다. 멀리 떨어진 사람을 가까이서 볼 수 있기도 하고, 언제까지나 만지거나 느낄 수 있을 것이라 생각했다. 죽으면 뭔가를 알 수 있을 거라 생각했다. 그 순간에 살아 있는 의미와 죽어가는 의미를 볼 수 있을 것이라 생각했다. 안개 걷히듯 분명하게-.

하지만 정신을 차려보니 이 공원에 돌아와 있었다. 어디에도 도달하지 못하고, 아무것도 알지 못하고, 무수한 의문에 휩싸인 채, 자신을 남기고 삶의 바깥쪽에서 존재할 가능성을 잃은 자로, 그러면서 끊임없이 느끼고-.

환상회향還相廻向의 상相에 있어야 할 화자에게는 자식 '고이치'가 죽은 그날부터 시간이 멈춰 있다. "그때가 흩뿌려진 압정처럼 여기저기 흩어져 있다. 그때의 비통한 시선에서 눈을 떼지 못한 채, 오로지 괴로워한다." '천황 황후 양 폐하'의 그 미소도, 그 의미를 표현하지 못한다. 천황제와 정토불교라는 두 줄기 직선을 교차함으로써 무엇이 그려진 것일까.

작품에는 '고이치'의 죽음에 관해 다음과 같은 구절이 있다.

위패를 가지고, 영구차까지 짧은 장송 행렬이 걸었다.
주변에서는 남자아이가 태어나면 "위패들이가 태어나 잘 됐네"라고 말하거나 "뭐야 위패들이가"라며 조롱받기도 한다.
위패들이가 없어져버렸다.
위패들이가 위패가 되어버렸다.

화자에게는 생전부터 사후에 이르기까지 변함없는 자기 이해의 패턴이 있다. 그것은 자신이 "운이 없었다"는 인식 패턴이다. 이 자기 이해는 '고이치'의 죽음 당시 화자의 모친이 입에 담았던 말로서 지워지지 않고 남아 있다.

 80세가 되는 어머니는 합장하고 손자의 얼굴에 하얀 천을 덮으며 말했다.
 "여태껏 생계비를 대느라 소생남 하고, 이제부턴 편안해질 수 있는 건데……넌 참말로 운이 없구나……."

"넌 참말로 운이 없구나"라는 어머니의 말이 가슴에 빗물처럼 젖어들어 이불 속에서 주먹을 움켜쥐었다"는 화자의 모습에도 '위패들이'를 잃은 상처의 깊이가 읽힌다. '위패들이'를 잃은 것이 죽음이라는 불가능성으로 화자를 덮치는 데서 오는 상처의 깊이다. 화자는 이불 속에서 생각한다.

 노력을 하고 있다고 생각했다.
 노력으로부터 해방되고 싶다고 생각했다.
 자신은 고이치의 죽음을 받아들이려 노력하고 있다.
 지금까지도 일하며 노력해왔지만 지금의 노력은 살아가는 노력이다.
 죽고 싶다기보다 노력에 지쳤다.

이렇게 화자는 죽도록 살기 위해 온힘을 쏟으며 노력해왔다. 화자는 다시 생각한다. "고이치는 어디로 간 것인가……이제 그 어디에도 없는 것인가……." '고이치'가 "히로노미야 나루히토 친왕과 같은 날 태어났다"는 설정의 무게는 분명하다. "황태자 전하는

46세-, 고이치도 살아 있다면 46세가 된다." '황태자 전하'가 건재하는 한 '천황폐하'로 즉위할 수 있다. 황위계승의 순위는 '황태자 전하'의 교대요원의 존재를 보증하는 것이다. 그런 의미에서 '폐하'의 즉위는 생전퇴위라는 예외적 조치를 포함해 제도적으로 항상 확실히 보증된다.

그리고 화자도 '위패들이'인 '고이치'에게 보내지게 될 터였다. 그러한 종언終焉이 준비되어 있고 마침내 사는 노력이 보상받는다. "넌 참말로 운이 없구나"라는 모친의 말이 깊은 아픔으로써 자기이해의 핵심으로 각인되는 것은 남계 상속으로 유지되는 공동체에서 아들 찾기로 헤매는 공포감 때문이다. '46세'라는 '황태자 전하'의 연령과 동일한 '고이치'가 21세의 젊은 나이에 죽어버렸다는, 삶의 의미를 부여하는 죽음의 의식 최대의 요체要諦를 잃은 데서 유래한다고 할 수 있다.

"이 주변에서는 남자아이가 태어나면 '위패들이가 태어나 잘됐네'라고 한다"라는 문화구조와 황실 세습이라는 구조적인 일치가 있다. 그러나 황실에는 확실한 세습을 가능하도록 하는 제도적 보증 있는 데 비해, 화자에게는 그것이 없다고 하는 약간의 결정적 차이가 전부터 있었다. 화자 쪽 '위패들이'의 죽음에 의해 구조적 일치가 무너지고, 그로 인해 화자가 이토록 심각한 고충에 빠지는 양상이다. 소설에서 이러한 양상이 그려지는 것은 부정할 수 없다.

천황제와 정토불교의 대립구도는 농경제의農耕祭儀를 상속하는 천황제가 전후부터 지금까지의 농경문화를 정치적으로 지배하는 도구로서 정토불교를 이용·공존했다고 할 수 있다. '고이치'의 법명이 '석순호釋順浩'인데, 주지는 "석가의 '석'을 성으로 합니다. '순'

은 부처의 가르침에 따른다는 의미입니다. 마지막 한 글자 '호'는 속명의 고이치에서 땄습니다"라고 했지만 원래는 '히로노미야 나루히토 친왕'에서 따온 '호'이다.

속명이라 하더라도 석가를 따르는 '석순'의 두 글자가 '순호'로 옮겨가고 천황제로의 귀일歸一을 의미하는 부분과 공존하는 묘한 법명 구성에 역시 다른 두 체계를 공존시키는 정토진종의 뛰어난 신수神髓라고 할 수 있다. 천황제는 속세에서 정토불교를 설하는 영원한 정토의 절대성을 횡령橫領하고[4], 정토불교의 말법사상은 천황제의 뿌리가 된 상몰유전常没流轉, 오탁범부五濁凡夫의 자각, 무참무괴無慚無愧의 생활 이후에만 미타본원彌陀本願에 의해 구원된다는 것이다.

2010년 4월에 진행된 좌담회[5]에서 도미오카 고이치로富岡幸一郎

---

[4] 천황제와 정토진종의 관계성을 역사적으로 개관할 때, 오구라 시게지(小倉慈司)・야마구치 데루오미(山口輝臣) 『천황의 역사 9 - 천황과 종교』(고단샤 학술문고, 2018.8)이 참고가 된다. 또한 초국가주의 하에 놓인 정토진종이 일본주의에 의해 수탈된 사례를 들어 고찰한 것으로서 나카지마 다케시(中島岳志)『신란(親鸞)과 일본주의』(신초선서(新潮選書), 2017.8)가 있다.

[5] 『유미리, 1991-2010』(한림서방, 2011.2) 수록. 「좌담회 '이야기'를 잣는 현대의 무녀는 사이버 흐름(cyber flow)을 역류한다」, 출석자는 유미리, 가와무라 미나토(川村湊), 도미오카 고이치로(富岡幸一郎), 하라히도시(原仁司). 이 책에 수록된 논고 「죽음의 일선으로부터의 말 - 『야마노테선 내부순환』」에서 저자 도미오카 고이치로는 "홈의 노란선을 넘어서려 하면서 홍수처럼 귀에 날아드는 소음, 잡음. 역의 아나운서, 그것들이 자신의 신체 속으로 내버려두고 가고 있다"라고 서술하고, "『8월의 저편』 이후 유미리의 작품이 현저하게 보여주는 것은 이 '들음'으로서 '쓰는' 것이다"라고 논한다. 그리고 『야마노테선 내부 순환』(가와데쇼보신샤(河出書房新社), 2007.8)의 종교성에 대해 "작가가 여기에 성서를 인용하고, 그것도 요셉기라는 신의론(신의 義를 인간 측에서 묻는다)을 가지고 온 것은 역시 간과할 수 없다"라고 서술하고, 구약성서의 예언자의 위치에 유미리를

가 '야마노테선 내부순환'을 문제 삼아 "작품을 잘 완성한다거나 플롯으로 감동시키는 소설이 있어서는 안된다고 하지 않겠지만, 현실과 삐걱대는 격렬함, 어떻게 현실과 대치할 것인가는 소설의 진정한 힘이겠지요. 잘 완성하면 매우 안이한 것이 되어버린다고 생각한다"라는 발언에 대해 유미리는 이렇게 말한다.

이야기가 마지막 페이지에서 닫혀버리고 만다는 것에 위화감을 느껴, 결코 닫히지 않고 열려 있는 이야기를 쓰고 싶었습니다. 현실세계의 삐걱거림을 귀담아 듣고, 그 삐걱거림을 축으로 이야기를 만들어가고, 그 이야기의 삐걱거림을 현실세계에 울려주고 싶습니다.

더욱이 "노란선 밖으로 물러나 주세요'라는 방송이 흐르잖아요. 자살자는 그 방송에 따르지 않고 노란선을 넘어버렸지만, 그 순간까지의 인생이 있을 테니까, 그 궤적을 쓰고 싶다"라는 유미리의 좌담회에서의 발언이 『JR 우에노역 공원 개찰구』로 통하는 것이다. 그와 함께 현실세계의 삐걱거림을 소설에서 해소하지 못하고 현실세계로 돌아가게 하고 싶었다는 유미리의 발언은 작품 말미에서 사후의 화자가 고향 '미기하미타右田浜'가 쓰나미로 괴멸되는 것을 지켜본

놓고, "현대 허무의 원주(圓周)에 하나의 풍혈(風穴)을 열었다"라고 논한다. 『JR 우에노역 공원 개찰구』와 『야마노테선 내부순환』은 역 홈의 '노란선'과 자살이라는 점에서 분명한 공통성이 있지만, 소리를 듣는 것으로의 경사와 "신의 義를 인간 측에서 묻는" 종교성의 지적은 『JR우에노역 공원 개찰구』를 독해하는 데 중요하다.

직후와 맞물린다. "흔들흔들 플랫폼이 떠오르는" 그 방송을 들으며 "저 소리만. 피가 통하고 있는 것처럼-, 선명한 색의 물살과 같은 소리-"가 들려온다고 했던 작품의 서두와 접속된다.

분명한 것은 생사를 가르는 경계선뿐이고 그 명계冥界의 경계를 넘음으로써 생전의 죄의식과 다양한 고충이 풀린다는 스토리는 근거가 없다. 오히려 이 경계선을 넘어섬으로써 인식의 감도가 갱신되어 생전에 해소할 수 없었던 온갖 삐걱거림, 소위 인간 세상의 구조적 왜곡은 한층 선명하게 사자를 괴롭힌다. 그 괴로움을 견디지 못하고 생전의 세계가 어디서 비틀린 것인가를 정면에서 영원히 되묻기를 반복한다. 유미리는 앞선 발언을 통해 그렇게 말하고자 했던 것 같다. 그것은 『JR 우에노역 공원 개찰구』 첫머리에서 이미 화자가 말하고 있다.

인생은 마지막 페이지를 넘기면 다음 페이지가 있어. 차례대로 넘기는 사이에 마침내 최후의 페이지에 도달하는 한 권의 책과 같다고 생각했는데, 인생은 책 속의 이야기와는 완전히 달랐다. 글자가 나열되고 페이지에 번호가 붙어 있어도 줄거리가 없다. 끝은 있어도 끝나지 않는다.
　남는다.
　썩은 집을 헐어버린 공터에 남은 정원수처럼……
　시든 꽃을 뽑아버린 화병에 남은 물처럼……
　여기에 남은 것은 뭐지?

경계선 직전까지 살아도 인생은 한결같이 수습되지 않는다. 줄

거리는 혼란하고 해결이나 해방과 멀리 떨어진 경계선을 넘는 것, 그것을 죽음이라 한다. 그리고 사후에는 "공터에 남은 정원수"와 "꽃병에 남은 물"처럼 주인공이 떠난 뒤의 무대, 삶의 현장이었을 장소만이 남겨진다. 공허한 껍데기 같지만 '피곤함의 감각'과 '아픔이 있다'. 그곳에 흐르는 "닮은 것 같은 시간 속에 아픔의 순간이 있다." 그것이 사후에 도달하는 세계다. 하지만 그곳은 자기라는 주인공이 없는 무대다. 그리고 이 풍경은 동일본대지진 최후의 광경과도 겹친다. 그것이 사후의 세계가 아니고 현세의 모습이라는 것이 이 작품이 그려낸 최대의 역설paradox인 것이다.

5. 제로零 기호와 일본어 문학

작품에서 '우에노의 모리森미술관'에 전시되어 있는 "19세기 초두에 활약한 르도테라는 프랑스 궁정화가의 장미 그림"의 캡션caption이 있다. 그림 사이를 채우기라도 하듯이 미술관을 방문한 사람들이 '장미 그림'과 무관한 대화를 이어간다. 하지만 도중에 화자의 과거로 방문했던 다양한 이별의 추억으로 옮겨간다. 부모의 죽음, 아내 '세쓰코'의 죽음, '신세계' '준코純子'와의 이별, 손녀딸 '마리'와의 이별. 전체를 뒤덮은 '169점'의 '장미 그림' 캡션과의 관계성은 살아서 이 미술관을 방문했던 사람과 사후의 화자와는 크게 다르다.

당연하겠지만 죽은 자와 현세를 살아가는 자는 장소를 공유할 수 없다. 공유된 장소를 가짐으로써 공통의 인식 틀 내부로 함께 들어가는 것. 그런 의미에서 산다는 것은 장소를 공유하는 것이다. 화자는 "19세기 초두에 활약한 르도테라는 프랑스 궁정 화가의 장미 그림"에 대해 다음과 같이 말한다.

> 배경은 하얀 종이 그대로이고, 아무 것도 그려져 있지 않다. 정원에 피어 있는 건지 화분에 피어 있는 건지, 화창한 건지 흐린 건지, 비인지, 아침인지 점심나절인지 저녁인지, 봄인 건지 여름인 건지 가을인 건지, 장미가 피어 있었던 때와 장소는 알 수 없다.

'19세기 초두'에 그려진 '장미 그림'에는 배경이 없다. 그래서 이 장미는 견학자와 장소를 공유할 가능성을 빼앗고 있다.

> 장미의 그림을 그린 르도테라는 화가는 170년 전에 죽었다. 그림의 모델이 된 장미 나무도 이미 죽었을 것이다. 어느 때, 어느 장소에 어떤 장미가 피어 있었다. 어느 때, 어느 장소에, 어떤 화가가 살고 있었다. 그리고 과거의 현실로부터 소외된 종이 저편에서 이 세상에는 존재하지 않는 공상空想 속의 꽃처럼 장미가 피어 있다.

과거, 틀림없이 피어 있었던 장미를 사실적으로 그린 그림은 지금 이 시공에 살고 있는 사람들과는 어떤 의미로건 공유할 수 있는 장소가 없다. 그렇다면 '169점'의 '장미 그림'은 도대체 무엇이란 말인가. 이제부터는 사후의 화자와 같은 위상에서 화자와의 많은 이별, 많은 죽음을 상기시키는 것, 현세에서 위치와 공간을 부여받은 죽음 그 자체인 것이다. 액자에 들어간 것처럼 보이는 '장미 그림'은 현세에서 수습되어야만 하는 장소를 갖지 않은 타자와 다름 없다.

도키에다 모토키時枝誠記는 "언어의 존재 조건으로서 주체(화자), 장면(청자와 그 밖을 포함해서), 소재 세 가지를 거론할 수 있다"라고 하면서 "장소의 개념이 단순히 공간적 위치임에 비해 장면은 장소를 채우는 곳의 내용이 포함된다"라고 했다.

> 장면의 존재라는 것은 이른바 우리가 살아 있다는 것에 다름 아니다. 언어 고찰에서 장면의 개념이 필요하다는 것은, 장면이 늘 우리의 행위와 긴밀한 기능적 관계, 함수적 관계에 있기 때문이다.
>
> (『국문학원론』)[6]

'우에노 모리 미술관'의 「르도테의 '장미 도보バラ圖譜'전」에 모인 방문자의 대화는 여덟 가지. 하지만 독자로서 그중 어느 하나도 대화의 장을 공유할 수 없다는 게 놀랍다. 살아 있는 두 인간은 주체적으로 그 장소와 관계된 행위로서의 발화가 있다. 방문자들의 대화가 성립하는 것은 이 장소에 있기 때문이고, 사후의 위상인 화자도 이러한 대화의 장 밖에 놓여 있다. 그리고 '19세기 초'에

---

[6] 모토키 도키에(時枝誠記), 『국어학원론』(이와나미서점, 1941.2) 「제1편 총론4 언어에 대한 주체적 입장과 관찰적 입장」. 인용은 『국어학원론(상)』(이와나미문고, 2007.3)에 의거한다.

그려진 '장미 그림'도 이 화자와 같은 위치에 떨어져 있다.

언어존재의 조건의 하나로 '장면'을 거론했던 도키에다의 언어과정설은 '국어' 문장에 통일을 부여하는 기능을 중시한다. 문장이 통일된다는 것은 문장을 끝낸 시점에서 장소가 성립되고, 그 장소를 공유하는 주체적 화자 간의 상호 의존적 이해가 확정됨을 의미한다.

> 국어에서 용언은 일반적으로 그것만으로 개념과 동시에 진술을 표현한다. 언덕길을 오르려 할 때, 다음과 같이 외친다고 한다.
> 위험해.
> 이 표현은 표면상 한 마디지만, 제로零 기호 진술이 수반되는 것으로 보고 이것을 문장으로 인정할 수 있는 것이다.
> (『일본문법 구어편』)[71]

그리고 도키에다는 "문장에 통일성이 있다는 것은 그것이 완성된 사상의 표현임을 의미한다. 아무리 단어가 연속으로 이어져도 완성되지 않으면 문장이라 할 수 없다"라고 설명한다. '문장'에 통일성과 '완성'을 부여하는 것이 문말의 '사辭' 혹은 '제로零 기호'이다. 그럼 '우에노 모리 미술관'의 그 무리의 대화가 어느 하나로서 '통일성'과 '완성'을 갖추지 않았다고 볼 수밖에 없는 것은 왜일까.

간단히 말하면 '국어'에 '통일성'과 '완성'이 중요한 것은 이 언어

---

[71] 모도키 도키에(時枝誠記), 『국어문법 구어편』(이와나미전서, 1950.9).

가 내향의 폐쇄적 언어이기 때문이다. 같은 일본어를 사용해도 한 문장이 끝내 이해되지 않는 표현은 얼마든지 있다. 그러한 '국어' 사용자는 주체적 발화자로 인지되지 않는다. 무시되고 배제된다. 장소를 공유하고 상호 의존 속에서 여운이 길게 남으려면 장소는 항상 닫혀 있을 필요가 있다.

'국문학'은 '국어' 유래의 성질을 천황제와 공유하고 있다.[8] 즉, 그것들은 장소의 무근거성無根據性을 불문에 부치고 죽은 자의 죽음을 현세의 공동성, 장소의 폐쇄성으로 수탈함으로써 성립한다. 유미리의 『JR우에노역 공원 개찰구』는 '국어' 및 '국문학'의 '통일성'과 '완성'을 부여하는 '제로 기호'를 향해 정토진종에서 차용했던 죽음의 이야기로 되돌리고 있다. 그런 의미에서 불문에 부쳐졌던 '국문학'적 상호 의존적 이해의 장으로서의 무근거성을 다면적으로 그려낸 일본어 작품이다.

---

[8] 모토키는 『국어문법 구어편』에서 "국어 구조의 특이한 점"으로서 "마치, 보자기로 각종 물품을 싸서 통일의 형태를 만드는 것과 닮아 있는" 것을 들고 있다. 문말의 사(辭)와 제로(零) 기호의 진술에 의한 이와 같은 통일형식(주체 객체가 합일한, 천황제의 종교성, 정치적 지배와 서로 닮은 형태이다. 『JR우에노역 공원 개찰구』의 화자는 생전 두 번 '천황폐하'와 만나고 있다. 첫 번째는 "1947년 8월 5일"이었다. "천황이 타는 열차가 하라노쵸(原の町)역에 정차하고, 천황폐하는 역전으로 하차하셔서 7분간 체재"했다. 화자는 "역전에 군집한 2만 5천의 한 사람으로서 모자를 쓴 채 미동도 하지 않은 채 천황폐하"의 도착을 기다리고 있었지만, 모습을 드러낸 "천황폐하가 중절모 챙을 손으로 잡아 인사하는 순간, 누군가 큰 소리로 '천황폐하 만세!'라고 외치고 양손을 흔들어, 한쪽 면에 만세물결이 솟아올랐다." 주체, 객체의 합일한 장소가 갑자기 형성된 '보자기'와 같은 통일형식의 구체적인 현상이 그려졌다고 읽을 수 있다.

제6장 ── 재일 문학 연구의
           방향성

　　미야자와 쓰요시宮沢剛「1950년대부터의 재일조선인문학 - 튀어나오는 것과 뒤쳐지는 것 - 」(『문학』, 2004.11)은 재일 조선인 문학의 성립(일본 사회에서 가시화와 인정의 시기)으로 "1960년대 후반부터 70년대 초두"라는 이효덕의 주장(「포스트 콜로니얼 정치와 '재일' 문학」, 『현대사상』 임시증간호, 2001.7)을 '적절한 인식'으로 보고 있다. 또한 "70년대 전후의 재일 조선인 문학을 '조선 문학도 일본 문학도 아닌 점', 그것은 확실히 재일 조선인의 문학으로 성립시킨 것은 김달수의 일본어/일본 문학에 대한 집착이 없어서가 아닌, 김석범과 이회성 등의 일본어/일본 문학에 대한 저항의 의지였다"라고 논한다.
　　미야자와는 이 "일본어/일본 문학에 대한 저항의 의지"를 "신체의 반란"으로 파악하는 시좌를 제시하고 김시종, 김석범, 양석일의 문학적 표현의 초발初發에서 '신체'의 발현을 재일 문학의 확립으로 본다. 김시종이 조선 총련의 '망명자 논리'에 격하게 반발하고, 양석일이 총련 허남기의 교조적 문예이론을 비판하면서 젊은 재일 2세의 신체성을 옹호한 것은 1958년, 59년이었다. 미야자와가 말하는 "튀어나오는 것"이란 조국의 민족주의적 주체성에 대한 신체성의 반란이다. 그리고 "뒤쳐지는 것"은 1950년대 말의 신체성의 발현과 그 표현의 획득 이후, 70년 전후에 이르는 표현 활동 자체가 중지된 사태를 보여주고 있다.

미야자와는 이 '뒤쳐짐'의 배경으로 "조선 총련의 엄격한 압박"과 "밀입국자를 차례차례 한국으로 강제 송환시켰던 출입국관리행정"의 배외주의적 압력에 기인하는 '공포심'을 든다. 이 두 번째의 포인트는 일본 민중에 편재하는 배외 압력까지 침투하고 있고 분명 그것은 일본인의 레이시즘racism이다.

2000년대 들어 재일 문학 연구가 그러한 사정으로 포착된 재일의 '신체'와 정치적 간섭에 의한 '뒤쳐짐'의 문제는 90년대부터 포스트 콜로니얼 문제의 격렬한 논의의 표적이 된다. '종군위안부'의 신체와 증언이 늦어지는 문제와 완전한 평행적 구성을 이룬다. 재일 문학 연구의 시각에 젠더론이 깊이 관연하게 된 것도 마이너리티, 디아스포라, 서벌턴과 같은 공공 공간의 성원으로서 목소리를 높일 기회를 빼앗긴 사회적 약자의 구제라고 하는, 초미의 과제에 대응하는 활동과 재일 문학 연구가 연결되어 있기 때문이다.

모토하시 데쓰야本橋哲也「포스트 콜로니얼과 동아시아의 탈식민지화라는 과제」(『일본근대문학』 제74집, 2006.5)는 '뒤쳐짐'의 역사적 배경을 충분히 논했다. 1945년 패전으로 아시아 제국에 미증유의 피해를 초래한 일본군은 점령지에서 떠났지만, 전쟁 중 항일운동의 중심을 담당했던 사람들은 미합중국의 지원을 받은 현지 독재정권에 가혹하기 그지없는 탄압을 받는다. "그 대표적인 예가 1946년 12월 19일의 하와이 학살 사건을 계기로 하는 인도차이나 전쟁의 개시이고, 1947년부터 격화된 중국 본토의 국공내전이며, 1947년 2.28사건 이후 불어 닥친 대만의 백색테러, 1948년 4월 3일 시작되는 제주도 반란, 마라야 공산당과 필리핀에서 후쿠바라합단의 박멸이었다."

 모토하시의 글을 이렇게 필사하면서 너무도 가까운 지역에서 발생한 이런 일들에 대한 일본인 메이저리티majority의 무지/무관심에 대해, 전쟁 중 일본인의 폭력적 모습이 참혹하기 그지없는 이런 사실의 요인이었음을 기억한다. 동시에 그것의 은폐와 망각의 길을 경제 성장에 의한 국가적 부흥과 병행해 매진한 일본인 메이저리티에 의한 진지한 반성과 스스로를 향한 물음이 필요함을 통감한다. 재일 작가의 활동 정지의 배경에는 과거와 현재를 잇는 역사적 감도를 마멸摩滅시킨 일본인의 레이시즘이 분명히 존재한다.

 재일 문학을 연구하는 것은 우선 이 역사 감각의 감도를 갈고磨 마침내 보이는 세계를 이야기하는 것이다. 그것이 얼마간 시간을 지연하는 행위일지라도 그 뒤쳐짐을 아는 것, 알리는 것이 필요하다. 물론 거기에는 연구 주체의 위치가 크게 관여된다. 사토 이즈미 佐藤泉「비장소非場所의 일본어 - 조선 · 대만 · 김석범의 제주」(『이향異鄕의 일본어』, 靑山學院大學文學部日本文學科編, 評論社, 2009.4)는 아이덴티티에 관한 본질주의/구조주의의 익숙한 논의, 하지만 오늘날 강고히 지지받는 구조주의적 아이덴티티와 급속히 확산 보급된 일본 문학/일본어 문학의 본질론적 차이화差異化라는 보편적 확산을 획득하고 있는 두 논좌를 뒤로 돌린다. 재일 1세, 2세의 입장에서 일본어가 "해방 후에도 스스로의 내면에 잔존하는 지배자의 흔적"이면서 "그것이 아무리 해도 풀 수 없는 것처럼 보이기도 하는 지점에서의 창작" 앞에서는 "일본어 문학이라는 용어는 아직 가볍게 발설할 수 있는 것이 아니다"라고 했다.

또한 김사량, 김석범이 "감정, 감각과 일체로 한 치의 차도 없는 말, 자기에게 둘도 없는 단 하나의 말"이라고 했을 때, "그 감각이 식민지주의적 권력과 관계되고 타인의 역사를 강요한 경험과 관계되는 이상 둘도 없는 감각 등 사후적으로 구축된 내셔널리즘의 착각, 본질주의적 착각에 지나지 않으며 이 경우 절대 부정될 수 없다"라고 기술했다.

사토의 시선은 1940년대 전후의 제국 일본이 선택했던 '내선일체'라는 이름의 동화정책에 잠재하는 레이시즘의 격렬함을 포착하고 있다. 재일 문학의 성립을 1960년대 후반으로 보는 시각은, 제국주의 하의 동화정책에 노출된 이주 조선인 작가의 언어 전략을 망각의 어둠에서 구출해내고, 그들의 작품을 정중히 읽으며 지뢰처럼 박힌 말의 가시를 기록할 것을 요청한다. 재일 조선인 문학은 일본이 패전하면서 동아시아로 향하던 시선이 비틀림으로써 이주 조선인 문학과 꼬인 형태로 이어져 있다.

미야자키 아스시宮崎靖士는 논고 「김사량의 일본어 문학 작품에서 '차이'의 표상을 둘러싸고 - '내선일체'기 조선 지식인의 현실 변혁의 시도 - 」(『비교문학』 제52호, 2010.10), 「비공약적非共約的인 차이를 향한 일본어 프로젝트 - 1941~42년 김사량 작품」(『일본근대문학』 제83호, 2010.11)에서 김사량 작품을 통해 그 언어 전략을 파헤친다. 이 논고는 "반도에서 생활하는 조선인들을 정신적 측면에서 일본인화 하려는 제 정책의 슬로건적 총칭"인 "내선일체"가 조선의 좌우 지식인에 의해 차별 해소라는 이론으로 적용되는 "주체적 영유領有의 의도"를 배경으로 한다. 동시에 "김사량의 동향을 반도의 조선 지식인과 다르게 어디까지나 '일본'의 차이를 지향한 '내선일체'로의 대응으로 파악하는 논술"이다.

　미야자키의 고찰은 일본과 조선을 병렬관계로 설정해 확보한 조선의 독자성을 그린 김사량의 언어 전략이 일본/조선의 정치적 서열을 반영하고, 조선 내부의 균질 표상을 초래하는 벽에 부딪힌다. 그리고 그것을 초월하는 새로운 전략으로 비공약적인 단독자(타자표상)를 조선 표상의 내부로 도입하여 표상할 수 없는 단독자에게 일본과의 차이를 맡기는 언어 전략의 과정을 분명히 한다. 양희숙은 1932년 조선 농민의 비참한 생활을 그려 일본 문단에 등장한 장혁주의 변천을 작품 읽기로 추적하였다. 두 편이 논고「장혁주『협박』론 - 실존적 불안을 둘러싼 작자의 궤적」(『쇼와문학연구』제62집, 2011.3),「조국에 대한 애정의 흔들림 - 장혁주『오호-조선』을 중심으로 - 」(『쇼와문학연구』제66집, 2013.3)이다.

　이주 조선인 문학에서 재일 조선인 문학으로, 재일 문학에서 그 다음(디아스포라 문학)으로 변화하려는 이 문학 영역의 방향성은 국민국가라는 근대의 공동체와 불가분의 레이시즘의 가혹한 길항을 견뎌내고, 일본어로 쓰는 행위의 무게를 시사한다. 식민지 지배의 배상과 사죄, 가해와 피해를 전제로 한 책임론의 패러다임으로는 대상화할 수 없다는 점에서 레이시즘은 여전히 미결의 부채로 남는다.

사가와 아키佐川亜紀「재일시의 크레올성을 둘러싸고」(『사회문학 특집 〈'재일' 문학 - 과거·현재·미래〉』제26집, 2007.6)는 재일 문학의 현재·미래를 크레올성, 디아스포라적 확산을 긍정적으로 보지만, 그러한 경향의 비판적 시점을 구체적으로 열거한다. 거기에는 국민국가의 경계선에 얽매임으로부터의 해방이 재일 문학 외부의 힘에 의해 가능했을지도 모르는 현상에 대한 일종의 사고 정지, 사상적 공백이 생길지 모른다고 하는 위구危懼가 있을지도 모른다.

이 문제를 상대화하여 "반 내셔널리즘의 사각"이라고 정식으로 명시한 임상민「'하나'의 정치학」- 양석일『밤을 걸고』론 - 」(『九大日文』제12호, 2008.10)은 놓일 수 없는 논고이다. 이승진「김학영의 '부친' - 2·3세 작가와 비교를 중심으로 - 」(『阪大比較文學』, 2009.3)은 김학영 문학을 이회성, 양석일, 고사명, 이기승, 이양지 등의 작품과 비교하고, 재일 2세부터 3세 작가가 그리는 부친 표상의 원기原基를 확인한다. 재일 문학이 그리는 부친상 역시 가해/피해의 패러다임으로는 서술할 수 없다. 그러나 단지 개인의 문제로 처리할 수 있는 것이 아니며, 일본에서 살아가는 세대의 눈에 일본 사회의 은미隱微한 레이시즘의 그림자로 비치는 것이다.

그 밖에도 재일 문학과 간련한 단행본으로 임전혜『일본에서 조선인 문학의 역사』(호세이대학출판부, 1994.1), 간사이대학동서학연구소『포스트 콜로니얼 문학의 연구』(간사이대학출판부, 2001.3), 신일본문학회『신일본문학』(5·6합병호, 2003.5), 이소카이 지로『'재일' 문학론』(신간사, 2004.8), 김훈아『재일 조선인 여성문학론』(작품사, 2004.8), 다무라 히데아키田村栄章『식민지기 일본어 문학과 조선』(제이엔씨, 2004.11), 우에노 지즈코上野千鶴子『탈아이덴티티』(勁草書房, 2005.

12), 박유하『내셔널・아이덴티티와 젠더 - 소세키・문학・근대』(クレイン, 2007.7), 노자키 로쿠스케野崎六助『혼과 죄책 - 하나의 재일조선인문학론』(インパクト출판회, 2008.9), 오세종『리듬과 서정의 시학 - 김시종과 '단가적 서정의 부정'』(生活書院, 2010.8), 하라 히토시原仁司『유미리 1991-2010』(翰林書房, 2011.2), 조세쓰샤敍說舍『서설敍說 특집 조선/한반도와 일본 근대문학』(2011.4), 호소미 가즈유키細見和之『디아스포라를 살아가는 시인 김시종』(岩波書店, 2012.12), 우카이 사토시鵜飼哲・사카이 나오키酒井直樹・테사 모리스 스즈키テッサ・モーリス=スズキ・이효덕李孝德『레이시즘・스타디즘 서설』(以文社, 2012.10) 등이 있다.

아시아를 향한 시좌

제1장 '중국'을 우회하는 일본의 근대
제2장 다자이 오사무와 다케우치 요시미
제3장 문학사 서술과 아시아 인식
제4장 기억과 망각의 문학론
      - 나쓰메 소세키의 권역

제1장 ──── '중국'을 우회하는
　　　　　　　일본의 근대

1. 아포리아로서의 '중국'

　사노佐野·나베야마鍋山의 옥중 전향 성명「공동 피고 동지에게 고하는 글共同被告同志に告ぐる書」[1](1933.6)은 만주사변 이후의 대 중국정책을 둘러싼 비평적 언설 중 가장 앞선 전형의 하나이다. 전향

---

[1] 사노 마나부(佐野學)·나베야마 사다치카(鍋山貞親)는 이 성명에서 "코밍턴의 전쟁절대반대론"을 "패전주의" "비겁한 평화주의"라 칭하고 다음과 같이 논하고 있다. "우리가 전쟁에 참가하거나 반대한다는 것은 그 전쟁의 진보성 여부에 따라 결정된다. 지나 국민당 군벌에 대한 전쟁은 객관적이기보다는 오히려 진보적 의의도 지니고 있다. 또한 현재의 국제정세 하에서 미국과 전쟁을 벌일 경우, 그것은 상호 제국주의 전쟁에서 일본 측의 국민적 해방전쟁으로 급속히 전화할 수 있다."

자의 논리를 훨씬 뛰어넘어 1935년대의 국가적 언설이라 할 수 있는 보편성을 획득하고 있다. 대동아전쟁을 아시아 민족의 해방전쟁으로 자리매김하려는 이 언설의 형태는 전후 50여 년이 지난 오늘날까지 전쟁의 성격에 대한 논의로 연명하고 있다. 침략과 해방의 두 측면을 각각 평가하려는 현대의 이원적 전쟁 인식은 1933년의 전향자 논리를 그대로 이어가면서도, 현재 또다시 "반제反帝=해방전쟁"론으로 형태를 바꿔 묘하게 낙관적인 메마른 목소리로 주창되기 시작한다.

'중국'을 둘러싼 비평적 언설은 비평성의 핵심에서 얼마나 진실한 비평이었을까. 1935년의 '중국' 언설을 돌이켜볼 때, 떠오르는 것은 오히려 '중국'을 회피함으로써 근대 전쟁의 주체인 근대국가 일본을 면죄하려는 매우 명확하지 못한 불안정한 비평의 형상이다. 그런 의미에서 '중국'이란 회피되면서도 항상 제자리로 돌아오는 변명적弁名的 언급을 통해 일본의 전시적 언설의 패러다임을 계속해 제공하는 존재로 자리하고 있다. 그러한 거대한 아포리아aporia를 회피하지 않고 정면으로 응시하려는 자는 눈이 타들어가는 듯한 고통을 참고 견뎌야만 했다.

입으로 대동아를 외치는 것은 대동아를 창출하는 것이 아니다. 대동아는 자기 내부에서 부정하는 행위를 통해 만들어야만 한다. 그것만이 창조이며 창조만이 문학이다. 문학이란 단지 하나의 단어를 내뱉는 것이지만, 그 하나의 단어를 내뱉기 위해 작열하는 것을 손에 쥐는 행위가 필요하다. 그것 없이는 우주의 광대함도 나에게는 공허하다.

(「중국문학의 폐간과 나中國文學の廢刊と私」)

다케우치 요시미竹內好는 1943년 3월, 『중국문학』 종간호에 이렇게 적었다. 편집책임자였던 다케우치 요시미가 1932년에 발회한 "중국문학연구회"의 기관지였던 이 잡지의 폐간을 결심하기까지, 그의 마음속 경위는 이 문장에 소상히 진술되어 있다. 폐간의 최대 원인이 '중국'을 둘러싼 비평적 언설 총체의 치명적 쇠약임은 의심할 여지가 없다. 잡지 『중국문학』은 폐간이라는 행동으로 사태를 경고하고자 했던 것이다.

고야스 노부쿠니子安宣邦는 "'지나支那'란 근대국가 일본에 자신의 입장을 동정同定한 지식인의 치부이며, 그들의 언설 위장을 폭로해버리는 현실(리얼한 것)로 존재했다"[2]라고 진술했다. 이처럼 '중국'이라는 현실은 근대를 획득하고 지금 그것에 대항해 초극하려는 세계사적 사명을 짊어진 일본에게 만져서는 안 될 금단의 암부였다. 이 현실을 은닉하는 위장적 언설의 시대야말로 전후에 분출된 근대주의적 비평의 집중 포화를 쏟을 수 있는 적당한 표적이 된다.

하지만 전후 민주주의 비평이 이념형으로 조정하는 "근대적 사유"의 패러다임에 의해서는 일본의 후진성을 이야기할 수는 있어도 중국의 근대를 이야기하는 것은 불가능하다. 그런 의미에서 전후

---

2) 고야스 노부쿠니(子安宣邦), 「일본의 근대와 근대화론 - 전쟁과 근대일본의 지식인(日本の近代と近代化論 - 戰爭と近代日本の知識人)」『이와나미강좌 근대사상15 탈서구의 사상(岩波講座 近代思想15 脫西歐の思想)』, 이와나미쇼보(岩波書店), 1994.11).

비평은 15년 전쟁 하의 '중국' 언설의 핵심을 여전히 우리 앞에 분명히 못 밝히고 있다. 아포리아로서의 '중국'. 15년 전쟁 하에서 출현한 이 거대한 현실을 둘러싼 비평적 언설의 윤곽을 그려보고 싶다. 우선 검토 대상은 근대 초극의 문제에 등장하는 세 가지의 이름, 즉 『일본낭만파』의 야스다 요주로保田與重郎, 『문학계』의 고바야시 히데오小林秀雄, 그리고 교토京都 학파의 세계사 철학이다.

2. 야스다 요주로

오케타니 히데아키桶谷秀昭 『쇼와정신사昭和精神史』[3] 제5장에는 1938년 4월부터 6월에 일어난 쉬저우회전徐州會戰에 관해 이렇게 기술하고 있다.

    쉬저우회전은 '지나사변'이라는 전쟁 성격에 한 시기를 구분짓고, 일본군의 결정적 작전 변경을 강요한 전투이다. 일본군에게 그것은 이미 결전이라는 사상을 포기할 수밖에 없는 국면으로 내몰린 것을 의미했다.
    일본군은 지구전持久戰이라는 사상을 지닌 적이 없다. 최고교육기관인 육군대학의 작전 전술학에서도 지구전을 연구과제로 삼은 적은 없다.

---

3) 桶谷秀昭, 『昭和精神史』(文藝春秋, 1992.6).

쉬저우 함락 직후 중국공산당의 지도자 마오쩌둥毛澤東의 연속 강연 「지구전론持久戰論」은 전선의 확대와 그에 수반되는 일본군 병사의 소모 곤비困憊를 적확하게 예언하고 있었다. 쉬저우徐州·우한武漢작전이야말로 결전 사상과는 전혀 다른 장기 지구전 전략의 형태를 취한 '중국'의 전체상이 일본의 앞을 가로막은 최초의 국면이었다.

다케우치 요시미가 「대동아전쟁과 우리들의 결의(선언)」4)를 "동아를 새로운 질서의 세계로 해방시키려고 오늘 이후 우리들은 우리의 직분에서 미력을 다한다"라는 문장으로 맺은 것은 태평양전쟁 개전 즈음이었다. 쓰루미 슌스케鶴見俊輔는 다케우치의 이 '선언'에 대해 "거기서 그가 말한 것은 우리 일본인은 우리 민족 자체가 이 전쟁에서 성격을 바꿔, 우리의 국가 그 자체가 아시아의 여러 민족을 해방하는 노력에서 부득이하게 변형해야 한다는 각오를 해야 하는 것"5)이라 해석하고 있다. 서주·무한작전 이후 일본 앞에 모습을 드러낸 '중국'은 실로 "일본민족 그 자체"의 변형을 부득이하게 만드는 것 그 자체였다 할 수 있다.

야스다 요주로保田與重郎가 "나는 끝없는 유리遊離 언어의 의미 부재를 알고, 사물의 본질을, 말의 언어활동을 우선 봐야만 한다"라고 한 것은 1935년 1월이었다.6) 문학이란 단지 하나의 말을 내뱉는

---

4) 竹内好, 「大東亞戰爭と吾等の決意(宣言)」, 『中國文學』 第80號 現代中國と日本作家特集 卷頭言, 1942.1).
5) 鶴見俊輔, 『戰時期日本の精神史 1931~1945年』(岩波書店, 1982.5).
6) 保田與重郎, 「後退する意識過剰 - 『日本浪漫派』について -」(『コギト』 1935.1).

것"이라 했던 다케우치와 여기서의 야스다는 분명히 공진共振하는 무언가를 쥐고 있다. 그 야스다가 쉬저우·우한회전 종결 직후『고기토』7)의 지면에 만주사변 이래 "일본의 살아가는 힘"의 성쇠를 언급하며 다음과 같이 말한 점은 주목해도 좋다.

> 일본 문화 혁신의 봉화는 일본의 자각이라는 문명적 의미를 지니고 일본의 살아가는 힘의 표현으로 대륙에 상륙했다. 그러나 일본이 지닌 변혁적 정신이 조상의 이념까지 거슬러 오르고 신의 울타리에서 기원된 이념까지 되돌아가기 전에, 재차 관료적 정신의 논리에 농락당해야만 했었다. (중략) 하지만 막연히 일본의 전환을 느낀 일부 젊은 유식자에 의해 처음으로 일본의 새로운 방향이 지향되었다. 그것은 문명개화의 논리에 내재된 진보주의와 종신주의의 반대로서 데카당스의 발견과 그 몰락으로의 정렬이다.

앞부분의 인용이 만주사변의 재벌 자본 진출에 의한 대對 아시아주의적 이념의 붕락崩落을 말하고 있음은 분명하다. 후반의 인용은 분명히 말하진 않았지만 야스다의『일본낭만파』운동을 말하고 있으며 이 운동이 1938년 후반 쉬저우·우한 작전 직후의 야스다에 의해 재차 인식된다고 봐도 좋다. 즉,『일본낭만파』의 "데카당스의 발견과 그 몰락으로의 정렬"은 지구전으로 넘어가 '중국' 내부 깊숙

---

7) 保田與重郎,「文明開化の論理の終焉について」,(『コギト』 1939.1).

이 끌려간 일본의 모습 그 자체였다고 야스다는 말하고 있다.
 한편, 문예부흥기 이후의 '지성문학'은 이러한 일본의 현상을 새로운 표현으로 옮기는 힘을 전혀 지니지 않았다. 야스다는 같은 문장에서 이렇게 말한다.

 1938년 4월, 일본의 문단교양은 지성문학의 이름으로 여전히 사변에 대해 백안시하는 여유가 있었다. 그러나 9월, 일본 정부의 종군작가 파견에 의해 문단과 학예는 모두 변화했다. 그리하여 문학은 명백히 소실되었다. 즉, 작가는 종래의 표현을 전장에서 잃어버린 채 새로운 것을 갖추지 않는다.

 히노 아시헤이火野葦平「보리와 병사麥と兵隊」(『개조』 1938.9)는 쉬저우회전의 실정을 상세히 그린 사변 이후 최초의 전쟁문학이다. 야스다의 이 말은 일찌감치 전쟁문학의 제1인자가 된 이 작가를 예외로 하지 않는다. 예를 들어 1937년 10월에 중지中支로 파견되어 일개 병졸로 2년간 전선에 머물렀던 다케다 다이준武田泰淳은「보리와 병사」의 독후감을 다음과 같이 서술했다.

 히노 씨 등의 전선문학은 병사의 피를 끓어오르게 합니다. 그러나 문학이란 그런 것이 아니라고 생각합니다. 아무리 병사라도 자기근성은 지니고 있고, 자아가 납鉛의 무거운 흐름 같은 1년의 세월에서도 바닥에 잠긴 수초처럼 살아 있는 것입니다. 저는 보고적報告的이고 반지성적인 전쟁문학을 싫어합니다.
 (「전장으로부터戰地より」)[8]

야스다가 '중국'을 보는 시선은 전장에서 일개 병졸로 지냈던 다케다 다이준의 그것으로 통하는 것을 확실히 포함한다. 그것은 등신대인 중국인의 일본인과 전혀 다른 표정을 "경외하면서 읽는" 자들에게 공통된 일종의 타자 인식이라 할 수 있을지도 모른다. 야스다는 쉬저우·우한회전에 의해 출현한 이 '중국'의 표정을 "데카당스의 발견과 그 몰락으로의 정열"을 강요해오는 어느 거대한 힘으로 인식하고, 그것으로의 '경외감을 탄력 삼아 계속해 중국과 일본의 차이를 이야기했던 것이다.

잡지 『일본낭만파』는 1938년 8월에 종간되지만 야스다에게 이 잡지의 존재 의의는 1938년 4월부터 11월에 걸쳐 쉬저우·우한작전에 의해 현실로 나타난 '중국상中國像'의 전환을 다른 것보다 훨씬 앞서 예언적으로 장악했다. 그리고 그 "예언적 분위기를 먼저 느끼고 앞서 노래"한 것이었다. 1939년 4월 「일본낭만파에 대해서」[9]에서 야스다는 다음과 같이 서술한다.

> 시인이란 그러한 민족과 국가의 예감과 예언적 분위기를 먼저 느끼고 앞서 노래해야만 하는 자다. 그러나 일본의 문예사상이 한결같이 오늘의 일본으로 각성한 것은 시기와 관계없이 경하해야 할 일이다. 이 역사적 회전은 일본 문예상의 낭만주의가 선도했지만 감행시킨 건 아니다. 더욱이 노구교蘆溝橋에 유탄이 쏟아진 나날들에 의해 감행된 것도 아니고, 그보다 열 달 가까이 경과한

---

8) 武田泰淳, 「戰地より」(『文藝』 1938.11).
9) 保田與重郎, 「日本浪漫派について」(『國文學解釋と鑑賞』 1939.3).

쉬저우회전의 결과이다.

야스다의 이런 언설이 일본의 침략행위를 염치없이 정당화하는 광신적 민족주의 자체로 읽히는 것은, 만주사변 이후 서서히 형태를 갖추기 시작한 '중국'의 나체상을 야스다가 어떻게 바라보았는지 묻는 시좌가 여전히 확립되지 않았기 때문이다. 야스다는 확실히 '중국'을 바라보고 있었다. 일본이 중국대륙의 내부 깊숙이 들어가 꼼짝할 수도 없는 형태로 서서히 쇠약해가는 모습을 야스다는 독자적 문체로 이야기했다. 그런 의미에서 야스다의 문학적 업적은 우수한 '중국' 언설이다.

3. 고바야시 히데오

고바야시 히데오小林秀雄가 『문예춘추』 특파원으로 중국에 건너가 상하이上海, 항저우杭州, 난징南京, 쑤저우蘇州를 둘러본 시기는 1938년 3월에서 4월이었다. 항저우에서는 히노 아시헤이火野葦平와 만나 제6회 아쿠타가와상을 직접 건네주었다. 쉬저우徐州회전의 시작 직전이었고, 전년도 12월에 난징에서 대량 학살이 벌어지기 시작했을 무렵이었다. 귀국 이후에는 현지 보고 성격의 글들을 『문예춘추』에 발표한다. 고바야시 히데오의 '중국' 언설의 시초이다.

도항하기 전년 11월에 고바야시 히데오는 1937년 7월 이래 사변의 진전을 앞두고 하나의 각오를 밝힌다.

역사적 변증법이 어떻고 현실의 합리성이 어떻다고 떠드는 말뿐인 사람이 되어 당장 생활에 어떻게 대처할 것인지에 대해서는 완전히 무력하다. 우리에게 지금의 생활이란 단지 역사적 단계의 다른 이름에 지나지 않으며, 따라서 장래의 역사적 단계 앞에서는 물거품에 지나지 않는다. (중략) 이런 역사라는 무기를 끝내 자기와 자기 가슴에 들이대지 않을 수 없는 그러한 인생관을 가지고 인간이 어떻게 살 수 있을까.

「전쟁에 대해서」, 『개조』, 1937.11)

일찍이 좌익 진영과의 논전論戰에서 완성된 고바야시 히데오 특유의 스키마Schema가 만주사변에 즈음해 일본 언론계에 나타난 '역사병歷史病'으로 향해 있는 것이다. 그 후 고바야시 히데오가 중국대륙에서 직접 견문한 중국 민중의 모습은 고바야시가 도항하기 전에 말한 이 스키마, "단지 지금의 생활"은 땅에서 살아가는 중국 민중의 모습이었다.

귀국 후 발표된 「쑤저우」(『문예춘추』, 1938.6)에서는 고바야시의 관념적 시선에 포착된 민중의 모습이 실로 생동감 넘치게 그려진다. 예를 들어 "현묘관玄妙觀의 경내 상점에서 사탕수수를 팔고 있는" 남자는 사탕수수를 "짜내면서 다소 애조를 띤 노래를 느긋하게 부른다"고 한다. 고바야시는 이 '노래' 가락에 귀 기울이며 이렇게 생각한다.

나는 걸어가면서 다소 감상적인 기분이 들었고 한편으로 무언가 분명치 않은 것에 끝없이 몰두해 있었다. 생활이라는 것 외에 아무 것도 지향하지 않고, 오로지 한결같이 생활하는 생활, 목적 따위를 전혀 가정하지 않는 생활, 최후에 그러한 것에 부딪쳐서 어떤 관념이라도 부서져버리는 것이다. 무엇보다도 그러한 것이 강하기 때문이다. 그럼에도 이 생각은 과연 음침한 생각일까. 음침? 음침이란 무엇인가, 그런 어처구니없는 건 없다. 뭐 그러한 상태로 내 머리는 돌아가고 있는 것 같았다.

한편으로 근대진화론 사상의 하나로 역사이론이 있고 그 극한에 영원의 현재라고도 할 수 있는 "단지 지금의 생활", "생활이라고는 하지만 아무것도 지향하지 않고 한결같이 생활하는 생활"을 살아가는 민중의 모습이 눈앞에 나타난 것이다. 이때 고바야시는 익숙한 이론적 배치의 정당함을 확인했던 것일까. "무엇보다도 그러한 것이 강하다"라고 말하면서 그는 어떤 하나의 "음침한 생각"을 완전히 씻어내지 못한다.

마침내 쑤저우의 길거리에서 본 중국 민중의 "단지 지금의 생활"에는 "오래되고 아름다운 기념비"를 잃고, 순수하게 현재적인 것에서 오는 '퇴폐'상을 떠올리고 있다는 것에 생각이 미친 고바야시는 "음침한 생각"의 정체에 대해 다음과 같이 생각한다.

나는 잡초가 자라난 성벽 위에 앉아 있었다. 화창한 햇빛 속을 민들레 솜털이 눈보라라고 형용하고 싶을 정도의 모습으로 흩날리고 있었다. 현대 일본의 정취는 혼란한 형세다. 그러나 혼란한 것은 결코 퇴폐적인 것이 아니다. 저 정원처럼 정취의 퇴폐라고 하지만 극도로 신중을 기한 상징을 우리 중 누가 만들 수 있을 것인가. 나는 또 그것을 생각했다. 이 거리는(난징에서도 항저우에서도 똑같은 것이지만) 오래되고 아름다운 기념비를 잃어버리고 있지만, 살고 있는 사람들의 마음도 같은 것이지 않겠는가. 그들은 단지 민들레 솜털이 흩날리는 것을 보고 있다. 현대 일본인이 옛날의 일본을 아는 것과 비교하면, 현대의 지나인이 옛날의 지나를 아는 것은 훨씬 어려운 것이지 않겠는가.

(「쑤저우蘇州」)

고바야시 히데오의 중국 체험의 핵심은 "오래되고 아름다운 기념비"를 빼앗김으로서 영원의 현재를 살아갈 것을 강요받고 있는 중국 민중의 '퇴폐'상의 발견 밖에 없다. 이미 「사소설론」(『경제왕래』, 1935.5~8)에서 전통과 언어·문학의 소거하기 어려운 관련성을 언급했던 고바야시에게도 전통의 문제가 민중의 "단지 지금의 생활"과 교차된 형태로 재차 모습을 드러낼 것이라고는 생각하지 못했을 것이다. 전통은 "오래되고 아름다운 기념비"의 물질적 형태로 현재에 존재함으로써 "단지 지금의 생활"에 파묻혀 사는 민중의 삶을 '퇴폐'로부터 당연히 지켜내야만 하는 것이다. 눈앞의 중국 민중은 과거로부터 소외된 현재 속에서 '퇴폐'를 강요받고 있다는 인식이다.

하지만 아무리 전통에서 단절되고 "단지 민들레 솜털이 흩날리는 것을 보고 있을" 수밖에 없는 중국 민중의 모습이 고바야시의 상념의 끈과 강하게 결부된 필연적 이미지였다 할지라도, 과연 고바야시의 이 '발견'이 '중국'이란 거대한 아포리아에 대치하는 자의 "작열灼熱을 손에 쥐는 행위"(다케우치 요시미, 전게문)로 이루어졌다고 할 수 있을까. '중국'에 대한 이러한 인식이 고바야시의 어떤 자기 부정=자기 창조의 계기가 될 수 있었는지 생각해 볼 때, 고바야시의 이 '중국' 언설은 역시 하나의 자기 확인이자 반복 가능한 스키마적 '중국' 문제의 응용 범위를 벗어나지 않았다고 할 수 있다.

「지나에서 귀환하며」(『도쿄 아사히신문』, 1838. 5. 18. ~ 20)에는 '중국' 체험을 종전의 자기 스키마의 확인 행위로 자리매김하는 말이 서술된다.

> 일본이 이 위기를 탈출해 다음 시대를 살고자 하는 심상尋常한 문화의 종자는 역시 사변 이전까지 우리가 길러온 심상한 문화 속에 있다. 그러한 각오로 우리는 이 위기에 대처해야만 한다고 본다. 그것이 우리가 돌아와도 사고방식이 변하지 않는다고 말한 이유이고, 그다지 특별할 게 없는 일이다. 단지 내 자신감은 깊어졌던 것이다.

이러한 술회는 이듬해 「근대의 초극」 좌담회[10]에서 "근대의 초극이라는 것을 우리 입장에서 생각해보면 근대가 나쁘니까 뭔가 다른 것을 가져오고자 하려는 것은 아니며, 근대인이 근대에 승리하는 것은 근대에 의해서다"라는 고바야시의 잘 알려진 발언을 상기

---

10) 『문학계(文學界)』가 기획한 좌담회 「근대의 초극(近代の超克)」은 1942년 7월에 개최되어 「근대의 초극」 특집으로 같은 지면에 게재된 것은 1942년 9, 10월호이다. 인용은 『근대의 초극(近代の超克)』(마쓰모토 겐이치(松本健一)편 1979. 2 富山房)에 의거한다.

하는 것이다. 말할 필요도 없이 좌담회에서의 이러한 단정적이고 확신적 발언의 근거는 고바야시가 중국 체험에서 얻은 '자신감'에 있다. 결코 그 반대가 아니다.

그런 의미에서 고바야시의 중국 체험은 종전의 고바야시의 스키마를 골격으로 삼아 피가 통하는 육체를 부여했다고 말할 수 있다. 그리고 우선 이 육체는 죽은 자식의 나이를 세는 어머니의 "애석의 염念"이라고 하는 하나의 '신화'를 말하기 시작한다. 잘 알려진 이 에피소드가 처음 이야기된 것은 1939년 2월[11]이며 거기서 고바야시는 이러한 이야기 방식을 선보인다.

> 짐작하건데 전기傳記 작자의 기술 중 가장 심각한 것은 펜을 갖지 못한 모친이 이미 체득하고 있다. 그녀에게는 자신의 슬픔의 정과 보잘 것 없는 죽은 자식의 유품이 있으면 충분할 것이다. 이 두 가지 요소에서 죽은 자식의 모습을, 필시 생전의 모습보다 더욱 선명히 마음속에 그려낼 것이다. 이 두 요소 중 어느 하나만 결여되어도 그녀는 어찌할 바를 모를 것이다. 두 요소는 하나이기 때문이다.

이후에 고바야시는 유사한 역사관을 반복해 설명하지만 그 역점을 예로 들면 "역사란 인류의 거대한 원한을 닮았다"[12], "옛날을 아쉬워한다는 것이, 즉 전통을 경험하는 것에 다름 아니다"[13], "전통

---

11) 小林秀雄, 「エーヴ・キューリー『キューリー夫人傳』」(『文學界』 1939. 2).
12) 小林秀雄, 「歷史と文學」(『改造』 1941. 3, 1941. 4).

이란, 이것을 날마다 새롭게 구해내지 않는다면 존재하지 않는 것이다"[14]와 같은 말투에서 단적으로 드러난다. 요컨대 역사는 추억이며 상기에 의해 존재를 개시開示한다는 점에 있다.

　물론 위에 인용한 문장에서도 그것을 말하고 있기는 하다. 하지만 고바야시가 앞의 문장에서 강조하는 것은 상기하려면 '유품遺品'이 필요하다는 것이며, 그 점에서 앞의 문장에는 후년 반복되는 언설과 미묘한 편차가 포함된다.

　이 '유품'은 「쑤저우蘇州」에서 말한 그 "오래된 아름다운 기념비"로부터의 발상이다. 고바야시는 "단지 민들레 솜털이 흩날리는 것을 보고 있을" 수밖에 없는 중국 민중의 '퇴폐'를 "오래된 아름다운 기념비"의 상실로 이야기했지만, 이 인식의 배치를 역사론으로 역전시킨 점에서 고바야시의 심미적 역사관이 모습을 드러낸다. 그 가장 순수한 표현상의 달성을 다음 문장에서 찾아내는 것은 오류가 아니다.

　　시가 나오야志賀直哉 씨가 1928년에 낸 창작집의 머리말에 다음과 같은 문구를 적었습니다.
　　"몽전夢殿의 구세관음救世觀音을 보고 있으면 그 작자 따윈 전혀 떠오르지 않는다."
　　이것은 말할 것도 없이 시가 씨가 몽전의 구세관음을 보고 느꼈던 필시 어떠한 강렬하고 단일한 느낌을 극히 솔직히 말한

---

13) 小林秀雄, 「傳統」(『新文學論全集』 第6卷 1941.6 河出書房).
14) 小林秀雄, 「傳統について」(『東京朝日新聞』 1941.6.1).

문장이며, 이것을 읽는 우리 마음에는 이 단일한 느낌이 분명히 전해집니다. 이것이 전통이라는 것의 느낌입니다. 전통이 발견되었다고 하는 느낌인 것입니다.

(「전통傳統」앞의 글)

하지만 이 아름다운 산문은 그 순수한 문체를 다음과 같은 '중국' 언설에 의해 담보되며 그 위에서 성립한다는 것을 잊어선 안 된다.

나는 정자의 의자에 걸터앉아 '老和尙過江'라고 적힌 팻말이 있는 연못 안의 멋없고 저속한 바위를 바라보며 이런 정원을 쑤저우 제일의 명원名園으로 관찰하는 심정을 끝없이 상상해 보았다. 하지만 아무리 해도 잘 되지 않았다. (중략) 문득 젊은 여자를 끌어안고 아편 따위나 먹으면서 이 정원을 바라다본다면 어떨까. 극락의 꿈을 즐기기에는 저 시멘트 기암괴석을 어떻게 할 수 있는 게 없질 않은가라는 생각이 떠올랐다. 나는 순식간에 결론을 얻었다.

(「쑤저우蘇州」)

"쑤저우 제일의 명원名園"은 이미 "오래된 아름다운 기념비" 따위가 아닌 극도로 쇠약한 지금 이 시절로의 혹닉惑溺 속에서, 간신히 관능적인 자극을 하는 환영이 된다. 과거의 통로를 잃음으로써 영원한 현재에 틀어박히는 '퇴폐'를 이 문장만큼 실감나게 잘 포착한 것은 없을 것이다. 고바야시의 '중국' 언설은 이 실감을 핵심으로 과거의 입구를 향해 반전시킴으로써 고바야시 특유의 독자적 전통론·역사론으로 형태를 바꾸게 된다.

연보에 의하면 고바야시가 고미술에 경도되기 시작한 것은 1941년 가을 무렵이라고 한다. 앞서 개재된 「전통」에서 "몽전夢殿의 구세관음"에서 전해지는 "전통의 느낌"을 말한 것이 같은 해 6월이다. 고바야시의 고미술 발견이 "전통의 느낌"의 발견으로 이어지고 있음을 이해할 수 있다. 이 고미술로 향하는 시선의 근저에는 "쑤저우蘇州 최고의 명원名園"의 "멋없고 저속한 바위"를 바라보는 고바야시 히데오의 '음침'한 사념이 봉인되어 있는 것이다.

첫 번째 중국 도항 체험 이후 패전까지의 고바야시 언설에는 이때의 체험이 암류暗流로서의 '지地'를 구성하며 흐르고 있다. 「근대의 초극」 좌담회와 고바야시의 고전론에서도 그것을 읽을 수 있다.

그렇게 하면 이번에는 문학이라든지 사상이라는 것을 머리로는 생각하지 않으며 차츰 육체로 느끼게 된다. 그렇게 하면 적혀 있는 내용, 사항이라는 것이 시시해져 점점 문학을 형태로 보거나 만지며 느끼는 미술품처럼 보게 된다. 결국 그런 식으로 다가오지 않으면 일본의 고전이라는 것을 도무지 알 수가 없다.

고바야시의 고전론에서 반복되어 나타나는 '형태'라는 단어는 「쑤저우蘇州」에서 말한 "오래된 아름다운 기념비"를 원형으로 「이브·퀴리 『퀴리 부인전』」에서 '유품'이라는 말로 변용되었던 고바야시의 '중국' 언설의 핵심이 되는 단어다.

하지만 고바야시의 이러한 '중국' 언설이 역사론, 전통론을 거쳐 고전론에 도달해 '미美'와 견고히 엮일 때, 고바야시는 그 중국 체험의 가능성의 문을 닫은 것으로 생각한다. 왜냐하면 이 고전의 '미'는 고바야시가 진주만 공격의 상황을 보도하는 사진을 보았을 때도 동일하게 이야기하기 때문이다.

> 하늘은 맑아 아름답게 눈 아래로 드넓은 바다가 반짝이고 있었다. 남색의 바다 표면에 하얀 항적을 남기며 어선이 지나간다. 그렇다, 어선 대신에 어뢰가 달리면 그건 뢰적雷跡이라는 것이 된다. 해수는 똑같이 움직이고, 똑같이 아름답게 보이겠지.
>
> (「전쟁과 평화」)[15]

'똑같이' 무한히 반복되는 '아름다움'이란 정말 태초부터 불변인 바다의 아름다움을 말하는 것에 지나지 않는다. 그렇지만 그 '아름다움'의 비인간성·무인칭성이야말로 중국 민중으로부터 "오래된 아름다운 기념비"를 빼앗고 '퇴폐'를 강요한 대對중국 전략을 긍정하는 위장적 언설의 온상이 되어버렸다는 점을 짚고 넘어가야만 한다.

고바야시의 '중국' 언설은 근대국가 일본이 취한 군사행동의 결과일 수밖에 없는 중국 민중의 '퇴폐'한 현재적 삶을 부동의 과거를 향해 반전시킨다. 그렇게 함으로써 현실에서 수행되고 있는 대중국 정책을 결과적으로 면죄한 것이 되어버렸다. "근대의 초극 좌담회

---

15) 小林秀雄,「戰爭と平和」(『文學界』 1942.3).

에서 고바야시는 역사력歷史力에 관한 다이내믹dynamic에 발목을 잡히고, 역사력의 스태틱static을 망각하고 있다는 점에 근대인의 나약함이 있는 것은 아닐까, 나는 생각해왔습니다"라고 진술한다.

하지만 일의 정당성 여하는 별개로 하더라도 고바야시가 주장하는 "역사력의 스태틱"이 사실은 "역사력에 관한 다이내믹"과 다름없는, 일본의 근대가 중국 민중에게 강요했던 생활을 토대로 관념적으로 구성되는 사태야말로, 고바야시의 '중국' 언설에 내포된 최대 문제점이다.

4. 세계사의 철학

다카야마 이와오高山岩男의 『세계사의 철학世界史の哲學』(이와나미 서점, 1942.9)을 접한 히로마쓰 와타루廣松涉는 다음과 같이 말한다.

> 다카마쓰 이와오의 「세계사의 철학」이란 것이 어떤 논맥에서 '대동아전쟁' 나아가 제2차 세계대전에서 '추축국樞軸國' 측의 전쟁 목적을 이데올로기에 추인하고 합리화하는 것인지 (중략) 전쟁 전과 전시의 「근대의 초극」론이 '일본의 국체'를 합리화하는 이데올로기로 존립했던 사정의 확인을 위해서는 일본 낭만파 및 문학계 그룹의 사념을 깊이 연구할 필요가 있다 하더라도, 대전大戰의 합리화로서는 다카야마 역사학이 최고라 해야 할 것이다.[16]

앞서 이미 "일본 낭만파 및 문학계 그룹의 사념"을 대표하는 두 비평가(야스다 요주로, 고바야시 히데오)의 '중국' 언설을 언급했다. 남은 제3의 포인트는 교토학파의 세계사 철학이다. 여기서 히로마쓰가 단언했던 것처럼 다카야마 이와오의 『세계사의 철학』에서는 대동아공영권을 합리화하는 철학적으로 위장된 언설이 상당히 노골적인 억지로 전개된다. 고야스 노부쿠니子安宣邦의 전게론前揭論에서도 "그것은 되풀이하여 말하는 듯한 변명과 제멋대로인 논리 전개 외에 아무것도 아니지 않은가"라는 지적이 있다.

특히 "일본 경제의 구미에 대한 후진성의 사실"(『세계사의 철학』)에 의해 "중일日支의 제휴를 저해하는 듯한 행동에 나선" 일본의 대중국 정책을 면죄하고자 하는 다카야마의 단조롭고 조방粗放한 논리 전개에는 히로마쓰·고야스도 비판 이전 단계에서 부정적으로 단언하고 있다.

교토학파의 세계사적 철학은 어디까지나 메이지유신明治維新 이후의 일본 근대화의 현실적이며 구체적인 발걸음을 대동아공영권 건설이라는 목적론적 스탠스stance로 재구성한 일종의 '중국' 언설이나 다름없다. 구미 세계의 근대적 원리는 동아東亞 세계의 새로운 원리의 출현에 의해 극복된다는 것이 '중국' 언설의 마스터 내러티브master narrative이며, 동아 세계의 중심에 '중국' 그리고 새로운 원리로서 '무無'[17]가 자리하고 있다. 그리고 일본은 이 새로운 세계

---

16) 廣松涉, 『〈近代の超克〉論』(講談社學術文庫版, 1989.11).
17) 고사카 마사아키(高坂正顯) 『역사철학과 정치철학(歷史哲學と政治哲學)』(弘文堂書房, 1939.3) 그 1장 「현대의 정신사적 의의(現代の精神史的意義)」에는

의 원리를 대동아공영권 건설을 향해 구미 각국의 세계 지배와 맞서 싸워야 한다는 세계사적 사명을 부여받았다는 것이다.

하지만 다카야마 이와오, 고사카 마사아키高坂正顯 등의 언설적 위장성을 폭로하는 것은 지금의 과제가 아니다. 오히려 문제가 되는 것은 교토학파의 역사 철학이 '중국' 언설로 구성될 수밖에 없었던 이유와 그것이 '완성'되어 가는 과정이다. 『세계사의 철학』 서문에 적혀 있는 다음과 같은 구절에는 탁월한 이론가였던 다카야마의 사상 형성의 모티브가 초발初發형 그대로 토로되어 있어 흥미롭다.

> 세계사의 철학에 대해 사견을 발표하는 용기를 기르고 의무를 느끼기에 이른 것은, 지나사변의 발발 이후 평소 교실에서 얼굴을 마주했던 학생들이 졸업하고 전장으로 향하던 무렵이었다. 그들은 지나사변의 진정한 의의가 어디에 있는지 묻고 그것을 파악해 전장戰場의 각오를 다지는 데 일조한다는 식으로 받아들였다. 나는 솔직히 이 사변이 심상치 않은 이유를 이야기하고 그 필연성을 세계사의 입장에서 깊이 파악해야 한다고 했다. 이것이 생사 초월의 의지를 말할 자격이 없는 내가 그들에게 보내야만 하는 최소한의 전별餞別이었다.

다음과 같은 기술이 있다. "근대 유럽은 초월을 상실하고 자기부정에 빠지려 하고 있다. 그러니 인간은 말살되어서는 안 된다. 인간은 살려야만 한다. 게다가 인간은 살아나기 위해서 초월되어야만 한다. 이 모순, 그것은 단지 무(無)의 원리에 의해서만 가능할 것이다."

세계사의 철학은 확실히 "지나사변 촉발 후"의 '중국' 언설이다. 위 문장은 그것을 잘 보여주고 있다. "지나사변의 진짜 의의"가 누구에게나 명료하지 않은 상태에서 조방한 논리 전개가 생겨난 것에는 "졸업 후 전쟁터로 부임해가는 사람들"에 대한 "전장의 각오를 다지는 데 일조"하고, 그 배경에 '중국' 언설을 만들어낼 필요가 있었기 때문이었다. 다카야마·고사카 등의 철학적으로 위장된 언설의 모습은 그대로 "지나사변이 지닌 복잡한 성격"(같은 책)의 반영이다. 그에 한정한다면 교토 학파의 '중국' 언설은 그 상처투성이인 형태를 통해 간접적으로나마 '중국'의 나체상을 반영했던 것이라 해도 좋다.

하지만 세계사적 철학의 '중국' 언설은 태평양전쟁의 사태 추이와 함께 아포리아로서 '중국'을 우회해가는 것이 된다. 다카야마는 앞선 인용문에 이어서 이렇게 말한다.

> 대동아전쟁의 추이 확대에 의해서 지나사변이 띤 석연찮은 성격은 불식하고, 지금이야말로 지극히 명랑한 외길을 좇아 자칫하면 침체되기 쉬웠던 도의적 생명력도 발랄히 발현하게 된 것을 매우 기뻐한다. 동시에 지나사변 당초 전별로 보낸 논의議論의 책임도 완수됐음을 기쁘게 여겼다.

랑케Ranke의 moralische energie의 직역인 "도의적 생명력"의 침체를 타파했던 것은 "대동아전", 즉 근대와의 대결과 초극이라는 이야기다. 이에 의해 서구 근대와 대치하고 초극하는 일본의 현대적 사명이 선언된다. 그리고 이때 중국의 항일 내셔널리즘의 고조와 근대국가 일본의 군사행동의 상대자가 은폐되어버린다.

세계사적 철학의 형성 과정에는 지나사변 이후의 불명확한 사태 배후에서 서서히 생긴 '중국'에 대한 공포가 '대동아전' 돌입 사실을 계기로 모던/포스트 모던의 대립적 언설로 흘러들어가 교묘히 은폐된 흔적을 볼 수 있다. "지나사변이 띤 석연찮은 성격"은 그들에 의해 교묘히 '불식拂拭'되었다 하더라도 그 "석연찮음"이 실은 그들이 멈춰야만 했던 장소였을 것이다.

왜냐하면 '대동아전' "석연찮게" 보이는 지나支那로의 투철한 현실인식에 의해 개시된 것이 아닌 사변의 그 "석연찮음"이 복잡하고 기괴한 '중국'을 우회하는 길을 일본에게 안겨준 결과의 대참극이기 때문이다.

5. 근대의 증언자 '중국'

다케다 다이준武田泰淳은 「지나 문화에 관한 편지」[18]에서 대륙 출정 중 방문한 나카야마 공원의 완전히 황폐해진 모습을 접한 뒤 이렇게 말한다.

> 그렇지만 역시 그날 밤 꿈에 쓸쓸한 공원에서 어린 풀이 무성하고, 즐거운 듯한 목소리로 떠들며 뛰노는 어린이들의 모습이

---

18) 武田泰淳,「支那文化に関する手紙」(『中國文學月報』第58號 1940.1).

나타났다고 해도, 그것은 하나의 꿈에 불과한 것일까요? 인적 없는 공원에서 장난치며 노는 사람들의 모습을 꿈꾸는 것은 문화에 대한 하나의 의지를 나타내고 있다고 생각하지 않습니까. 이러한 경우 문화란 의지의 꿈이라고도 말할 수 있겠지요.

고바야시 히데오도 이와 같이 황폐한 정원 풍경을 직면하고 거기서 그의 '중국' 언설을 짜냈던 것이다. 하지만 두 사람이 황폐화를 바라보는 시선은 완전히 반대 벡터vector를 지향한 듯하다. 다케다는 이 완전히 황폐한 죽음의 세계에서부터 인칭적 세계가 시작된다고 여긴다. 멸망으로부터 삶을 구상하는 산 자의 의지력이야말로 다케다가 '중국'으로부터 받아들인 체험의 핵심이다. 패전 후 다케다 다이준이 쓰기 시작한 소설은 거기에서부터 구상되고 있다.

다케다의 이러한 '중국' 언설의 양상은 "대동아는 자기 내부에서 부정의 행위를 통해 만들어져야만 한다. 그것만이 창조이며 창조만이 문학이다"라고 말한 다케우치 요시미의 확신에 가깝고, 삶과 죽음의 카오스chaos로서 '중국'을 보고, 그곳으로의 투신을 결의했던 산 자의 상모相貌를 비추고 있다.

이 투신의 결과가 삶일지 죽음일지 그것은 아무도 예상하지 못한다. 하지만 야스다 요주로라면 죽음 쪽에 걸 것이다.

일본의 오래된 길을 믿는 자는 결코 절망을 두려워할 필요가 없다. 절망이라는 것은 모두 인위적 지식 안에 있는 것이기 때문이다. 일본에서는 절망하지 말라고 가르칠 필요가 없다. 오히려 절망하라고 가르칠 수 있다. 일반적으로 동양의 절망은 사물의 끝이 아니라 창조의 시작이었다. 빛이 농방에서 발하는 원인은 여기에 있다.

1942년 4월호 『고기토コギト』의 편집 후기의 술회이다. 만주사변 이래 '중국'을 보고 쉬저우徐州・우한武漢회전에서 일본의 '승리'의 의미를 알고 있던 야스다에게 12월 8일의 개전은 과연 어느 정도의 의미였을까. 그것은 틀림없이 '중국'이 설치한 덫에 용감히 추락해가는 근대 일본의 어리석은 행위에 지나지 않았다.

고바야시 히데오는 「전쟁과 평화」(1942.3, 앞의 글)에서 태고적 이래의 불변의 미를 보고 있었다. 그리고 야스다는 일본의 근대를 죽음으로 유인하는 '중국'을 보고 있다.

15년 전쟁 하의 '중국' 언설의 여러 양상을 돌아보았을 때, 그 다양한 언설 본연의 모습은 결국 근대국가 일본에서 살아가는 근대 일본인으로의 자각 여하에 달린 것 같다. 근대란 결코 초극해야 할 타자도 아니거니와 달성해야만 할 이념형도 아니다. '중국'의 내부 깊숙이 파고들어 죽지 않으려 하는 일본의 모습 그 자체였을 것이다. '중국'이 일본의 근대와 불가분의 영역으로 존재하는 것은 그런 의미에서이다.

15년 전쟁은 일본의 패배로 끝났지만 '중국'이라는 아포리아는 여전히 사라지지 않았다. '중국'은 앞으로도 우리 근대의 증언자로 우리 내부에 계속 존재할 것이다. 현대의 포스트모던 언설은 이 증언자와 마주하는 것에 의해서만 일본 근대의 종언을 말할 수 있다.

제2장 ─────── **다자이 오사무와
다케우치 요시미**

1. 루쉰魯迅의 의미

쇼와昭和 초기에 마르크스주의 사상을 통해 사회와 대결하려 했던 쇼와 작가는 이후 전향이라는 사실에 의해 "일본의 근대"와 조금 더 솔직히 마주했고 그 비틀린 구조를 생각할 수밖에 없었다. 시대는 이미 만주사변 이후 일본 파시즘fascism이 대두된 시기로 접어들었고, 5·15 이후의 정치 공백은 행정 책임만 짊어져 정치적 결단을 수반하지 않는 혁신 관료의 진출을 허용해 군부와의 결탁을 촉발하는 기반이 되었다. "혁명의 문학"은 이미 사라지고 관료와 군부와의 혁신적 시책이 세계적 최종 전쟁의 위기감을 교묘히 선동하면서 합리적 경제 정책의 실무로 총력전 체제를 구축했던 시기였다.

"혁명의 문학"은 민족의 이름으로 말살되었지만 뒤이어 나온 혁신적 시책은 민족의 의상을 걸친 근대국가의 그것이었다. 일본 파시즘에는 근대와 반근대의 상반된 두 벡터의 기묘한 접합을 허용하는 애매함이 있었다. 실제로 경영에 임했던 관료 집단의 마르크스주의적 소양과 황국사관이 합승한 특수한 성격이 없었다면, 이후의 '대동아공영권'이라는 하나의 모순된 세계관은 진지하게 구상되지도 않았을 것이다.

만주사변부터 중일전쟁이 개전開戰되는 6년 동안은 문학사에서 "문예부흥기"라 불리는 한 시기를 내포한다. 쇼와 문학사에서 특필된 이 시기는 "혁명의 문학"이 자취를 감춘 후, 되살아난 리버럴liberal한 문학 세력의 행동주의적 지성에 의해 활성화되었던 "문학의 계절"과 다름없다. 하지만 이 시기가 일본 파시즘 역사에서 특필되었던 5·15사건에 의한 헌정憲政의 상도常道 붕괴와 그 뒤를 잇는 정치적 공백에서 초래된 에어 포켓air pocket임은 간과할 수는 없다. 정치가 공백인 이상 문학의 외관적 우위는 확실한 것이며 이러한 상태는 패전 직후까지 그대로 이어졌다.

문학자의 대량 전향과 뒤이어 문예부흥기라고 일컬어지는 쇼와 문학 초기의 흐름은 어떠했던가. 근대국가 일본의 대중국 정책의 전개와 중국 민중의 항일구국전선 물결이라는 대외적 긴장감을 전향 이후의 쇼와 작가가 어떻게 처리하고 문학 표현으로 정착시켰는지 시험했다는 의미에서 이후 일본 문학의 행보를 결정하는 요소였다. 이러한 곤란한 과제를 확실히 자기 문학의 양상과 깊이 관련된 것으로 파악했던 작가는 그렇게 많지 않았다. 그러나 그들 소수 문학자들에게 드물게 시대와 문학을 격렬하게 다투었던 루쉰의 모습은 그들의 눈에 확실히 우뚝 솟은 것처럼 보였다 해도 이상하지 않다.

루쉰의 존재는 만주사변 이후 대중국 전쟁의 전개와 국내적으로 의회제인 민주주의(정치)의 붕괴라는 이중적 사태를 동시에 마주하고, 어느 쪽도 외면하지 않겠다는 정신에서 필연적인 고대待望였다. 문학이 정치와 대결하지 않는 채 정치의 자기붕괴로 부여된 문학적 자유주의, 이를테면 중국 민중의 피를 대가代價로 유지된다는 인식은 메이지 이래, 중국 멸시의 '전통' 위에 구미 열강에 열등감을 느낀 근대 일본 고유의 모더니즘 양상과 정면으로 부딪쳐야만 했다.

루쉰은 일본의 모더니즘 '전통'에서 배제되고 억압된 중국의 이른바 "분노의 염念"을 격렬한 형태로 이야기한 문학자이다. 그러한 루쉰의 문학을 통해 "아시아의 근대"적 운명을 자기 것으로 삼을 수 있는 가능성을 쇼와 문학은 확실히 지니고 있었다.

2. 다자이 오사무의 루쉰 수용

다자이 오사무太宰治는 루쉰을 읽고, 루쉰을 통해 아시아 근대 문학의 '분노'를 자신의 문학 형성의 기반으로 받아들인 작가였다. 다케다 다이준武田泰淳은 "아시아에서 한 나라의 발전이 다른 한 나라의 발전을 방해하고 압박한다는 불행한 운명"을 중일 양국의 근대화에서 인지한 뒤 다음과 같이 적었다.

그들(중국의 문학자)은 근본이 악으로 가득 찬 일본의 근대화에 대해 분노의 심정心을 품는 일은 있어도 자국의 근대화에 대한 희망을 잃지 않았다. 오히려 그 분노 안에서만 희망이 남아 있다고 말할 수 있다.

「중국의 소설과 일본의 소설」

루쉰의 문학은 다케다의 지적처럼 양면성, 즉 '분노'와 '희망' 양면의 길항 위에 있고 결코 한쪽으로 수렴되지 않는 것이 특징이다. 루쉰의 소설은 항상 동적인 긴장을 내포하고 있으며 「광인일기」, 「아Q 정전」을 전형으로 아시아 근대구조 그 자체를 보여준다. 이러한 루쉰 소설의 핵심이 아시아에 대한 일본의 자만심과 구미 열강에 대한 비굴한 열등감을 파헤치는 강렬한 광원光源이었음은 상상하기 어렵지 않다.

다자이 오사무의 루쉰 수용이 언제 어떻게 깊어졌는지는 현재로서 알기 어렵다. 하지만 다자이의 문학적 출발이 이른 시점부터 루쉰을 의식했고 창작 양식으로 삼았던 것은 분명하다. 1935년 5월부터 6월에 걸쳐 교도병원에 입원했던 다자이가 의욕적으로 완성한 「다스 게마이네Das Gemeine」의 주인공은 "사노지로자에몽佐野次郎左衛門 또는 사노 지로佐野次郎라는 옛날 사람의 이름"으로 읽힐 뿐, 결국 그 본명은 미상으로 남아 있다. 이 주인공은 작품 말미에 문학적 친구라고 철석같이 믿었던 동료들의 지리멸렬하고 무의미한 응수에 지쳐 자신을 잃어가는 모습으로 그려진다.

나는 혼자서 어슬렁거리며 밖으로 나왔다. 비가 내리고 있었다. 거리에 비가 내린다. 아, 이것은 조금 전 다자이가 중얼거린 말이지 않은가. 그렇다 나는 지쳐 있다. 용서해 주게. 아! 사타케시佐竹의 말투를 따라했다. 쳇! 아아 혀를 차는 소리까지 바바馬場를 닮아가는 모양이다. 그 와중에 나는 황량한 의심에 사로잡히기 시작했다. 나는 대체 누구일까 생각하며 두려움에 오싹해졌다. 나는 내 모습을 도둑맞았다.

'사노 지로佐野二郎'는 이렇게 통각을 잃어가고 자타 구별 없는 한없는 공포와 고독감의 구렁텅이로 빠져든다. 그리고 직후에 자동차 사고를 당해 불의의 죽음을 맞이한 '사노 지로'의 공백을 메운 것은 뜻밖에도 남겨진 동료들이 던지는 천박하고 상투적인 말들이었다. 거기서 '사노 지로'가 사로잡혔던 깊은 '의심'은 전혀 그림자를 보이지 않는다. "사람은 누구나 모두 죽는다"라는 작품 결말의 한 구절이다. 이러한 구절들은 '사노 지로'의 삶과 죽음 일체를 과거의 무수한 에피소드 중 한가지로 정형화시킨다. 그것은 망각의 늪에 던져버리는 민중의 일상적 언설의 냉혹함을 시사한다.

「다스 게마이네」의 이러한 구성은 루쉰의 「아Q 정전」과 굉장히 닮아 있다. 다케우치 요시미가 번역한 총살의 형장을 감싼 아Q의 내면 묘사를 인용해 보자.

그 찰나, 사고는 한 번 더 선풍旋風처럼 머릿속을 뛰어다니고 있었다. 4년 전, 그는 산기슭에서 굶주린 이리 한 마리를 만난 적이 있다. (중략) 잔인한 그러면서도 겁이 많은 번쩍번쩍 도깨비

불처럼 빛나는 눈. 그것이 아주 멀리서 그의 피살자죽과 살을 찌르는 듯한 느낌이었다. 그런데 그는 이번만큼은 여태껏 본 적이 없는 훨씬 두려운 눈을 봤다. 무디면서도 가시 돋친 눈. 그의 말을 씹어 삼킬 뿐 아니라 그의 살가죽과 살 이외의 것까지 씹어 먹을 듯이, 접근하지도 물러나지도 않고 항상 뒤를 밟아온다.

이 눈들은 훌쩍 하나로 한 몸이 되는가 싶더니 어느새 그의 혼에 달려들어 물어뜯고 있었다.

"도와줘……"

아Q의 절규는 입에서 나오지 않았다. 훨씬 전에 눈이 어두워지고 귀가 울리고, 그는 전신이 산산조각 나 흩날리는 듯한 기분이 들었을 뿐이었다.

아Q라는 인물의 성은 미상이고 이름인 Q도 어떤 한자를 쓰는지 모른다. 서구 근대의 사상과 문학의 네거티브negative를 기본으로 하는 이 인물은 그를 포위하는 잔혹한 방관자(민중)인 이리 같은 시선에 물어뜯기고 찢긴다. 그 자신도 그 안의 한 사람인 중국 밑바닥 농민의 본질을 일순간 만난 것이었다. '사노 지로'라고 이름 붙여진 본명을 알 수 없는 주인공, 이를테면 자의식의 괴란壞亂 끝 죽음이 루쉰적 테마의 집약이라 할 수 있는 아Q에게서 이어받은 것이다.

그랬다고 한다면 이 시기의 다자이 오사무 사상은 문예부흥기의 문학적 자유주의적 기만을 간파하고 자의식과 문학의 결탁에 의해 배제되는 "다스 게마이네"(통속적)적인 일본 민중의 뒤틀린 욕망을 고발하고 구해내고자 한 것이었다고 할 수 있다.

다음의 인용대로 「아Q 정전」의 결말은 총살당한 아Q에 대한 '세론世論'의 모사模寫이다. 「다스 게마이네」의 마지막 장, '사노 지로'의 죽음을 읊는 동료들의 대화에서 그것은 멋지게 부합한다.

여론이 어떠냐고 한다면 미소未莊에서는 한 명도 예외 없이 아Q가 나쁘다고 했다. 총살에 처해진 것이 가장 좋은 증거, 나쁘지 않다면 총살될 리가 없다. 한편 성내의 여론은 그다지 좋지 않고 많은 이들이 불만이었다. 총살은 참수만큼 보는 재미가 없으니까. 게다가 왠지 얼빠진 사형수이지 않은가. 그렇게 오랜 기간 끌려다니면서 노래 한 곡 부를 수 없다니. 이러면 헛걸음이지 않은가, 라는 것이다.

아Q적 민중을 남겨 둔 신해혁명辛亥革命의 사상적 한계는 다자이라는 필터를 통과함으로써 문학적 자유주의라는 '사상'이 민중으로부터의 괴리를 고발하는 문학이 된다.

전향 후의 문예부흥기 낙천성을 지탱했던 사상적 분위기가 이 문학적 자유주의였던 셈이지만, 전향 이후는 '사상'과 그것을 유지하는 '자아'의 관계로서 지식인에게 급한 과제로 남는다. '전향', '셰스토프Chestov적 불안', '행동주의', '지식계급론' 등의 논의가 활발해진 것은 마르크스주의라는 결정론적 사회사상에서 전향의 형태로 떠오를 수밖에 없었던 일본적 자아 구조가 있었기 때문이다. 그 자아 구제에 사상적 리얼리티를 다시 부여하고자 했던 심각한 조바심이 있었기 것이다. 고바야시 히데오가 「사소설론」에서 제시했던 '사회화된 나'의 이념은 일본 근대에서 사회적 사상의 형성 문제를 묻기 위함이었다.

하시가와 분조橋川文三는 『일본 낭만 비판 서설』에 수록된 논고 「전향기의 자아」에서 "어떻게 전통이 없는 곳에 하나의 사회적 사상 형성이 가능한가? 고바야시가 추구했던 테마는 모두 이 점에 집중해 왔다"라고 말한 뒤 다음과 같이 언급한다.

> 바꿔 말하면 고바야시의 '사회화된 나'의 이념은 그 불가능성을 오히려 선언하는 의미를 지녔다고 나는 생각한다. 그리고 고바야시가 만약 그렇게 생각했다면 그 이유로 고바야시의 눈에 커다랗게 비치는 것은 대략 3분의 1 세대에서 좌절했던 공산주의 운동의 모습이었음이 틀림없다.

하시가와의 이 견해는 전향으로 드러난 근대 일본의 모더니즘의 '전통', 즉 사상에 목숨을 바치는 것이 늘 일본 사회의 현실적 유리遊離로 귀결되는 사태에 대한 초조함을 고바야시 히데오 세대에서 시인한다는 점이다. "그 전통이 없는 곳에 하나의 사회적 사상 형성"이 결정적으로 불가능하다는 하시가와 분조의 인식은 하시가와가 말하는 고바야시 히데오를 통해 다자이 오사무의 작가적 사고로 통한다고 할 수 있다.

3. 다케우치 요시미와 『루쉰』

1938년 4월, 국가총동원법이 공포되어 국민생활의 경제적 기반

이 관료의 통제 하에 놓이게 된다. 같은 해 6월에는 근로 동원이 시작되고, 이듬해 1939년 3월에는 국민정신총동원위원회의 설치, 1940년 10월에는 「대정익찬의 신도실천大政翼贊の臣道實踐」을 강령으로 하는 대정익찬회가 결성된다.

총동원체제 혹은 총력전체제 하에서의 저항이란 어떤 것일까. 체제로의 협력과 저항의 구별이 전혀 되지 않는 상황에서 오히려 저항이 가능하다면, 그것은 도대체 어떤 행위일까. 다자이 오사무의 루쉰 수용은 다케우치 요시미의『루쉰』(일본평론사, 1944.12)을 통해 답을 제시할 수 있을 것이다.「석별惜別」은 다케우치 요시미와 다자이 오사무의 공진共振에서 산출된 총력전 하의 저항적 가능성의 한 형태이다.

다케우치는 소겐샤創元 문고판 후기에서 "이 책을 쓸 때 방법적 측면에서 나카노 시게하루의『사이토 모키치斎藤茂吉 노트』를 통해 배운 것이 있다"라고 언급한다.『루쉰』서술의 기점으로 다케우치가 "전기傳記에 관한 의문"을 둔 것은 나카노 시게하루의 수법을 답습한 것이다. 그리고 다케우치의 이러한 착안은 익찬翼贊 체제의 슬로건이 휘날리고 사상 통제가 강화되는 와중에 출정 통지를 기다리는 이른바 자신의 "전기에 관한 의문"이 창조 행위로 직접 연결된다. 다케우치는 이렇게 적고 있다.

그는 변했지만 그는 변하지 않았다. 말하자면 나는 부동不動으로 루쉰을 본다. 따라서 전기에 관한 흥미도 그가 어떠한 발전의 단계를 거쳤는지가 아닌 그의 생애 단 한 번의 시기, 그가 문학적 자각을 얻었던 시기, 다시 말해 죽음의 자각을 얻었던 시기가 몇 시였는지의 문제다. 그리고 그 결정은 내게 있어 쉽지 않다.

루쉰은 격동하는 중국 사회에서 다양한 역할을 떠맡고 변절자라고 비난받는 형편이었지만 전기에서의 이러한 변용은 어떤 부동의 축을 중심으로 몇 번이나 반복되는 고속회전에 지나지 않는다. 다케우치의 흥미는 이 회전축의 형성이 "몇 시였는가"라는 한 가지에 집중된다. 그리고 "그 결정은 내게 있어 쉽지 않다"고 해도 그러한 전기적 서사성에서는 일체 부상하지 않는 하나의 비재점非在の一点이 '있다'는 확신을 다케우치는 이 한 권의 서적 집필을 통해 얻고자 했던 것이다.

『루쉰』의 구성상 다케우치가 특히 깊이 생각했다고 여겨지는 포인트가 두 가지 있다. 하나는 다케우치가 "환등幻燈 사건과 문학지망은 직접 관계가 없다는 것이 나의 판단이다"라고 말한 그 '문학' 성격의 구명究明이다. 문학자로서 루쉰의 자각은 "정치와의 대결로 얻은 문학의 자각"이며, 환등 사건은 하나의 예이다. 정치적인 것으로 부여되는 '굴욕감'이 형성하는 절대적 '고독감'으로 지속된다.

루쉰의 본질은 그러한 '고독자'이며 그 인격은 루쉰 자신도 작품으로 창조하고자 했지만 이루어지지 못했다고 다케우치는 생각한다. 『루쉰』에 묘사된 문학자 루쉰은 그 자체가 하나의 "본원적 모순"이며, 그 본질을 규정하는 것은 어떠한 평가로도 불가능할 듯한 '어둠' 그 자체로 존재하고 있다.

『루쉰』의 서술에서 볼 수 있는 또 하나의 포인트는 정치가 혼란하고 "대립에 빠졌을" 때, 무력한 문학이 그 무력함으로 발휘하는 비판적 성격의 강조이다. "살인자는 비판자를 죽이지만, 비판자는 살해당함으로써 살인자를 비판한다는 관계"를 설정이다. 그렇게 함으로써 "무용無用의 용用'이 '유용有用'으로 변"하고 "가공이지만 실재를 의심할 수 없다는 점, 즉 문학자의 영상이 그곳에 연결되는 하나의 초점"이 단번에 정치에 대한 최후의 부정자로 나타나게 된다.

다케우치가 루쉰을 통해 보려 하고 봄으로써 다케우치 자신의 삶도 믿으려 했던 정치적 지배의 전체화를 빠져나가는 문학의 영역은, 이와 같은 지배 측 원리와의 이절성을 통해 첨예한 비판성을 획득한다. 정치적 지배가 총력전의 양상을 드러내고 정치가 고정화되고 타락할수록 문학의 이절성 제시는 정치의 추락을 성공적으로 부상시킬 수 있다.

다자이 오사무의 「석별」은 『루쉰』의 구성적 요소를 상당히 정확하게 파악하고, 그것을 살려내는 교묘한 설정이 몇 번이나 거듭된다. 그 결과로 작품은 총력전 체제에서 저항의 양상과 곤란함을 맨발로 헤치며 나아가듯 보여준다. 하지만 그것은 하나의 결과로 말할 수 있는 것이고, 작품 「석별」은 어디까지나 다자이의 루쉰 수용의 도달점을 보여주고 있다. 시국에 대한 저항이라는 밋밋한 반발이 루쉰이라는 타국의 문학자를 평계로 문학적 저항의 견본과 같은 인물을 보여준 것은 아니다.

4. 「석별」

「석별」은 루쉰의 '고독자'로서의 상모를 통해 전시체제에서 국내 상황과 중국 문제라는 대외적 문제의 차이를 분명히 한 점에 중요성이 있다. 총력전 체제가 국민국가적 편제로 국민 각층에 강요했던 인식의 배치와 만주국 등 식민지와의 관계에서 제국주의적 편제의 강제력 차이를 보게 된다. 이 차이는 도쿄에서 여름휴가를 보내고 '계엄령' 하의 "도쿄 사람의 애국심"의 '순진함'과 "동포 유학생"의 "복잡하고 어두운" 애국심의 차이를 알아차린 '주周씨'의 고립 정도가 깊어져가는 모습을 통해 선명해진다.

수기의 화자인 '나'의 눈에 '주씨'가 "왠지 접근하기 어려운 존재로 느껴"지고 짓궂은 사건과 환등 사건이 "주씨의 마음에 어떤 충동을 부여했는지" 알 수 없게 된다. 그것은 '내'가 국민국가적 편제 내부의 인간이고 '후지노藤野 선생'을 포함한 세 명의 연대를 "일본어 부자유조不自由組"로밖에 표현할 수 없어 '주씨'의 고립을 완전히 파악하지 못했기 때문이다.

"일본어 부자유조"란 것이 근대 일본의 언설 편제적 과정에서 억압과 배제를 아무리 내세워 보여주었다고 해도, 국민국가적 편제란 무릇 그러한 구속을 받아들여 내면화하는 식으로만 성립될 수 있다. 그리고 그 내부의 어떠한 저항적 변명은 저항인지 협력인지 선을 긋는 행위 그 자체가 효력을 잃을 수밖에 없다. 일본 파시즘 시기의 문제는 그런 의미에서 중국 문제와 국내 문제를 입체적으로 조합해가지 않으면 안 된다. 특히 문학적 언설처럼 해석의 레벨로 어떻게든 해석되는 언설의 경우 그 저항과 익찬翼贊의 성격을 완전히 규명하기는 어렵다.

"눈이 쏟아져 내리는 밤" '나'를 오랜만에 찾아온 '주씨'는 단절할 수 없는 '비틀림'의 심정에 관해 말하고, 이 '비틀림'에 속박되는 자신과 주위 동포 유학생들의 혁명 열기의 차이를 들려준다. '주씨'와 동포 유학생의 차이는 도쿄에서 보고 들은 일본인이 보여준 "지나치게 순진"한 애국심으로부터 떨어진 '주씨'의 고독과 동일한 구조적 반복으로 나타난다. 그것은 일본의 근대가 만족할 줄 모르고 되풀이되는 것이고, 아시아적 근대의 숙명과 강하게 결부된 사회사상과 민중의 괴리현상 내지 모더니즘의 문제에 다름 아니다.

> 도쿄의 친구들은 입을 열면 삼민주의三民主義, 삼민주의를 연발해, 마치 그것이 인간과 비인간을 구별하는 암호처럼 되어버렸다. 그래서는 참된 삼민주의의 신봉자는 이제 대숲으로 숨어버리는 게 아닐까. (중략) 그러나 그 사람들의 정열만큼은 믿어야만 한다. 아니, 존경해야만 한다. 그 사람들은 자국을 독립의 위기로부터 구해내기 위해 목숨 걸고 외치고 있다. 내가 살아가는 길도 그 사람들과 보조를 맞춰 뛰어다니는 수밖에 없다.

중국은 근대적인 여러 국가군群의 제국주의적 편제에 포위되어 반식민지 상태에 있다. 이것을 방치하는 것은 우선 불가능하다. '주씨'는 이 점에서 "그 사람들의 정열"을 인정하고 해방 투쟁에 가담한다. 하지만 '주씨'의 고독감은 그 일보 직전에 정치적 혁명의 확장이 양적 침투에 비례하고, 질적으로 타락할 수밖에 없는 것이 아닐까 하는 인식에 근거하고 있다.

정치적인 것에 대한 절망이 이미 존재함에도 그것에 걸고 갈 수밖에 없는 '주씨'의 태도를 다케우치 요시미는 "절망의 허망함은 실로 희망과 같다"는 페퇴피petöfi의 글에서 인용한 루쉰의 문장으로 말하고자 한다.

만약 내가 생각하는 루쉰의 회심回心을 말로 표현하면 역시 이런 것이 될 수밖에 없는 건 아닐까라고 생각한다. 절망의 허망함은 실로 희망과 서로 같다. 사람은 '절망'과 '희망'을 설명하는 건 가능하지만 그 자각을 얻은 사람을 설명하는 것은 불가능하다. 그것은 태도이기 때문이다. 그 태도를 부여한 것이 「광인일기 狂人日記」이다.

다자이는 '주씨'의 '회심'을 '나'의 입을 통해 "한마디로 말하면 문예를 전부터 좋아했었다"(방점 원문)고 설명한다. '주씨'는 "인도 등은 지나보다 훨씬 더 오랜 문명을 가진 나라이기 때문에 지금 누군가 한 사람, 민족의 긍지에 눈을 뜨고 타민족의 압박에 항거한 문예를 시도하고 있는 것 같은 기분이 듭니다만"이라며, 러일전쟁기 중국의 상황에서 문예 성격을 그려내고자 한다.

하지만 다자이는 이런 문자를 「석별」로 엮어내며 루쉰의 절망과 고독의 어둠이 "타민족의 압박에 항거한 문예"로서 파시즘 시기 일본에서 출현하기를 기대했던 것이다.

제3장 ── 문학사 서술과
　　　　　아시아 인식

1. 저항의 근거

　중국 동북부에서 "특수권익"을 갖자고 주장하는 일본 제국주의에 만주는 군수자원의 중요한 공급원이자 독점적 상품 수출 시장이었다. 하지만 세계적 대공황의 영향으로 이 지역에서의 지배력이 흔들리고 때마침 중국 민중의 내셔널리즘의 고조에 의해 일본의 정치·경제적 지배는 위기를 더해갔다. 그곳에서의 탈출구로 일본 자본주의는 대외 침략전쟁을 추진했다. 즉, 일본의 대중국 전쟁은 일본 제국주의에 있어 만주의 중요성과 일본 자본주의의 위기에서 기인한다.

　대략 이러한 이해법은 전후 마르크스주의 역사학에 의해 일본 파시즘을 이해하는 데 성립된다. 그러나 만주 침략을 일본 제국주의의 위기에서 설명하는 이러한 논의는 1931년 1월의 제59의회議會 연단에서 마쓰오카 요시케松岡洋右가 내뱉은 "만몽滿蒙은 우리나라의 생명선이다"라는 대사와 동일한 논리 구성을 모방하고 있다. 그러한 점에서 일본의 대중국 전쟁 침략성을 분명하게 충분히 밝힐 수 없다.

마르크스주의 역사학에 의한 일본 파시즘사史의 구조는 쇼와문학사에서 전향론적 서술로 대응하고 있다. 좌익 붕괴 후의 문학이 사회성을 박락剝落시켜 가는 이치는 확실히 예술적인 순화의 일면을 작품에 부여하는 것이다. 그러한 일면을 "예술적 저항"이라 칭하여 전시체제 하의 문학 평가를 결정하는 "최후의 보루"로 견지하는 것도 유의미하다.

그러나 탄압과 저항이라는 상보적 대립구도 자체가 은폐해버리는 것은 문학에 의한 '예술적' 혹은 '소극적' 저항 자체가 일본 파시즘의 현실 기반 위에 부여된, 이른바 거세된 저항, 저항을 위장하는 파시즘 내부 언설이라는 것에 대한 투철한 인식이다.

그러면 일본 파시즘의 현실적 기반이란 무엇이었을까. 문학이 탄압의 저항으로 자아와 자의식의 무한 순화를 추구하고 옛 문학의 토양을 파헤치는 사이, 눈앞의 적인 일본 파시즘은 크게 변용한다. 정치적 탄압과 문학적 저항이라는 구도를 완전히 실조失調시킨 것이라고 본다. 이탈리아와 독일처럼 파시즘 정당이 합법적으로 정권을 차지하고 수권 정당으로서 온갖 침략 행위를 통솔했던 경우와 달리, 일본형 파시즘의 기동축은 극히 복잡하고 애매하다.

구조적으로는 오히려 관료 주도형의 전시통제 경제를 현실 기반으로 하는 행정기구 측면을 강하게 지니고 있었다. 그러한 점에서 오히려 '정치'는 부재하고 정치 책임이 없는 행정 관료의 혁신적 시책으로 온갖 통제가 진행되고 있었다. 아라카와 이쿠오荒川幾男는 고바야시 히데오의 사회 시평을 접하고 다음과 같이 서술한다.

> 1936년 2월의 2·26사건 이후, 국가의 '실무자'는 이미 아무 거리낌 없이 '국가 개조'의 실무를 집행하고 있었다. 고바야시 히데오가 '사회화된 나'에서 '민중'으로 몸을 의탁했을 때, 그것은 여태까지의 '지식인' 파산의 확인이었음과 함께 실무에 대한 굴복을 의미했다.
>
> 『현대일본사상사 5』

아라카와의 지적은 일본 파시즘의 기축으로 군부와 상호 보완적으로 기능했던 신관료의 중요성에 착목한 하시가와 분조와 후지타 쇼조藤田省三의 소론 위에 자리한다. 거기서부터 15년 전쟁 하에서 저항문학의 설립이 언론·사상 탄압의 가혹함에 단순히 마주하는 것이 아닌, 전쟁을 밀고 나가는 현실 속 신관료의 '경영능력'에 대한 비판으로 방향을 돌려야만 했음을 말하고자 했다.

혁신 관료, 신관료의 존재가 좌익 탄압 후 문학자에게 무시할 수 없는 존재였던 것은 이 세대의 관료들이 마르크스주의 사고법, 과학 정신과 세계관 존중의 자세를 익힌 세대였기 때문이기도 하다. 혁명사상으로부터 전향을 체험하고 사상과 현실의 격차를 언어화함으로써, 각각의 문학적 재생을 시행해갔던 쇼와 작가에게 혁신 관료의 동향은 무시할 수 없었을 것이다.

하야시 후사오林房雄의 고명한 전향론「전향에 대해서」의 한 구절, "그들은 그 옛날 우리 동료 친구들이 걸었던 형극의 길조차 걷지 않고, 운동 주변에 머무르며 어엿한 혁신가 노릇을 하던 무리다. 이러한 고무 인형들을 브레인으로 삼는 혁신 단체를 어떻게 혁신 단체라 하겠는가"도 그러한 전향 작가와 혁신 관료의 미묘한 관계로 이해할 수 있다.

야스다 요주로는 하야시 후사오 이상의 굴절된 심정으로 관료주의에 대한 비판을 반복적으로 부르짖던 전향 작가의 한 명이었다. 1938년의 쉬저우·우한 작전으로 전략적 대치 단계에 들어간 일본은 광대한 대륙의 오지에서 일찍이 경험한 적 없는 지구전을 견디며 패배와 죽음이라는 암흑의 길을 걷기 시작했다. 퇴로가 끊긴 일본의 운명에 "살아 있는 생명의 쓸쓸함을 하나의 데카당스로 삼는 정열"을 본 야스다는 그 점을 입각점立脚点으로 일본의 관료주의에 대한 비판을 전개한다.

> 문예상의 관료주의는 유태Judea적 문예학적 사고법의 소산임이 틀림없다. 그것이 문명 개화의 논리로 일본화된 것, 그 사고법의 근원은 평소에 두려움이 많은 것, 이 두 가지는 문예상의 관료주의적 특징이다. 즉, 권위의 이용이 논자의 유일한 방법이며 어떤 권위의 힘을 빌리지 않고서는 논할 수 없다. 그것은 보통 식민지 문화라는 개념으로 말할 수 있다.
>
> (「일본 낭만파에 대해서」)

또한 야스다는 "일체의 일본주의 퇴폐가 이 두려움을 낳는 문예상의 관료주의에 기원한다"라고 한다. 일본 파시즘의 대외 정책, 특히 황민화 정책의 실제를 비춘 야스다의 이 말은 실로 중요하다. 다케우치 요시미는 일본의 관료 문화의 잘못된 중국 인식을 다음과 같이 지적한다.

> 오늘의 문화는 본질적으로 관료 문화이다. 관료 문화는 성격적으로 자기 보전적이다. (중략) 나는 대동아 문화는 자기 보전 문화의 초극 위에서만 구축될 수 있다고 믿는다. (중략) 식민지 지배의 부정이란 자기 보전욕의 포기라는 것이다. (중략) 이 대동아 이념의 한없는 정당함은 우리들 일상생활의 말단까지 스며들고, 그것을 근저에서 동요시켜, 거기서 새로운 문화를 자기 형성해 가야만 한다. 행위를 통해서만, 자기 부정의 행위에 의해서만 창조는 이루어질 것이다. 행위에 의해 얻어진 관념만이 참된 관념이다.
>
> (「중국문학의 폐간과 나」)

이 한 문장에 의해 중국문학연구회의 기관지 『중국문학』을 폐간한 다케우치에게 문학은 자기 부정에 의한 새로운 창조여야만 했다. 다케우치 요시미가 잡지의 폐간이라는 행동에 저항했던 것은 관헌에 의한 언론·사상 탄압이라는 '외압'은 아니다. 오히려 그러한 '외압'과 '이문화'에 대해 부동의 '자신'을 지키려는 겁 많고 자기 보전적인 관료 문화와 얽혀 일체화된 다케우치 자신에 대한 것이라고 할 수 있다. 그래서 다케우치는 다음과 같이 말하고 있다.

우리들은 오늘, 지나를 연구함에 있어 자기의 대립물(對立物)로서 지나를 긍정하면 안 된다. (중략) 결국 지나는 궁극적으로 부정되어야만 한다. 그것만이 이해이다. 그러려면 지나에 상대되는 현재 자신을 부정해야만 한다. (중략) 우리의 결의를 일본 문학이 받아들일 수 있을 것인가, 받아들이지 못할 것이다. 마땅히 받아들여야 할 만큼 일본 문학은 지나치게 쇠약해져 있고, 그런 연유로 한층 더 우리는 모임을 그만두어야만 했기 때문이다.

(위의 글)

전시 하의 언론 봉쇄의 엄격함을 구실로 내세운 변명은 그만두어야만 한다. 다케우치는 당시 그렇게 생각했고 이러한 발상에 의해 전시 일본 문학은 간신히 저항의 근거를 지킬 수 있었던 것이다.

2. 아시아 인식과 패배의 미학

현재의 쇼와 문학사는 쇼와 문학의 형성을 대중과 프롤레타리아라는 두 초점에 맞춰 설명하는 이른바 타원형의 문학사이다. 이 문학사는 쇼와 초기에 등장했던 다자이 오사무를 포함한 쇼와 작가의 사상 체험을 두 초점에서 찢겨나가는 전향자의 궤적으로 그려낸다. '문예 부흥기'는 이들 전향 작가에게 부여된 적절한 무대이며 전향 소설의 사소설화라는 현저한 경향을 수반한다.

그들 쇼와 작가는 이론(사상)을 통과한 사소설의 말기 형태를 창출하고, 전향 소외감에 싸인 자아 내부를 집요하게 이야기한다.

쇼와 문학사에 기술된 그들의 족적은 사상에 목숨을 바칠 수 없었던 자의 패배의 노래이자 체념의 한숨이다. 다자이 오사무의 문학도 큰 틀에서 그러한 소외론 내부에서 정당히 자리매김한다.

일본의 근대에서 사상의 편에 서거나 혹은 거기에 목숨을 건다는 것은 항상 서양과 동양, 외부와 내부라는 대립적인 폐쇄계의 내부 비판으로서 서양(외부)의 선택 사정을 항상 머금어왔다. 소외론 내지 전향론의 기축이 고정되어 있는 것도 이와 같은 폐쇄계의 내부이며, 메이지 이후 반복되어온 일본의 '전통적' 모더니즘 문제에서 기인한 설정이라고 할 수 있다.

사실대로 말하자면 쇼와 문학사의 소외론적 시각은 서양 근대에 대한 무비판적 추종과 저항으로 세월을 보냈을 뿐이다. 중국·조선·대만이라는 인근 아시아 각국에 대해서는 완전한 위협 외교로 시종일관했던 근대 일본, 특히 파시즘 시기 일본의 이중인격적 구조에서 이식된 것과 다름없다.

전향에서 문예 부흥기로 흘러가 전시 하의 예술적이고 소극적인 저항으로 수습하는 쇼와 전기의 문학사 구조는 마르크스주의 체험으로 자의식 과잉, 그리고 예술적 완성으로 술술 흘러가는 다자이 오사무의 작품사와 겹친다. 다자이 오사무를 훌륭하고 모던한 휴먼적 작가로 보는 시선을 길렀을 뿐이다. 변경 출신인 이 작가가 일본 근대의 총체를 향해 첨예하고 급진적인 비평성을 충분히 언어화하는 관점을 갖추지 못했던 것이 아닐까.

예를 들어 제1창작집 『만년晩年』에 수록된 「도게의 꽃道化の華」를 비롯한 다양한 실험 소설군은 자의식 과잉의 아크로바틱acrobatic한 언어화로 정리·이해되고 있다. 그러나 문제는 작품에서 작가의

자의식이 작품을 통괄하는 만능의 위치에 있는 것이 아닌, 오히려 자의식이 작품을 구성하는 언어적 '표출력' 앞에서 실조失調 붕괴되는 양태, 다자이는 그것을 아무래도 자의식 괴란壞亂의 '의식'이라고 생각하고 있는 듯하다는 점이다. 자의식이 작품이라는 폐쇄계 외부를 향해 무한히 도주하는 벡터라 해도, 다자이는 그러한 외부/내부의 대립적 폐쇄계를 특별히 그리지는 않는다. 다자이가 그리는 자의식은 문자 그대로 괴란하고 소멸한다. 「다스 게마이네」가 그렇듯 작품 내부 세계는 자의식의 괴멸 후 부활한다.

 자의식이란 보편성을 지향하는 벡터가 작품이라는 닫힌 시스템의 규범을 끝내 부수지 못했을 때, 폐쇄적 공동성의 노예가 될 수밖에 없다. 전시에 다자이 오사무가 그린 것은 결코 도주하려 하지 않는 자의식의 모습이다. 그리고 그 가장 아름다운 형태가 「오토기조시お伽草紙」이다. 「가치카치산カチカチ山」에서 너구리의 "임종 때의 한마디만 유의해 둔다면 괜찮지 않겠는가"라고 적은 다자이에게 "그 죽음 직전에 이르러 비로소 토끼의 계획을 간파했던" 너구리의 명석한 자의식은 "홀린 것이 나쁜가"라는 말로 패배해야만 한다. 왜냐하면 자의식은 현실이 초월적이길 바라는 것에 의해 영원히 현실의 노예가 될 수밖에 없으니까.

 다케우치 요시미가 다자이 문학의 가장 좋은 독자 중 한 사람이라 말할 수 있는 건, 바로 이 점에서다. 「중국의 근대와 일본의 근대中國の近代と日本の近代」(1946.11)에서 다케우치는 루쉰의 「현인과 바보와 노예賢人とバカとドレイ」라는 우화를 인용하고, "일본의 휴머니스트 작가"에 의한 해방과 구제 문학의 환상성을 비판하며 다음과 같이 소술한다.

노예가 노예인 것을 거부하고 동시에 해방의 환상을 거부하는 일, 자신이 노예라는 자각을 품고 노예로 있는 것, 그것이 '인생에서 가장 고통스런' 꿈에서 깨어났을 때의 상태이다. 갈 길이 없지만 가야만 하는, 오히려 갈 길이 없기 때문에 꼭 가야만 하는 상태이다. 그는 자기로 있는 것을 부정하고 동시에 자기 이외의 존재로 있는 것을 거부한다. 그것이 루쉰에게 존재하는, 그리고 루쉰 자신을 성립시키게 하는 절망의 의미이다.

다케우치 요시미가 묘사한 루쉰상像은 서구 근대의 팽창에 저항하고, 좌절하고, 패배하는 아시아의 모습 그 자체이다. 그리고 그 패배는 절망감의 지속이라는 점에서 소외론적 미학의 침입을 거절하고 아시아의 근대에 대한 저항의 근거가 된다.

절망은 길이 없는 길을 가는 저항에서 나타나고, 저항은 절망의 행동화로 나타난다. 그것은 상태로 보면 절망이고 운동으로 보면 저항이다. 그곳에는 휴머니즘이 파고 들어갈 여지가 없다.

전향론의 시좌에서 보이는 쇼와 작가의 문학은 "상태로서의 절망"이긴 해도 "운동으로서의 저항"은 아니다. 그것을 보이지 않게 하는 것 중 하나가 패배의 미학이며, 그 현실 기반은 궁극적으로 문학사의 기술도 지배하는 근대 일본의 대아시아 인식, 특히 대중국 인식의 오류에 의거한다.

인도의 민중 시인 타고르를 둘러싼 중국과 일본의 이해 방식의 차이를 다케우치는 흥미 있게 주시한다. "(일본에서) 그는 인도라는 망국의 시인이다. 망국의 노래를 노래하는 시인으로 불리도록 이해되고 있다. 중국에서는 그렇지 않고 그를 민족해방운동의 전사로 받아들인다"(「방법으로서의 아시아」, 1951.11)라고. 아시아가 서구 근대의 팽창에 대한 절망감의 지속 형태로만 존재하는 것이 타고르와 루쉰의 문학에 "운동으로서의 저항"이라는 기저를 부여한다. 다케우치는 양자가 훌륭한 아시아적 문학자로 존재한다고 생각한다.

그리고 다케우치의 발상에 전후의 다자이 오사무를 맞닿게 해 알 수 있는 것은 대략 다음과 같은 사항이다. 그것은 「도카톤톤トカトントン」을 예로 언급해 두고 싶다. 패전까지 일본은 미국의 물량적 우위를 충분히 깨달은 상황에서 정신주의로 이겨낼 수 있다고 생각했다. 그렇지만 패전에 의한 인심의 변화는 물질적 열세에 의한 패전이라는 설명을 의심하지 않았고, 연합군을 구성한 중국에 대해서는 '패배'했다는 실감조차 없었다. 중국에 대한 일본의 물량적 우위는 일본인의 중국 인식을 패전이라는 사실에 의해서도 바꿀 수 없었기 때문이다.

「도카톤톤」에 그려진 젊은이의 '허무nihil'가 『패전후론敗戰後論』에서 가토 노리히로加藤典洋가 말하는 "신체 윤리의 물음"이라 해도, 그러한 '신체성'이 현실로부터 유리遊離되고 "행동으로서의 저항"이라는 기반에서 잘렸을 때, 젊은이를 향한 작중 작가의 대답은(가토의 위화감의 표명에도 불구하고 다자이에게는) 오히려 필연적인 것이었다고 본다.

　　잘난 척하는 것 같은 고뇌군요. 나는 그다지 동정하지 않습니다. 열 손가락이 손가락질 하는 상황, 열 눈이 지켜보는 상태에서 어떠한 변명도 성립되지 않는 추태를 당신은 피하고 있는 모양이 군요. 참된 사상은 예지보다도 용기를 필요로 하는 것입니다.

작중 편지에서 작가의 이 말은 젊은이의 '허무'가 근대 일본의 모더니즘, 그 외부/내부의 무한한 나선 구조의 끝자락에서 꼼짝 못하고 떨고 있는 모습을 포용력 있게 끌어안고, 내부로 내려가 현실로의 이의 신청을 위해 계속 저항하도록 젊은이를 재촉하는 말이다. 그것은 자기로 있는 것을 거절하고 자기 외의 존재가 되는 길을 가로막는 건강한 삶의 모습이다.

3. 다자이 오사무론을 위하여

다자이 오사무는 1909년 아오모리현靑森県 가나기 마을金木村에서 태어났다. 구 제도旧制 히로사키弘前 고등학교를 졸업하고 도쿄제국대학 불문과에 입학하려고 상경한 것이 1930년이었다. 1931년 세계공황이 일본 경제에도 영향을 미쳐 '일본(내지) 인구' 6,445만명 중 실업자가 32만 명에 이른다. 1929년 1월에 요코하마시에서 실업자 1,200명이 시청을 점령하였고 1930년 4월에는 가네가부치 방직鐘淵紡績이 4할 감봉을 발표해 각 공장에서 파업이 잇달았다. 한편, 도심화의 조류에 부유하는 '대중'화 현상이 확대되며 "룸펜 Lumpen(부랑자)", "긴부라(긴자거리에서 어슬렁거림)", "에로그로 넌센스 erotic grotesque nonsense(선정적이고 엽기적이며 허무맹랑함)" 등과 같은 유행어가 도시 풍속의 표층을 장식했다.

쇼와昭和의 한 시대, 불황으로 첨예한 노동자 계급의식의 형성과 대중적 의장意匠 확대라는 두 현상이 교차하는 지점에서 다자이 오사무의 사상 체험이 개시되었다는 것, 그것이 변경 출신 작가에게 도쿄를 중심으로 한 근대 일본의 제도에 대한 매우 첨예하고 근본적인 비평 안목을 부여하였다. 다자이는 당시 비합법이었던 공산당 하부 조직에 가담했던 활동가였지만 부르주아적인 대중 의장은 물론 프롤레타리아트(노동자 계급)의 사회계급적 실체를 최종적으로 신뢰하지 않았다.

다자이의 도쿄 체험의 핵심은 비합법적 활동으로의 가담과 그곳에서 이탈이라는 전후 다자이론의 프레임을 구성하는 일련의 '이야기物語'에는 없다. 오히려 이런 종류의 '이야기'조차 자기를 위해 산출하고 교묘히 포섭해버리는 근대 국가 일본의 허구성을 변경자 특유의 시각으로 포착하였던 것이다.

사후 50년이 지나 "다자이 오사무 재입문", "다자이 문학 다시 읽기"가 회자되고 있다. 전후 50년 이상 이어져온 "다자이 신화"의 위화감을 어떻게 논리적으로 언어화해 다자이상像 개혁을 실현해 갈 것인지 방도는 별로 명확하지 않다. 80년대 유입된 구조주의 이후 문학 이론에 의한 다양한 시행적 해석도 "자의식 과잉"을 그리는 작가의 논리 구조를 어디까지나 논리적 애크러뱃acrobat으로 재현한 것에 지나지 않는다. 문제는 논리의 형식적 정합체整合體에 의존한 아크로바틱한 연기 자체가 성립되는 장으로서의 이 정합적 논리 구조의 허구성을 어떻게 이야기할 것인가에 있었다.

메이지유신 시기 일본이 근대국가를 형성하는 과정에서 두 가지의 허구가 조합되었다. 하나는 근대 법치국가로서의 국가제도 그 자체, 또 하나는 "조국肇國 사상"으로서의 황국사관이다. 이 두 가지의 거대한 허구가 서로 맞물려 조형된 근대국가 일본이 허구로 기능하면 좋겠다는 생각이 메이지 이후에 인정되었던 천황기관설天皇機關說이었다. 그러나 1935년의 기관설 배격 운동과 그 후 정부가 발표했던 국체명징성명國體明徵聲明은 근대국가의 허구성을 스스로 부인하고 허구를 실체시 함으로써 아시아를 향한 무제한적 침략 행위를 절대 긍정하는 비현실적 정신주의로 무너졌다.

다자이의 문학 활동은 1932년에서 1936년까지를 전기, 이후 종전까지를 중기, 죽음에 이르기까지를 후기로 구분한다. 로맨티시즘의 전기, 고전적 완성의 중기, 그리고 반권위주의적 데카당스의 후기로도 간주된다. 하지만 문학자로서 시대와 직접 대치하는 와중에 생겨난 일관된 자세에 관해서는 거의 거론된 적이 없다. 다자이를 포함한 전시 문학자의 자세는 고작 "예술적 저항", "소극적 저항"으로 일컬어지면서, 작품에서는 사회적 반영을 배제하는 자세에서 예술의 나라國의 주인으로서 자격을 부여받아왔다.

이러한 전후 문학사 언설의 재검토는 모두 앞으로의 과제로 남아 있다. 전시의 상흔을 언급하려 하지 않는 문학사의 스타일은 아무리 예술적 순수를 표방하고자 해도 그것은 역시 어정쩡한 언설, 비평성의 결여이다. 전후 미국에서 수용한 구미의 민주주의와 일본·독일의 파시즘이라는 도식에서 생겨난 전후적 아포리아 그 자체이다.

그러한 의미로 지금 다자이 오사무를 다시 읽는 것은 전후 문학사 서술을 지배하는 일원적인 근대문학사관에서 벗어나 문학과 사회라는 두 가지 중심점에 의해 그려지는 타원형의 문학사이다. 즉,

내셔널리즘에서 태어나 그것을 초극하고자 하는 언설 총체의 역사로서 일본 근대 문학의 성과를 다시 읽어가는 작업과 직접적으로 이어진다.

수많은 쇼와 작가 중에서도 다자이 오사무 다시 읽기가 특히 이런 의미에서 중요하고 또 유효하다고 보는 것은 다음의 두 가지 이유 때문이다. 우선 상경 후 다자이 오사무가 비합법적 활동에 가담하고 그곳에서 전향을 체험하는 과정에서 낙오자落伍者 특유의 논리적 부담감을 아로새기며 그 상흔을 둘러싼 능숙한 말솜씨로(최종적인 '저항'으로의 나이브naive하고) 일관된 지향성을 주제화할 수 있다는 점. 두 번째는 패전으로 주어진 민주주의가 15년에 걸친 전쟁의 국가적 공통 체험의 생생한 기억을 망각시키는 장치로 기능하는 것을 명석하게 인식하고 있었다는 점이다.

필자는 첫 번째에 관해 이러한 작법을 이용하는 아시아 문학자로서 인도의 민족 시인 타고르와 중국의 전투적 문학자 루쉰을 떠올린다. 다케우치 요시미는 이 양자에 관해 다음과 같이 서술하였다.

> 그는 자기임을 부정하고 동시에 자기 외의 존재임을 부정한다. 그것이 루쉰에게 있고 루쉰 그 자체를 성립하게 하는 절망의 의미이다. 절망은 길이 없는 길을 가는 저항에서 나타나고, 저항은 절망의 행동화로 나타난다. 그것은 상태로 보면 절망이고 운동으로 보면 저항이다. 그곳에는 휴머니즘이 파고들 여지가 없다.
>
> (「중국의 근대와 일본의 근대」)

> 타고르는 일본의 시인에게 영향을 주지 못했다. (중략) 중국은 타고르로부터 시적 영향을 받았다. (중략) 이 점에서 일본과 결정적 차이가 있다. 일본에서 체념의 노래로 보였던 것이 중국에서는 분노로, 반항의 외침으로 받아들여졌던 것이다.
>
> (「동양인의 일본관」)

다케우치 요시미와 다자이 오사무의 문학적 교류는 전쟁 중에 있었다. 일본유학 시대의 루쉰을 그린 다자이 오사무의 「석별」을 향한 다케우치의 혹평은 잘 알려진 에피소드지만, 다케우치는 대체로 다자이 문학을 가장 잘 이해했던 인물 중 한 명이었다. 다케우치가 생각하는 아시아란 서구 근대의 팽창에 저항하고, 좌절하고 패배하는 그의 절망감이 지속된다는 점에서 구상된다. 여기서 거론되는 문학자 타고르와 루쉰은 그러한 의미에서 아시아적 현실을 가장 잘 체현한다는 점을 인정하면서, 필자는 타고르-루쉰-다자이 오사무로 이어지는 선을 생각하지 않을 수 없다.

아시아가 서구 근대의 팽창에 대한 패배감의 지속이라는 형태로만 존재한다는 것은 아시아 문학이 "체념의 노래"와 "반항의 외침"이라는 두 가지 면을 겸비하는 것이다. 또한 근대에 대한 저항의 형태를 민중 내부에 현실적으로 쌓아 올릴 수 있는 것이기도 하다. 물론 전후 일본이 근대에 대한 무비판적 추종과 섭취로 세월을 보내는 한, 아시아 문학의 후진성, "체념의 노래"로서의 비애로만 관심을 빼앗기는 것도 당연하다고 할 수 있다. "다자이 신화"의 형성과 광범위한 확장은 전후 일본의 '근대' 의식과도 밀접하게 연계된다.

두 번째의 "반항의 외침"을 생각했을 때 종전 직후에 배출된 천황제 국가 구조의 비판 속에서도 특히 광범위하게 영향을 미쳤던 마루야마 마사오丸山眞男의 활동을 의식할 필요가 있다. 대표적인 「초국가주의의 논리와 심리超國家主義の論理と心理」(「세계」, 1946.5)를 거론해야 하겠지만 여기서는 시기적으로 가장 빠른 「근대적 사유」 (「문화회의」, 1946.1)를 인용해 보자.

우리나라에서 근대적 사유는 '초극'은커녕 진정 획득된 것조차 없다는 사실이 몇 명의 시각에도 명백해졌다. 따라서 이전처럼 우리 근대 정신사의 연구에서 우선 이 기본 명제를 당분간 열정적으로 설명할 필요는 크게 줄었다고 할 수 있다. 그러나 다른 한편, 과거 일본에서 근대사상의 자생적 성장을 전혀 볼 수 없었다는 식의 견해도 결코 정당하다고는 할 수 없다. 이러한 '초극'설과 정반대의 소위 '무연無緣'설에서 현재와 같이 풀이 꺾인 참담한 경애境涯는 절호의 온상이지만, 그것은 국민 스스로 사상思想하는 힘의 자신감을 상실시킨다. 결과적으로 이전의 근대사상이, 즉 서구사상이라는 안이한 등식화로 되돌아갈 위험을 내포하고 있다.

패전 후 천황제 비판의 대부분은 마르크스주의 입장에서 경제적 기반의 해명에 집중되거나 정치적 폭로수에 가까웠다는 것을 생각하면, 마루야마의 이 비판은 문제를 「근대적 사유」에 국한시켜 그 성쇠의 과정에 천황제 이데올로기의 진전進展 네거티브를 중첩시키는 사상사로서의 스타일로 두드러졌다고 할 수 있다.

또한 그 방법부터 8·15에 이르는 전시 국가적 행위를 현실의 전쟁책임론에서 끌어올려 무색 투명 사상사의 무대에 도식으로 개진하는 실로 선명한 발언이었다. 살아 있는 역사는 "근대사상의 자생적 성장"의 역사라는 가상의 테마를 둘러싼 이야기로 변모하고, 패전 후의 현실로 내던져진 국민에 의해 열광적으로 받아들여지게 된다.

마루야마 마사오丸山眞男가 패전 후 이른 시기에 광범위한 영향력을 가지고 있었던 점을 다자이 오사무는 동시대를 살아가는 작가로서 간접적이나마 알고 있었을 것이다. 1946년 무렵, 다자이는 가나기金木에 있는 생가에서 「겨울의 불꽃冬の花火」 「봄의 고엽春の枯葉」의 집필에 부심腐心하고 있었다. 전후 현실에 광분하는 일본의 현황에 대한 절망이 작품의 모티브가 된다. 근대 국가로서 일본이 15년에 걸쳐 경험한 사항이 8·15를 경계로 순식간에 망각되고, 단시간에 국민적 규모의 '전향'을 완성하는 것. 그것에 대한 다자이의 초조함은 일체의 체험을 각인하는 듯 웅크리며 '변절變節'의 교묘한 세간世間의 강인함에 상처받는 「인간실격」의 주인공 오바 요조大庭葉藏로 형태를 선보인다.

제4장 기억과 망각의 문학론
- 나쓰메 소세키의 권역
(오에 겐자부로, 다케다 다이준, 김재남, 김학영, 유미리)

1. 대항기념비와 기억

민족이 정치적 운명을 스스로 결정해야만 한다는 민족자결론은 프랑스혁명 이후 국민주권 개념의 확산과 함께 정착해간다. 19세기 말부터 유럽과 주변지역에 머물러 있던 국민국가의 개념은 20세기 초까지 서양 열강에 의해 식민지화 위협에 노출된 지역에서 국민국가화를 지향하는 내셔널리즘 운동으로 번성한다. 특히 제1차 세계대전과 이후 종전 처리 단계에서는 민족자결이 보편적 이념으로 국제법의 중심에 놓이는 획기畵期였다.

그러나 이 민족자결이라는 개념은 "국가로서의 독립을 주장할 수 있는 민족이 국민국가를 주장할 수 있다"라는 논리의 동어반복이기도 하다. 그리고 이것을 종전 처리의 원칙으로 삼은 베르사유

체제가 "승자에 의한 승자를 위한 국제질서이다"라고 비판받는 것에 충분한 이유가 있었다고 할 수 있다. 결국 국민국가로서 자결自決할 권리를 인정받는 민족이 되려면 선행한 국민국가의 암묵적 인지가 필요하다. 필시 국민국가가 구조 내부에 외부세계로부터 인지되는 것과 그렇지 않은 것을 엄격히 구분하는 것도 그러한 연유에서 기인한 것으로 보인다. 레이시즘과 내셔널리즘이 밀접 불가분한 것이라는 것, 그것도 하나의 원인이라고 할 수 있다.

아마도 오늘날 일본을 포함한 모든 국민국가는 레이시즘적 국가이며 인종적 차별, 혹은 그 이상의 역사적·문화적 차이의 등가물로 표상되는 사회적 평등성과 분쟁을 품고 있다. 그러나 현대 국가는 등가 회복을 향해 정치적·법적으로 레이시즘과 싸워 근절할 임무를 안고 있다. 끊임없이 레이시즘 비판을 실천하여 지속적으로 그 성과를 묻고 있다.

구체적으로 레이시즘적 주체의 생성 과정을 설명할 임무가 지금 레이시즘 이론에는 정리되어 있다. 레이시즘 연구는 서벌턴 연구로부터 방법론을 배운 것이지만 서벌턴subaltern이라는 술어는 지식인의 헤게모니 아래 놓여야만 할 민중의 "철저한 종속성"을 가리키는 개념으로서 1930년대 안토니오 그람시가 옥중에서 남긴 노트에 등장한다. 1980년대에는 라나지트 구하 인도 역사학자를 중심으로 시작된 서벌턴 연구라는 학술 프로젝트의 그람시 업적에서 서벌턴 개념의 계승이 이루어진다.

이 프로젝트는 국민국가의 역사를 지배자의 시점에서 기술해 온 실증사학의 엘리트 성과적 싸움을 역사학, 정치학, 경제학, 사회학 등의 학술적 제휴로 행하려 했다. 프로젝트의 리더인 구하가 제시한 "종속성의 부정을 통한 자율성의 획득"이라는 명제를 레이시즘 연구는 계승하고 있다. 국민국가의 배타적 구조 내부에서 인간이 애국적 내셔널리즘에 종속되는 것을 막을 수 없는 상황에 처했을 때, 심리적 지평의 열개裂開와 상실을 어떻게 경험하는지를 살핀다. 그리고 인간은 그 경험에서 어떻게 부정의 계기를 거쳐 주체화 되는지를 문학작품 내부에서 논리화하는 것이 하나의 큰 과제였다.

우리가 20세기부터 오늘날에 이르기까지 세계적 규모의 역사를 통해 배운 것은, 인간 존재의 주체화 과정에서 타자인 인간의 자격을 박탈하고 그들을 지상에서 근절하려는 섬멸 사상이 개입할 가능성이 있다는 것이다. 주체 내부로 뿌리를 뻗는 그러한 욕망에 주체적 저항의 실천은 결코 쉬운 일이 아니다. 제임스 영과 테사 모리스 스즈키의 대항기념비 아이디어에는 인간의 주체화 과정에서 생기는 타자를 선별하려는 깊은 욕망이 포함되어 있다. 사람이 그것과 마주할 때, 매우 개인적인 체험에서 각인된 타자 혐오의 흔적이 거기에 은폐되고 노정되는 사태를 수치심과 함께 깨닫게 된다는 것이다.

문학은 섬멸의 사상을 반복하는 인간 주체를 어떻게 다루는가. 오에 겐자부로의 문장에는 자기 언급적인 우매함의 반복에 대한 공포와 그것에 대한 경고가 윤리적인 말로 서술된다.

> 사회가 하나의 사실을 잊는다는 것은, 그것을 잊으려고 하는 공공연한 노력이 선전 형태를 통해 일어나고서야 가능해진다고 해야 합니다. 모두 잊어버렸다, 너 혼자 기억하고 있다 해서 뭐가

될 수 있어?라는 뻔뻔한 유혹의 소리가 우리 주변을 감싸고 있는 것을 종종 느끼지 않습니까. 또한 그것을 기억하고 있는 것은 너 자신에게도 불쾌한 게 아닌가? 하는 소리가 들려오는 일도 있고 그것은, 한층, 설득적입니다.

그러나 우리가 몹시 고독한 상태에 있건 자기 자신을 궁지로 몰아넣을 것 같은 불쾌한 그것에서든, 절대로 잊어서는 안 되고 반드시 기억해야만 하는 것이 있는데, 나는 그것이 있다고 봅니다.

(중략)

15년 전, 이 책에 가해진 부당한 행동은 점령군에게 그 책임을 돌려야만 하는 것이었습니다. 그러나 지금 여기에서 공간公刊된 체험기를 만약 우리가 재차 부당하게 취급해버린다면 그 책임은 우리에게 있습니다.

(오에 겐자부로, 「무엇을 기억하고, 계속해 기억해야만 하는가?」)

1950년대 간행 예정이었던 「원폭체험기」가 GHQ에 의해 간행이 금지된 경위를 밟고, 15년 후 마침내 발간된 이 「원폭체험기」에서 오에가 올린 에세이의 한 구절이다. 여기서 오에는 알고 있는 것을 없었던 것으로 하는 것이 망각이고, 그것은 사회적 압력으로 인해 강제되지만 그 동화압력은 개인이 대항하기 어렵다. 그래서 그것을 따르며 느끼는 안락함·기분 좋음에 우리는 있었던 일을 없던 것으로 하는 망각의 길을 가려 한다고 경고한다.

2009년 간행된 「수사水死」라는 소설에는 나쓰메 소세키의 「마음」이 몇 군데 인용된다. 특히 '메이지 정신'으로 순사殉死한다는 선생의 말을 텍스트를 통해 비판적으로 연기하려는 극단의 젊은 단원들과 지역 교육위원회 직원들의 대립을 묘사하는 이데올로기적 소설 흐름과 병행한다. 거기에서 패전 당시 10세였던 고기토古義人 소년의 '시대정신'은 "소세키와 노기乃木 장군의 '메이지 정신'이 비교가 되지 않을 정도로 '신으로서의 천황, 현인신現人神 정신'이지 않았습니까?"라며 고기토 소년의 성장을 지켜본 한 노인이 말한다.

군국주의 교육 하에서 고기토 소년에게 '시대정신'은 소세키와 노기장군의 '메이지 정신'과 비교되지 않을 정도로 '신으로서의 천황, 현인신 정신'이지 않았습니까?" (중략)
조고 고기토長江古義人에게는 '시대정신'으로서 두 개의 '쇼와 정신'이 있었다고 생각합니다. 고기토씨가 살았던 쇼와시대 전반, 즉 1945년까지의 '쇼와 정신'은 그 이후 민주주의의 '쇼와 정신'이 그렇듯 역시 당신에게 진실했던 것으로 보입니다.
전반의 '쇼와 정신'의 아들인 10세 소년이 존경하는 부친의 입에서 '현인신 천황'을 위해 특공기 탑승자로 훈련된 병사가 자폭 공격을 수행하는 '인간신을 죽인다'는 작전 구상이 나올 때, 그것을 손쉽게 받아들일 수 있다고 생각합니까? 고기토 소년의 의식은 그것을 듣길 거부했던 것입니다. 그리고 그의 무의식 속 '칼자루鞘'에서 젊은이가 비행기로 날아오르는 훈련을 한다……이야기의 정경만이 사라지지 않고 남았습니다. 고기토 씨. 그것이 당시의 긴 세월동안 지켜보았던 꿈의 내용입니다.

노년에 이른 고기토는 긴 세월 꿈에서 보았던 격류 속에서 붉은 가죽 트렁크와 함께 단정短艇을 젓고 가는 아버지 모습의 의미를,

기시기시시大黃노인의 이야기를 통해 알게 된다. 고기토에게 쇼와시대 전반의 '시대정신'은 기억의 어둠 밑에 가라앉아 있고, 그것에 의해 기억의 결락이 생겼다는 것이다. 그 결락 부분에는 '인간신을 죽인다'는 아버지의 일종의 유교적 사상과 함께 "패전 즈음해 어떤 방법으로 천황이 사라지게 된다면 사전에 순사한다, 그러한 것"으로 스스로 격류 속으로 노를 저어갔던, 아버지의 자결로서의 수사水死였던 조코長江의 각오도 포함되었을 것이라고 기시기시 노인은 고기토에게 말한다.

에세이 「무엇을 기억하고, 계속해 기억해야만 하는가?」에서 '우리들'이라는 말로 윤리적 공동체를 믿고자 했던 30세의 오에가, '수사'에서는 전후 민주주의를 믿었던 흔들림 없는 전후의 노정 배후에, 전혀 눈치 채지 못한 채 잊고 있었던 기억을 제3자를 통해 알게 되는 늙은 소설가로 그려진다. 그리고 다음의 「만년양식집晩年樣式集」에서는 현재 지구상에 사는 모든 인간이 원상회복을 위해 전력으로 힘써도 훗날 미래의 인류에게 큰 부채를 떠넘기는 것에 대한 자각을 서술한다. 3·11 이후를 살고 있는 노작가에게 그가 살았던 전후의 긴 시간보다 훨씬 곤란한 미래의 시간을 살아야 하는 인간들의 모습이 주제화된다.

이 방사성 물질에 오염된 지면을(적어도 우리들이 살고 있는 동안은……실제로는 그러한 한가한 이야기가 아니고, 그것보다 훨씬 긴 기간) 사람은 원래대로 되돌려 줄 수 없다. (중략) 우리들로 묶을 수 있다면, 그것을 우리들 동시대 인간은 해버렸다. 우리가 살아 있는 동안에 회복할 수 없다.

이 생각에 압도되어 나는 쇠약해진 울음소리를 내고 있었던 것이다.

이러한 오에의 작품은 개인적인 부負의 기억이 개인의 성장과 함께 은폐된다 하더라도 우리라는 일인칭 복수가 주체일 때, 그 부의 기억은 되돌릴 수 없는 무책임함을 동반하는 치명적 행위로 나타남을 일러준다. 그 무책임한 행위는 단적으로 악이라 불러야 하지만 그럼에도 인간은 다음 세대에 큰 부채를 남기는 것에 대단히 둔감하다. 인간은 그 둔감함으로 인해 과거의 일을 기념비로 밝게 드러내고 칭송까지 한다.

다음의 테사 모리스 스즈키가 인용한 제임스 영의 문장과 그에 대한 코멘트는 이런 인간의 과거에 대한 둔감함을 무책임하고 어리석은 행위의 기억에 머물게 하는 아이디어를 시사한다.

영의 '대항기념비' 설립 제창에 석재와 철강으로는 기억을 지속할 수 없다는 확고한 사상이 기저에 있다. 기념비에 대한 끝없는 그리고 이행하고 있는 미해결 논쟁이야말로 기억을 지속하는 유일한 방법이라는 사상이다. 사자死者들에 대한 기억과 관련된 투쟁으로 가려진 세계에서 애도하고 생각하고 행동한다고 하는 어려움을 영은 다음과 같이 결론짓는다.

"'대항기념비'의 아름다운 점은 그 변용할 수 있는 성질 혹은 사회의 기억, 사회 자체의 기억 형태에 도전한다는 점만이 아니다. '대항기념비'는 역사적 시간에 적대하는 것이 아닌 역사적 시간과 함께 수행을 요구한다. 그것은, 기억이 살아있는 것은 대체로 역사적 시간이라는 것을 인지하고 동시에 승인한다. 기념비를 존속하는 행위 속에서 사람들과 역사적 마카의 끊을 수 없는 교차 속에서, 그리고 기념비화 된 과거의 빛 속에서 우리들이 어떤 구체적 행동을 취할 것인가 하는 역사적 시간 속에서 기억은 계속 살아있다."

James E. Yong, "The Texture of Memory: Holocaust Memorials and Meaning", *New Haven and London*, Yale University Press, 1933, p.48.
(테사 모리스 스즈키「不穩한 墓標」/
'추도悼み'의 정치학과 '대항기념비')

대항기념비는 건립자의 의도에 반하는 개인적인 원차怨嗟의 소리에 가려져 정치성의 근거인 민중의 지지를 근본적으로 잃는 사태에 이른다. 대항기념비의 존재에 의해 기억은 정치와 개인적 무의식이라는 궁극의 대립축을 형성하면서 인간의 일생보다 긴 시간을 빠져나와 다음 세대에서 그 우매한 모습을 드러낸다. 정치로부터의 반격은 당연히 예상되지만 정치성의 우위가 보증되는 것은 경계선으로 구분하는 한정적 범위에 지나지 않는다.

사키야마 마사아키崎山政毅는 1930년대 일본의 총력전 체제를 대상으로, 야마노우치 야스시山之内靖에 의해 추진된 시스템 사회론의 유효성을 비판적으로 논한다. 그는 지정학상의 생존권 내부에서는 사회통합의 구심력에 역행하는 것이 위험하기도 하고, 그러한 역행에서 의미를 발견하기도 어렵다. 하지만 생존권·생존공간의 주연부周緣部에 사는 자에게는 국민국가 중심中樞으로부터의 동화 압력에 동조할 필요성이 전혀 없다고 한다.

사견으로는 야마노우치의 사회 시스템론은 니콜라스 루만 혹은 알베르트 멜리치의 자기생산 사회의 설정과 거의 같을 것으로 본다. (중략) 이 개념이 요청하는 것은 분리 불가능한 상호관계의 앙상블로 순환적으로 기능하듯, 기본적으로는 폐쇄계로 나타나는 시스템이다.

총력전 체제에 입각해 말한다면 야마노우치가 제기하는 시스템 사회는 중심의 국민국가적(내지) 편성에 적합하다고 해도, 주변부(식민지)를 포함한 제국적 편성의 '총체'에 적응하기에는 큰 곤란함이 동반될 것이다. 피터 도스의 용어를 빌리자면 '공식제국'에는 적합할지라도 '비공식제국'까지의 부연敷延은 불가능한 것으로서, 야마노우치의 '시스템 사회론'이 있다. (중략) 내가 말하고 싶은 것은 중핵에 국민국가를 놓으면서 다수·다양하게 양식을 달리하는 시스템(서브 시스템)이 서로 접합하는 시스템 혼성체로서의 총력전 체제를 재고한다는 것이다.

(사키야마 마사아키, 「「총력전 체제」 연구를 둘러싼 몇 가지 의의」)

피터 도스가 말하는 '공식제국'과 '비공식제국'의 공간적 관계는 개인의 기억 현상면現象面을 인지하는 이성의 차원과 기억을 선별 배제하는 무의식층과의 수직 관계와 평행한다 할 수 있다. 오에의 에세이 「무엇을 기억하고, 계속해 기억해야만 하는가?」에 대해 소설 「수사」 및 「만년양식집」이 보여주는 변화는 인간의 윤리성이 인간의 인식과 행위를 어디까지 커버할 것인지에 대한 오에의 깊은 성찰을 확인할 수 있다.

시대를 메이지 말기로 거슬러 올라가면 메이지 천황 서거 당시

각 신문이 추도문을 게재했는데, 그중에 다음과 같은 글이 있다. 조의를 정형적인 문장으로 표현한 동공이곡同工異曲의 추도문만이 나열되는 가운데, 청나라의 일본인 거주지에서 발행된 『천진일보天津日報』의 추도문 일부를 인용한다.

> 근년 이웃국 중국支那은 동요가 현저하고 우리 제국은 매번 대의 하에서 화평을 유지하려는 힘이 있는데, 노대老大의 이웃 제국은 끝내 그 명맥을 유지할 능력이 없고, 인민의 여론은 팽배하여 끝내 신공화민국을 세우기에 이르고, 그렇지만 지금은 정말로 과도기에 속해,
>
> (『천진일보』 사설,「敬弔의 말」, 1912. 7. 31.)

쑨원의 지도 체제에서 민주주의 실현을 목전에 둔 혁명 정당 중국동맹회가 탄생하고, 국회 개설 운동을 청조淸朝가 탄압하는데, 1911년에는 이권 회수 운동의 성과인 철도시설권을 국유화하는 명목으로 생활근거지를 빼앗는다. 이러한 청조 말기의 연명정책에 반대해 호남湖南, 호북湖北, 광동廣東, 사천四川 각 성에서 맹렬한 폭동이 발생한다. 혁명파의 군이 우창武昌에서 봉기하고 혁명·독립의 흐름이 급속히 확산된다. 청조는 입헌파와 제국주의 열강으로부터도 보호받지 못하고, 혁명파는 전술 실패와 내부 분열로 약체화되고 청조가 무너지면서 중화민국임시정부가 성립된다.

혁명파의 쑨원孫文이 임시 대통령으로 취임하지만 지도력을 발휘할 틈도 없이 북양군벌의 수령 위안스카이袁世凱에게 공화제 지지를 조건으로 대통령의 지위를 넘기게 된다. 신해혁명이라 일컬어

지는 동란에 의해 징제正體가 세정에서 공화제로 변한 이웃국 중국의 정변 중에 메이지 천황을 잃는 것에 대한 위기감이 이 문장에서 드러난다.

일본 국내로 눈을 돌리면, 러일강화조약이 체결되고 히비야소타日比谷燒打사건, 아시오足尾·벳시別子 광산 폭동, 적기사건, 대역사건, 남북정윤문제南北政閏問題와 메이지유신明治維新 동란을 빠져나간 지배층의 간담心膽을 서늘케 하는 일들이 계속되었다. 미국의 배일운동, 이토 히로부미伊藤博文 암살도 이 시기와 겹친다. 메이지 말기 일본 국내에서는 이러한 사회 불안을 잠재울 수 있는 사회 통합의 중심이 되는 이데올로기가 존재하지 않았다. 이시카와 다쿠보쿠啄木가 말하는 '시대폐색' 상황은 메이지 유신 이래 통치 에너지의 쇄약을 단적으로 보여주는 것이다.

결국 『천진일보』의 추도문은 메이지 천황 붕어崩御를 애도하는 스타일을 취했고, 그 스타일을 스스로 배반하는 언설로 메이지 천황의 치세와 그 후 일본국 노정의 암울을 담았다고 할 수 있다. 이것을 "부정을 통한 자율성의 획득"이라는 문제의식에서 보면 1930년대 일본이 국제관계에서 완전히 독립하고, 새로운 세계질서의 전위로 아이덴티티의 증좌證佐로 국민에게 그것을 강요하고, 총동원 체제를 관민 일체가 되어 추진했던 쇄약한 리얼리즘과 극히 대조적이다. 또한 건전한 비평성을 『천진일보』의 이 문장에서 볼 수 있을지도 모른다.

즉, 다음 문제는 인간의 주체화 프로세스에 아이덴티티를 물어뜯는 주체, 바꿔 말하면 "부정을 통한 자율성의 획득"의 결정적인 순간을 문학은 어떻게 쓸 것인가이다.

2. 망각과 맞서는 문학

다케다 다이준武田泰淳은 전쟁 중, 한 명의 병사로 중국 대륙으로 보내졌다. 패전 당시에는 상하이에서 한 나라의 붕괴와 처참한 가치 전환의 모습을 자세히 지켜보았다. 「심판」은 귀국한 다케다 다이준이 쓴 최초의 소설이다.

> 나는 생각했습니다. 자신은 적어도 두 번은 전혀 불필요한 살인을 저질렀다, (중략) 그것도 무저항의 노인을 죽였다, 나는 범죄자다, 재판받아야만 하는 인간이라고. 그러나 나는 평온한 자신에게 놀라지 않을 수 없었습니다. 나는 내 죄가 절대로 발각될 리 없다는 것을 알고 있기 때문입니다. 오장伍長은 반년 전에 전쟁에서 병사했습니다. 지구상에서 그 살인행위를 알고 있는 것은 나뿐입니다. (중략) 이 행위에서 단 하나의 흔적, 단서, 그 행위로부터 범죄사건을 구성해야 할 유일한 조건은 내가 살아 있다는 것뿐입니다. 문제는 내 안에만 있는 것입니다.

인용은 화자인 '나'에게 도착한 지로二郎의 편지 한 구절이다. 지로에게 중국 전선에서의 살인 행위는 그 사실을 유일하게 아는 오장의 죽음으로 비로소 진정한 이야기로서의 의미를 갖게 된다. 잊혀질 수 없는 것으로 각인된 마음이 머물 장소를 선명히 알게 된다는 고백이다.

다음 인용은 1997년 아쿠타가와상을 수상한 메도루마 슌目取眞俊의 소설 「물방울水滴」의 한 구절이다. 오키나와 섬멸작전에서 살아남은 도쿠쇼德正는 전후 50여 년이 지난 뒤 갑자기 오른쪽 다리가 크게 부풀어 오르고 엄지발가락 끝에서 물이 난다. 누워있는 도쿠쇼의 발가락에서 떨어지는 물방울을 찾아 매일 밤, 지독한 상처를 입은 병사가 줄지어 벽에 보인다. 그리고 그 물방울을 입에 머금고 인사를 한 뒤 벽으로 사라진다. 병사 중에는 섬멸작전이 한창일 때 도쿠쇼가 흙구덩이에 버리고 간 이시미네石嶺라는 이름의 병사도 보인다.

    수통과 건빵을 건네고 자신의 어깨에 손을 걸친 세쓰せつ의 얼굴이 떠올랐다. 슬픔과 그 이상의 분노가 솟아올랐고 세쓰를 죽음으로 내몰았던 무리를 때려죽이고 싶었다. 동시에 자신의 내부에서 이제 이시미네와의 일을 아는 자는 없다는 안도가 있음을 인정해야만 했다. (중략) 그때 이후 이시미네와 세쓰를 기억의 밑바닥에 봉인하고 살아왔다. (중략) 침대에 누운 채, 50여 년간 숨겨왔던 기억을 죽을 때까지 마주해야 한다는 것이 무서웠다. (중략)
    입술이 떨어졌다. 인지로 가볍게 입을 닦고, 일어선 이시미네는 17세 그대로였다. 정면에서 응시하는 속눈썹이 긴 눈에도, 살 없는 볼에도, 붉은 색의 입술에도 미소를 짓고 있다. 문득 분노가 치밀었다.
    "요 50여 년의 비애, 넌 아는가."
    이시미네는 웃음 지으며 도쿠쇼를 응시할 뿐이었다. 일어서려고 안달하는 도쿠쇼에게 이시미네는 살짝 고개를 끄덕였다.
    "고마워. 간신히 갈증이 풀렸네."

깔끔한 표준어로 그렇게 말하자 이시미네는 웃음을 억누르며 경례를 하고 깊숙이 머리를 숙였다.

인용문에서 세쓰라는 여성은 간호반의 여학생으로 도쿠쇼가 빈사瀕死한 이시미네를 흙구덩이에 버린 것을 유일하게 아는 인물이었지만, 그녀 역시 패주 끝에 동료 여학생 5명과 수류탄으로 자결한 것을 전후 10년여가 지나 처음 알게 되었다. 그날 이후 도쿠쇼는 술에 찌들고 도박까지 손에 댄다. 인용은 세쓰의 죽음을 안 뒤 그의 고충을 그린 부분이다. 도쿠쇼로서는 이시미네 건을 유일하게 아는 세쓰의 죽음을 알고 안도하는 자신을 발견한 순간, 이시미네와 세쓰 둘의 죽음의 기억을 봉인한 고독한 마음이 생긴다.

인용 후반부에서는 "요 50여 년의 비애, 넌 아는가"라고 도쿠쇼가 이시미네에게 말한다. 도쿠쇼의 다리에서 떨어지는 물방울로 갈증을 축인 이시미네의 감사의 말은 기억을 봉인하고 살아온 도쿠쇼의 전후 고충에 대한 위로의 말로도 읽힌다. 도쿠쇼의 마음에 각인된 두 사람의 죽음은 이시미네에 의해 마침내 공유된다. 밀봉된 채 50년을 보낸 도쿠쇼의 마음은 사자와의 통로를 얻어 개봉된다. 물론 그것은 도쿠쇼에게 기적이라고도 할 수 있는 구원의 순간이다.

소위 원폭문학에서도 고독한 밀봉 용기로서의 마음 생성은 작가가 그려내는 주인공의 고충이 있는 곳으로서 매우 중요한 묘사이다. 여기서 나카야마 시로中山士朗의 「죽음의 그림자死の影」에 등장하는 세 장면을 나열해 보자. 나카야마 시로는 1930년 출생했고 히로시마 제1중학교 2학년 여름에 피폭을 경험한다.

가즈오和夫가 머릿속에 상상하고 있던 것 이상의 변화상이었다. 좌우 손등의 궤양에서, 그리고 사람들이 가엾어 하는 말, 사람들이 가즈오를 본 순간의 시선에서 어느 정도의 추한 변용을 각오했었지만, 그에 비할 바는 아니었다.

가즈오는 그 장소에서 죽어버리고 싶었다. (중략) 가즈오는 자기 내면에서 격렬히 붕괴하는 소리를 들은 것 같았다.

그라운드에서 생도들의 떠드는 소리가 들려왔다. 가즈오는 문득 고독감을 느꼈다. 그것은 (중략) 말로는 표현할 수 없는 고독함이었다.

이제부터 자신은 도대체 어떻게 살아가야 좋은 건가. 가즈오는 큰 소리로 외치고 싶었다.

"야, 궤양이다. 귀신이다"라고 떠들어대는 어린애들 앞에서 가즈오는 달아나는 개처럼 도망쳤다.

이렇게 외출해서 불쾌한 기분으로 집으로 돌아올 때마다 가즈오는 그 원인이 된 호기심/멸시와 닮은 시선을 떠올리며, 지구의 모든 장소에 원자폭탄이 투하되어, 인간의 얼굴이 모두 궤양으로 뒤덮였으면 좋겠다고 바라며, 자신을 살리려고 노력한 사람들을 저주하지 않을 수 없었다.

주인공 가즈오를 비롯해 등장하는 생도 다수는 저자가 재직한 히로시마 제일중학교 생도들이다. 첫 번째 인용은 가즈오가 얼굴에 크게 남은 궤양을 거울로 처음 확인하는 장면이다. 이 순간부터 가즈오의 전후가 시작된다고 해도 좋다. 단순한 비유가 아닌 가즈오는 이 망가진 얼굴의 당사자로서 전후의 불탄 자리에 홀로 서 있다. 그 고독한 내면을 밀봉한 마음이 가즈오를 무겁게 억눌러 온다. 그 마음은 그 누구도 이해할 수 없는 밀폐용기처럼 닫혀 있는 것, 그것이 두 번째 인용에 그려진다. 고독한 마음을 품은 채 살아가는 깊은 절망감이 가즈오의 마음을 한층 음울하게 만들고 있다.

세 번째 인용에는 그러한 마음 내부에 나타나는 인류 섬멸에 대한 욕망이 그려진다. 고독한 마음의 성립과 섬멸사상의 관계를 보여주는 구절로서 주목된다. 타자를 뿌리 뽑는 멘탈리티가 가즈오 내부에 생성되는 이 장면은 원폭 투하로 인해 발동한 폭력이 연쇄되는 순간을 포착한 것이라고도 할 수 있다. 그리고 한편으로는 이 폭력성을 단독으로 억압하고 말소할 의무를 짊어진 가즈오가 살아가는 세계의 출구 없는 폐색감閉塞感을 그린 것이라고도 할 수 있다.

재일 한국인의 원폭 피해를 그린 소설 「어둠의 석안暗やみの夕顔」의 저자 김재남은 1932년에 태어나 1952년에 일본으로 밀항해 사가현佐賀県 이마리伊里万 해변에 표착한다. 와세다대학 노문학과를 졸업한 후 조선 고교의 교사를 하면서 소설을 창작한 재일 작가이다. 나카야마 시로의 「죽음의 그림자」와 비교해 보면 분명해 지듯이 피폭 사실 그 자체가 사회적으로 인지되지 않는 한국 사회에서의 피폭자의 고립감이 돋보인다.

그때, 안쪽 장지가 열리며 무언가 빠르게 다가오는 소리가 났다. 일본댁이 장지를 열고서 말을 걸었다.

"영순아, 이리 와봐."

조영식은 놀라서 엉거주춤해 했다. 그 딸이 빛 쪽(달빛)을 향해 오고 있다. 약간의 빛도 무서워하는 딸이 벽장에서 자진해 나오는 것이 믿기질 않았다. 일본댁이 딸을 껴안고 가장자리에 앉혔는가 싶었는데 갑자기 상의를 벗었다. 아아 조영식은 자신도 모르게 소리를 질렀다. 그리고 눈을 돌렸다. 소리를 지른 것은 번개처럼 하얀, 젊은 여자의 피부를 보고만 당혹감 때문인 것인가. 그렇지 않으면 아름다운 피부의 등에 불그스름한 무참한 궤양의 융기를 본 놀라움 때문인가.

"이봐요. 눈을 돌리지 말아 주세요. 확실히 봐 주세요!"

일본댁의 날카로운 소리가 날아들었다. (중략)

"자세히 보고 있어요! 원폭이라는 것이 어떤 건지!"

히로시마에서 피폭된 이 조선인 가족은 아버지는 원폭증으로 사망하고 원폭증의 어머니와 전신에 심각한 궤양을 지닌 26세의 딸(지적 장애가 있는 것으로 설정됨)이 있다. 일본의 패전 이후, 한국으로 귀국하지만 사회적으로 원폭 피해가 인지되지 않은 한계 상황에서 궁핍한 생활을 강요받고 있다.

딸의 피부의 아름다움과 궤양의 대비를 달빛 아래서 지켜본 주인공 조영식(젊은 한국 남성으로서 신문기자)은 한국 사회를 향해 재한在韓 피폭자의 인지·원호援護에 대한 특집기사를 쓰려 하지만 상사의 몰이해로 저지된다. 젊은 딸의 피부에 떠오르는 궤양에 대한 저열한 흥미를 환기하는 기사라면 써도 좋지만 실명에 주소까지 명확히 기입하라는 이 상사의 태도는 한국 사회의 피폭자 차별의 한 단면으로밖에 보이지 않는다. 무력한 기자일 수밖에 없는 주인공에게 호소하는 어머니의 비통한 외침을 묘사한 인용 부분이다.

　이 모녀의 사회적 고립은 일본에서 귀국한 사람들에 대한 한국 사회의 편견, 원폭 피해에 대한 몰이해와 차별이라는 중층적 차별 구조 속에서 구원받기 어려운 상황이 된다. 이 출구 없는 차별은 너무나 무력한 매스컴에 몸담은 기자의 기억에 큰 상처로 각인된다. 이시미네를 죽도록 내버려두었던 도쿠쇼, 무저항의 중국인을 사살한 지로와 그 지로의 편지로 인해 사실을 알리게 된 화자를 포함해, 조영식이라는 이름의 젊은 기자도 같은 계통의 인물이라 할 수 있다.

　다음은 재일 문학의 대표적인 작가 중 한 명인 김학영의 데뷔작 「얼어붙은 입」의 일부이다. 이 작품은 1966년 9월에 '문예상'을 수상했고, 말더듬이, 양친의 불화, 아버지의 처참한 폭력과 어머니의 자살, 그러한 김학영의 모티브 대부분을 그려낸다.

　　오늘 아침과 같은 이런 눈물은 처음이었다. 어렸을 때 나는 자주 울었지만 대부분은 어머니의 슬픔을 대신 울었던 것이지 나의 슬픔을 울었던 것은 아니다. 나는 없었다. 적적해 울기에는 나는 적적함에 너무 익숙해 있었다.
　　나는 오늘 밤, 정확히 말하면 내일 아침에 죽는다.

　최의 친구였던 이소가이는 매우 심한 말더듬증과 모친의 자살,

부친의 폭력 등을 짊어지고 자살한다. 소설은 자살한 이소가이의 유서가 삽입된 형식이며, 다케다 다이준의 「심판」과 함께 소세키의 「마음」과 유사함이 여러 번 논해졌던 작품이다. 인용은 유일한 친구였던 재일 2세 최에게 보낸 유서의 한 구절이다. 최는 현재 이야기 시점에서 대학원생이다. 이소가이와 마찬가지로 말더듬증으로 고민하는 젊은이다.

그러나 이소가이의 말더듬증과 비교하면 가볍기 때문에 이소가이 앞에서 말을 더듬는 일은 없다. 이소가이에게 최의 유창한 일본어는 하나의 억압 요인이 되었을 가능성이 있다. 재일이고 말더듬이이기도 한 최는 이소가이를 죽음으로부터 구원해낼 수 있는 유일한 인물이었지만, 최는 이소가이의 마음속 고충을 이해하지 못한 채, 돌연 이소가이의 부고를 받는다. 그 유서는 엄중히 봉인되어 양친을 포함한 유족 그 누구도 볼 수 없다. 명확히 최에게만 보내진 유서인 것이다. 독자는 최와 함께 그 유서를 읽고, 이소가이가 죽음에 이르는 내면 갈등을 자세히 알게 된다.

최와 이소가이의 관계는 「심판」의 화자와 지로의 관계에 가장 가깝지만, 마찬가지로 「마음」의 죽은 K선생과의 관계, 선생과 그 유서를 읽는 나와의 관계와도 겹쳐진다. 특히 이소가이의 유서에 있는 "적적함 때문에 죽는다"는 말은 분명 「마음」과의 관련성을 보여주는 것이다. 중요한 것은 「심판」의 지로, 「물방울」의 도쿠쇼, 「어둠의 석안」의 신문기자 조영식 등 어느 인물 조형에도 이 적적함으로 통하는 고독한 마음이 명확한 죄의식의 자각과 동시에 그 죄의식을 밀봉하는 용기로 생성되고 있다는 것이다. 그리고 그 죄의식은 목격자의 부재 상황에서 가장 날카로운 칼이 되어 고독한 마음을 안쪽에서 난도질하고 그 통각痛覺에 의해 마음은 한층 고독하게 닫힌다.

「죽음의 그림자」에서 가즈오는 죄의식이라기보다는 내면의 붕괴 감각의 상황에 고독하게 서 있음으로써 인류 섬멸의 사상에 접속하듯 칼을 품는 마음을 생성했다. 얼굴에 궤양을 지닌 것과 심한 말더듬증으로 인한 고뇌가 한 청년을 마음속의 고독한 주인이 되도록 한 것이다.

아사히신문朝日新聞에 2년 동안 연재하고 미완의 상태로 문예지 『신초新潮』에 옮겨 게재한 후, 2004년 간행된 유미리의 「8월의 저편」이 있다. 이 작품은 유미리의 조부 이우철과 그의 동생 이우근 형제가 장거리 주자로 달리는 "헉, 헉, 헉"이라는 거의 무한적인 반복 속에서 다양한 기억을 살리고 지워간다. 매우 창작적이고 유니크한 구상과 문체로 그려진 장편소설이다. 이 소설의 한 구절을 인용해 본다.

> 30명 모두 구멍에 내려가면 꼬마가 양손에 리볼버를 잡고 우리에게 흙을 뿌리기 시작했다. 생매장이다! 우리를 생매장할 생각이다! (중략)
> 꿈속에서 외치더라도 목소리를 낼 수 없을 때 같았다.
> 조선민주주의인민공화국 만세!
> 껵다리가 우근의 얼굴에 흙을 던졌다. 눈에도 입에도 흙이 들어갔다. 우근은 밀짚으로 만든 두꺼운 줄을 씹으며, 흙과 비투성이의 얼굴로 두 사람의 사찰관을 쩨려봤다. 너희는 우리의 죽음을 목격했다. 우리의 죽음은 보고되더라도 증언되지는 않을

것이다. 그리고 몇 년 지나면 니희는 입을 다물 것이다. 그러나 우리는 너희를 목격했다. 죽음으로 입을 막아도 그 4개의 눈으로 우리 60개의 눈을 각인시켜줄 것이다.

    비명소리에 마음이 아픈 우철은 자신이 손으로 흙을 피하는 동작을 하고 있음을 깨달았다. 삽이 보인다… 한 명은 꺽다리, 또 한 명은 꼬마… 아이구 눈에 흙이 들어갔다… 아이구 아파! 아파… 아이구… 죽었다고 생각한 순간, 애도하는 종처럼 두통이 심해졌다. 우철은 통증에 의해 살아 있다는 것을 알게 되었고, 잠으로 갱신된 사실에 충격을 받았다.

    남동생이 살해당했다.

    (중략)…나는 꿈속에서 남동생의 목소리를 들었다. 조선민주주의인민공화국 만세! 나는 꿈속에서 남동생이었고 산 채 흙에 덮여…. 아이구, 남동생은 생매장당한 걸까? 남동생은 이 산에 묻혀 있는 건가?

    첫 번째 인용은 우선 동생 우근이 남조선노동당의 스파이로 쫓기고 선천적으로 타고난 튼튼한 다리로 산으로 숨지만 결국 꼬리가 잡혀 동료들과 함께 총살되어 생매장당하는 장면이다. 우근은 정부 측 앞잡이에 의해 생매장되는데 자신의 죽음을 죽이는 측에서 목격하면서, 입을 다문 자들을 향해 죽은 후 "입이 봉인되어도" 사라지지 않고 계속 지상에 살아남겠다고 한다. 계속해서 흙을 덮어쓴 삽으로 두개골이 갈라지는 순간의 감각이 극명히 묘사된다. 이 감각은 살해당한 우근의 것이지만 그것을 기술하는 것은 누구인가.

소설에서 이 묘사의 주체가 무엇인가는 근본적인 물음이다. 두 번째 인용에서 알 수 있듯이 살해당한 우근은 살해 현장의 기억을 그대로 꿈을 통해 형인 우철에게 보낸다. 결국 우근은 자신의 죽음 사실을 아는 자가 입을 다물 것임을 알고 있고, 그로 인해 죽음의 내부 감각을 사후에 형의 살아 있는 신체에서 소생시킬 수밖에 없었던 것이다.

우근에게 관심을 보였던 13세 김영희는 일본인의 속임에 넘어가 중국 우한武漢의 위안소로 납치되어 나미코라는 이름의 위안부로 착취당한다. 일본의 패전과 함께 15세인 그녀는 고향인 밀양으로 돌아가는데 부산행 선상에서 우연히 우근의 형 우철과 재회한다. 거기서 "당신은 그 무엇 하나도 잘못한 게 없어. 그러니까 그 누구와 마주치더라도 창피해 할 필요가 없지. 당당하게 귀향할 수 있어. 나와 함께 밀양으로 돌아갑시다"라고 격려받는다. 하지만 부산에 입항하기 전날 밤, 누구의 눈에도 띄지 않는 배의 후미에서 바다로 몸을 던진다. 그녀의 투신은 같은 배에 탔던 많은 귀환자 중 그 누구에게도 알리지 않은 상황에서 결행되었다. 그 죽음을 이야기하는 것은 작중에 등장하는 유미리 자신이며, 김영희의 고독한 마음은 사모했던 우근의 형의 손자에 해당하는 유미리의 신체에 전이되어 재생된다.

실제로 소설 말미에 '사후 결혼식'이라는 장이 설정되어 유미리가 복수의 무녀와 함께 제의祭儀를 지내고 그녀의 신체로 김영희가 내려온다는 장면이 있다. 위안부로서 김영희의 경험은 가부장제와 일체화된 유교 사회에서는 그녀의 죄가 되는 것이고, 그녀도 그것을 알고 있다. '사후 결혼식'을 거행하려고 했던 작중의 유미리는 특히 김영희의 말로 표현할 수 없는 고충을 조선의 유교 공간 외부에서 해방시키려 했던 것이다.

작품은 자유라는 외침으로 끝맺는다. 「심판」의 지로, 「물방울」의 도쿠쇼, 「죽음의 그림자」의 가즈오, 「얼어붙은 입」의 이소가이와 최, 그들은 모두 마음속에 말로 형용할 수 없는 고충을 안고 있다. 그것을 누구에게도 알리지 않은 채 마음이라 명명하며 살았다. 「8월의 저편」에서 그 밀봉 용기 같은 성가신 마음이라는 것을 개봉하고, 그것이 이단 심문관적異端審問官的 권력의 손이 닿지 않는 공간에서 해방된다. 「물방울」이 죽은 이시미네에 의한 도쿠쇼의 전후 오랜 고충으로부터의 해방 이야기를 다루었다고 한다면, 2000년대를 전후해 국민국가에 대한 근본적 인식 변화가 있었음을 추정할 수 있다.

3. 소세키 「마음」의 권역 - 결론을 대신해서

이 글에서 나쓰메 소세키夏目漱石의 「마음」을 자주 언급했다. 글의 마무리를 위해 소세키의 '마음'의 권역을 서술해 본다.

> 나의 눈은 그의 방 안을 한 번 둘러보자마자 마치 유리로 만든 의안義眼처럼 움직이는 능력을 잃었어요. 나는 꼼짝 못 했어요. 그것이 질풍처럼 나를 통과한 후, 나는 해버렸다고 생각했어요. 더 이상 되돌릴 수 없는 검은 빛이, 한 순간에 내 앞에 누워있는 전생을 굉장하게 비추었어요.

그러고 나서 나는 와들와들 떨기 시작했어요.

그래도 나는 결국 나를 잊을 수 없었어요. 나는 곧 책상 위에 있는 편지를 봤어요. 거기에는 예상대로 내 이름이 적혀 있었어요. 나는 그 편지를 뜯었어요. 하지만 그 속에는 내가 기대했던 것들은 아무것도 안 쓰여 있었어요.

선생의 마음 생성은 K의 자살이 아닌 K의 유서에 아무 것도 적혀 있지 않은 것을 확인한 순간부터 시작됐다는 것을 위 인용문을 통해 분명히 말할 수 있다는 것이, 이 글의 추론이다. 그 누구에게도 죽음의 이유를 말하지 않고 죽은 K는「8월의 저편」에서 김영희와 같은 위치에 있다고 할 수 있다. 한편, 선생은 K처럼 침묵하고 자살할 수 있었지만 모든 것을 '나'에게 고백하고 전하려 한다. 유서에서 선생은 "기억해주세요. 나는 이렇게 살아왔습니다"라고 나에게 간청하듯 말한다. 그것은 K의 죽음이 그 배경을 포함해 선생을 제외한 누구에게도 알리지 않고 결행한 데서 오는 일종의 그로테스크 한 공포감에 선생의 전신이 꿰뚫리기 때문이다. 결국 K의 죽음을 이해 가능한 프레임에 넣는 행위가 먼저 필요한 것이다.

'선생'에 의해 쓰인 장대한 '유서'에는 K의 유체 처리에 대해 "군인의 미망인만 있어 요령을 알고 있습니다"라고 적혀 있고, "부인이 명령하여" 유체를 처리한 자신의 수동성을 강조한다. 그러나 선혈을 닦아내고 K의 피를 머금은 묵직한 이불을 처리하는 '선생'의 양손에 묻은 K의 혈액은 '선생'의 마음에 붉은 얼룩으로 남을 것이다. '선생'이 자신의 마음을 채운 혈액은 자살한 K가 흘린 혈액이라고 느꼈다 하더라도 이상할 게 없다. '선생'의 유서에는 '선생'의 마음으로 강철처럼 파고든 K의 죽음이 K의 침묵으로 한층 무거운 가책이 되어 짓누르려 하는 괴로움을 그리고 있는 것이다.

왜 K는 유서에 아무 것도 쓰지 않은 채 죽어버린 걸까. 가령 '선생'을 책망하는 말이 있었다면 이 소설의 전개는 전혀 달라진다. '선생'은 '부인' '아가씨'에게 공격받을 것이다. 경찰의 취조도 피할 수 없을 터이다. 사회적 제제는 대학의 지속적인 학업에도 그림자를 드리울 것이다. 그럼에도 불구하고 일체를 잃어버린 '선생'은 '유서'를 쓰지 않고도 확실히 유정의 미를 거둔 것이라고 본다. 왜냐하면 죄는 충분히 벌을 받고 속죄를 이루었을 것이기 때문이다. 하지만 현실은 그렇지 않았다. '선생'이 범한 행위는 '선생'을 제외한 그 누구에게도 알려지지 않고, 침묵한 채 죽은 K를 마음속에 살게 한 채, K를 향한 속죄를 무한히 반복하는 지옥에서 '선생'은 살기를 강요받고 있는 것이다.

그러한 '선생'이 '유서'에서 행한 것은 K와 자신을 같은 경우에 놓고, 같은 괴로움을 품은 마음의 무게를 견딜 수 없는 결과로서, 마음으로부터의 해방이라는 비극을 연출한 게 아닐까.

> 동시에 나는 K의 사인을 반복해 생각했다. (중략) 현실과 이상의 충돌 - 그래도 아직 불충분했습니다. 나는 마지막에 K가 나처럼 혼자 슬퍼 견딜 수 없었던 결과, 급히 생사의 장소를 정한 게 아닐까 하는 의문이 들기 시작했습니다. 그렇게 다시 소름이 끼쳤습니다. 나도 K가 걸었던 길을, K처럼 밟고 있는 것이라는 예감이 그때마다 바람처럼 가슴을 스쳐지나가기 시작했기 때문입니다.

여기서 "K가 나처럼 혼자 슬퍼 견딜 수 없었던 결과, 급히 장소를 정한 것은 아닐까"라는 해석이 제기된다. 또한 메이지천황 붕어 崩御를 접하고, "가장 강하게 메이지의 영향을 받은 우리가 그 후에 살아남은 것은 필경 시세時勢에 뒤쳐진 느낌이 격하게 내 마음을 때렸습니다"라고 씀으로써, '메이지의 정신'이라는 국민국가 이데올로기의 등장이 흡사 필연인 듯 그려진다. 그리고 그것이 개인의 삶과 죽음에 내재된 개별성을 해소하고 무화하는 장소로 선택된다고 할 수 있다.

나쓰메 소세키에게 개인의 생애는 인간이 모두 짊어질 수 없는 죄업이 각인된 것이며, 그것을 구제할 수 있는 것은 국민국가, 굳이 말하면 원수의 권위밖에 없다고 본다. 그렇다 해도 K와 선생의 죽음의 이유에 극히 개인적인 번뇌와 고충을 소위 국가원수가 구원한다는 이 사상은 논리적으로 위화감이 있다. 그러나 이 위화감은 유서를 받아든 '나'의 세대와 K와 선생의 세대를 분리하는 가교 불능의 단절임을 소세키는 알고 있었을 터이다. 왜냐하면 「마음」 연재 후 다음 소설을 『시라카바』의 젊은 작가 시가 나오야를 특별히 뽑아 정중히 의뢰한 것도 소세키 자신이었기 때문이다.

소세키가 「마음」을 집필함으로써 깔린 레일은 엄연히 있고, 마음의 생성 프로세스를 이후 소설가가 배워 국가와 마음의 관계를 다양한 형태로 그렸다. 제국주의라는 강력한 정치의 벽에 저지되고 그 폭력성에 노출되어 죽어간 사람들의 많은 죽음을 목격자로 그려내고, 두터운 벽 건너편에서 이쪽으로, 죽음의 사실을 끄집어내는 것. 이 글은 그러한 문학의 목격과 증언의 기능을 현재 정치적 비논리성으로 인해 초래되는 시대의 기로에서 확인하고자 했다.

동아시아 민중의 마음 생성을 그리고 국가 이데올로기의 외부에 고충으로 가득한 폐쇄감을 해방시키는 주인공을 그릴 때, 그것은 동아시아 문학에서 오랫동안 기대했던 문학의 등장으로 기념해야 할 것이다. 왜냐하면 소세키의 의뢰에 시가 나오야는 성실한 집필을 시도했지만, 끝내 숙성되지 않았다 판단해 소세키 저택에 집필을 사퇴한다는 뜻을 전달한 이후, 소세키의 숙원은 여전히 일본 문학사의 공백으로 남아 있기 때문이다. 일본 문학은 그러한 의미에서 동아시아에 대한 가장 큰 부채를 아직도 갚지 않았다고 할 수 있다.

제3부 일본 낭만파론

제1장 야스다 요주로론
제2장 고바야시 히데오
       - 초기 창작론
제3장 일본의 근대와 낭만주의 정신

제1장 ── 야스다 요주로론

1. 동맹휴교와 실패의 본질

오사카고등학교는 문부성 직할 학교로 1921년 11월에 창립되었다. 당시 오사카에는 국립 오사카공업학교, 부립 오사카고등의과학교, 시립 오사카고등상업학교가 있었으며, 오사카고등학교와 같이 오사카외국어고등학교가 설립되었다. 오사카부립 여자전문학교의 설립은 1924년 2월이다. 제1차 세계대전 이후 일본은 국가 제도적 신분제도hierarchie를 한층 견고하게 하려고 고등교육 기관을 통한 기술 관료적 인재 육성을 서둘렀다.

오사카에서 고등교육기관의 신설·정비가 빠른 템포로 전개된 것은 보통 제1차 세계대전의 종결부터 1935년경까지였다. 1928년 시립오사카고등상업학교가 시립오사카상과대학으로, 1931년 부립

의과학교가 국가로 이관되어 오사카제국대학이 되는 등 이 무렵 오사카는 본격적으로 고등교육의 기반을 확립한 시기였다고 할 수 있다.

야스다 요주로와 다케우치 요시미는 1928년 4월 오사카고등학교의 7회 신입생으로 문과반에 입학한 동기였다. 『고기토』의 시인 다나카 가쓰미田中克己도 그들과 동기였는데 전후의 몇몇 문장에서 오사카고등학교 시절 두 사람의 모습을 확인할 수 있다.

    1928년 입학한 문과 7기생에게는 특징이 있다. 신임 구마모토隈本 교장이 문과 입시에 수학을 제외한다는 획기적인 일을 단행해 수학시험을 칠 수 없지만, 다른 과목에는 자신이 있는 수재(?)가 전국에서 몰려왔다. 이들은 전료제全寮制여서 모두 즈난료図南寮로 들어가 가정에서 벗어나 분방한 생활을 할 수 있게 된다. 야스이安井 선생은 문과 을반을 담당했는데, 졸업 후에 만나 문과 7기생 을반이라고 하자, "아, 그 로맨틱한 클래스잖아"라고 말씀하셨다. 좋게 말해 로맨틱이지 나쁘게 말하면 말썽 많은 클래스였겠지.
    게다가 각 클래스에는 제각기 멋진 문학 지도자가 있었다. 문과 갑반에는 다케우치 요시미, 문과 을반에는 야스다 요주로가 있었다.[1]

---

1) 田中克己, 「かぎろひ」のころ」(『大高 - それ青春の三春秋』, 大阪高等學校同窓會刊行, 1967.11).

그들 문과 7기생이 오사카고등학교에 입학하기 한 달 전에 공산당 관계자 1,568명이 일제히 검거되고, 도쿠다 규이치德田球一 등 483명이 치안유지법 위반으로 기소되는 사건(3·15사건)이 발생한다. 1927년 7월에 코민테른komintern이 결정한 "일본 문제에 관한 결의"(27년 테제)를 수용한 형태로 격화된 "군주제 폐지" 주장이 당국의 감시를 초래한 결과이다. 그리고 1928년 4월에는 도쿄제국대학의 신입회新入会에 해산 명령이 떨어지고, 그 후 교토, 규슈, 도호쿠 각 제국대학 내 사회과학연구회가 순차적으로 해산되기에 이른다.

오사카고등학교 문과 7기생이 '로맨틱'이라 불릴 당시는 이와 같은 1928~29년의 사상적 상황이 배경에 있었다. 문과 7기생 을반의 담임 야스다 선생의 발언은 1935년 창간된 잡지 『일본낭만파』(야스다 등이 창간)의 잡지명을 연상했을 거라 생각되지만, 1930년 11월 이 문과 7기생들에 의해 강행된 동맹휴교사건의 성격은 정말 '로맨틱'한 것이었다. 야스다, 다케우치의 낭만주의를 생각했을 때, 이 사건이 두 사람에게 끼친 사상적 흔적을 생각해 볼 수 있다.[2]

---

2) 호소미 가즈유키(細見和之), 「『고기토』 이전, 혹은 다케우치 요시미와 야스다 요주로 - 잡지『고기토』와 그 주변(1)(『コギト』以前, あるいは竹内好と保田與重郎──雜誌『コギト』とその周辺(1))」(『초극저항 레비지오(超克抵抗レヴィジオン)』第2輯, 1999.4)에는 "그런데 이 무렵 야스다의 고교시절의 동급생에는 다케우치 요시미도 있었다. 다케우치가 결국 『고기토』에 집필하는 일은 없었지만, 그 말기에는 한 명의 동인이 되었다. 야스다와 다케우치를 둘러싼 문제는 지금까지보다도 훨씬 굵은 선에서 재검토하여 생각해야 한다는 인식이 나타나 있다.

1930년 스트라이크(동맹휴교) 사건의 상세한 내용은 다케우치 요시미 전집에 수록된 연보의 1930년 항목에 가장 잘 기록되어 있다. 사건의 계기는 교우회 기관지『제릉帝陵』15호에 게재된 좌경 소설 3편의 집필자를 압박할 목적으로, 관할인 아베노阿倍野 경찰서의 형사가『제릉』의 편집자인 도서부 위원 5명을 수업 중에 갑자기 연행한 데 있다.

이 사건을 이론적으로 지지했던 자는 "문과 7기생 을반의 야스다 요주로를 필두로 철학연구 그룹 상당수 멤버가 포함된다. 그밖에 다케우치 요시미 등도 왕성히 활동하고 있었다"[3]라는 지적 외에도 다나카 가쓰미는 "학교 측은 주모자로 다케우치 요시미와 야스다 요주로를 인정하는 분위기였다. 우리는 이 둘이 희생되는 것을 참지 못하고 스트라이크를 풀었다"[4]라고 회상한다. 더욱이 다케우치 요시미의 연보에는 "스토의 참모본부와 같은 곳에 가니 5, 6명과 뒤섞여 야스다 요주로가 생각에 잠긴 듯한 표정으로 앉아있었다"라고『제릉』의 편집위원 야세나 가즈오中道一雄의 증언이 기재되어 있다.

매우 상세한 1930년의 다케우치 연보 기사에 대해 야스다 요주로 전집에서는 "1월 가기로이炫火 단카회短歌會의 기관지『가기로이』 창간. 유하라 후유미湯原冬美의 필명을 사용해 다나카 가쓰미와 함께 동기관지의 편집을 이끈다"라는 간단한 기술과 회원 몇 명의

---

3) 「ストライキ事件」,『大高 - それ青春の三春秋』, 大阪高等學校同窓會刊行, 1967. 11).
4) 田中克己, 「思い出の中から」,『思想の科学』91号, 1978. 5).

이름이 나열되어 있을 뿐이다. 오사카고등학교의 스트라이크 사건에 관한 기술은 전혀 없다.

하지만 각종 자료에서 확인할 수 있는 것은 다케우치 요시미와 야스다 요주로가 좌익의 이론적 지주로 오사카고등학교의 스트라이크 사건을 현실적으로 움직였다는 사실이다. 다나카 가쓰미가 「『고기토』 해설」(1984.9)[5]에서 "기숙사에서는 모두가 노래를 합창하는 동안 야스다, 다케우치, 마쓰시타松下, 마타노俣野 등이 내담內談했는데, 이대로라면 희생자가 나온다, 3일 후에는 스트라이크가 중지되고, (중략) 투표의 결과는 스트라이크 중지가 과반이었다"라고 적힌 상황이 실제 있었다고 보여진다.

야스다의 좌경에 대해서는 문과 7기생 갑반의 가토 사다오加藤定雄의 증언도 있는데 다음과 같다.

> 야스다 군과는 고등학교 2학년 가을 권유로 그의 친구 오사카외고생인 O군을 지도자로 하는 독서회에 참가한 것이 첫 인연이다. 아베노阿倍野 내의 하숙집에서 야스다 군, 고 도야마 故富山 군, 고 오니자와故鬼沢 군 등이 「무산자 정치교정政治敎程」을 텍스트로 공부를 이어갔다. 그 후 야스다 군의 전중/전후 평론가로서의 활동에서는 도저히 생각할 수 없는 일면이었다.[6]

---

5) 田中克己, 「『コギト』解説」(『復刻板『コギト』別冊, 解説並びに著者別お書目索引』臨川書店, 1984.9).
6) 加藤定雄, 「めぐりあい——竹内好と保田與重郎——」(『人間・大高の森』, 大阪高等學校同窓會刊行, 1979.11).

다케우치 요시미에 대한 증언으로는『근대문학』의 좌담회「국민문학에 대해」7)에서 "야스다도 무너진 좌익이야. 고등학교 때 징계 먹었어요. 교우회 잡지에 전형적典型的인 진지한 선동적인 선전 소설을 썼다니까요. (웃음)"라는 발언이 있으며 이는 지금까지도 적잖이 인용되고 있다.

그렇다면 1930년 11월의 이 사건을 전하는 신문의 표제어를 날짜별로 보도록 하자. 우선 11월 26일자 오사카 아사히신문에 "생도 5명 검속으로/ 오사카 고교생 움직이다/ 두 교수 배척의 소리 높임"이라는 큰 표제어가 있고, 조그마하게 "회합은/생도의 일부?" "동정했을 뿐/한 생도의 이야기" 등의 표제어가 눈에 들어온다. 같은 날 오사카 마이니치신문에는 "오사카 고교생 5명/ 갑자기 교내에서 검속/ 잡지『제릉』의 문장이 탈이 되어/ 시험을 앞두고 좌경 소동"으로 기술된다. 초기 보도로서는 의외일 만큼 사건 성격의 왜소화가 눈에 띠는 표제어라고 할 수 있다.

이 경향은 다음 날 한층 현저해져, 27일자 오사카 아시히신문에는 "절대다수로/ 동맹휴업 부결/ 구마모토隈本학장에 일임, 오늘 아침에 해산식/ 27일자 오사카고교의 분요 급전해결紛擾急轉解決"이라고 기술된다. 28일자 오사카 아시히신문에는 "오사카고교의 분요/ 원만 해결/ 오늘 아침에 해산식 거행"이라는 내용이 있으며, 같은 날 오사카 지지신보時事新報에는 "연론軟論 다수를 제지하고/ 생도 측 참패/ 오늘 아침 비통한 해산식 거행"이라는 표제어로 되어

---

7) 座談会,「国民文学について」(『近代文学』, 1934.12).

있다.

 11월 25일의 스트라이크 돌입부터 27일 투표에 의한 스트라이크 해제 결정에 이르는 경위는 이와 같은 신문 표제어를 통해 어느 정도 추측할 수 있을 뿐이다. 이러한 논조로 보도되고 곧바로 상황 종료로 간주된 스트라이크 지도자의 실감이 다케우치와 야스다가 악물었던 현실의 총체였다.

 나카미치 가즈오中道一雄가 전하는 "야스다 요주로가 생각에 잠긴 듯한 표정으로 앉아있었다"라는 초연한 야스다의 모습을 떠올릴 수 있는 부분인데, 다케우치와 야스다가 이 사건을 통해 대체 어떠한 사상적 흔적을 각인했는지 다케우치의 다음 문장을 통해 생각해 보자.

  지도 중추中樞는 사전에 전교 생도의 향배를 계산하고 있었다. 그 계산에서는 운동부는 전원 반대파에 들어가 있었다. 그런데 뚜껑을 열어보니 예상이 크게 빗나가 나날이 좌익적 언사를 지껄이는 팔팔한 무리들 사이에서 안색을 바꾸는 자가 많이 나왔다. 그 뿐만 아니라 일괄 반대파로 계산한 운동부에서 가장 완강한 스트라이크 주창자가 등장했다. 나로서는 그때까지 경멸했던 고교생 풍의 '순정'과 '감격'과 '분발'을 새롭게 재검토할 수밖에 없었다. 인간의 행동양식이 '사상'으로 직접直接하는 것이 아니라는 것도 이때 배웠다.[8]

---

8) 竹内好, 「中野淸見著『ある日本人』あとがき」(中野淸見『ある日本人』第2部, 人間の記錄叢書, 平凡社, 1958.2).

동맹휴교의 실천적 패배의 상황[9]에서 다케우치 요시미가 배운 것은 "인간의 행동 양식이 '사상'에 직접 연결되는 것이 아니다"라는 인식이었다. 이는 후일 다케우치가 루쉰을 발견하고 그것을 다케우치 자신의 피와 살로 만들어가는 과정을 아는 자에게는 충분히 납득이 되는 일이다. 루쉰에 대해 최초로 정리한 평론 「루쉰론」[10]에서 다케우치는 다음과 같이 적고 있다.

> 루쉰의 경우 설정된 목적 의식이나 행동의 규범을 갖고 있지 않았다. (중략) 어디까지나 문학자의 생활이고 그렇기에 관념적 사색의 훈련이 결여된 18세기적 유취遺臭를 동반하고 있다. 한걸음 앞서 간 것인지 모르겠지만, 넘어가라 요청받았던 10보를 시대로부터 넘지 못했다. (중략) 이것이 루쉰의 숙명적인 모순이고 루쉰으로 표현되었다는 의미에서 현대 중국 문학의 모순이다.

다케우치는 '순정'과 '감격'과 '분발' 등 구제 고교생 풍의 '행동 양식'의 외관이 고풍스러움과 어울리는 오래된舊弊 '사상'으로만 연계되는 게 아니라는 것을 스트라이크 사건을 통해 인식한다. 그리고 다케우치의 그러한 인식은 그로부터 6년 후 「루쉰론」에서 일찌감치 문학론의 형태로 나타남을 알 수 있다. 루쉰의 경우 "목적의식

---

[9] 1930년 11월 27일자 오사카 아사히신문에는 "학교 측에서는 오전 9시 생도 측으로부터의 결의문을 받은 후, 곧바로 직원회의를 열고 협의한 결과 결의조항 전부를 거절하게 된다"고 했다. 같은 기사는 다른 지면에서도 확인할 수 있는데, '패배'라는 사실은 결정적이었다.
[10] 竹内好, 「魯迅論」(『中國文學月報』 20号, 魯迅特輯号, 1936.11).

이나 행동의 규범" 없이 "18세기적 유취를 동반"한 문학자일 수밖에 없다. 거기에 루쉰이 "현대 중국 문학의 모순"을 껴안는 지점이 있고, 거기서 다케우치는 현대 중국의 '모순'의 사상적 가능성을 찾아내려는 모습을 그려내고 있다.

다케우치 요시미의 최초의 저서 『루쉰』[11]에는 다음과 같은 구절이 있는데 1930년 스트라이크 사건에 얽힌 잔향殘響을 읽을 수 있다.

> 「광인일기狂人日記」가 근대문학의 길을 연 것은 그것에 의해 구어가 자유로워진 것도, 작품 세계가 가능해진 것도 아니다. 게다가 봉건사상의 타파에 의미가 있는 것도 아니다. 이 치졸稚拙한 작품에 의해 어떤 근저적根柢的 태도를 파악했다는 점에서 가치가 있다고 본다. 그리고 그로 인해 「광인일기」의 작가는 소설가로 발전하지 못하고, 오히려 소설을 소외함으로써 자작을 속죄할 수밖에 없었던 것이라 생각한다.

다케우치 요시미가 그리는 루쉰상은 "근저적인 태도"를 덮고 숨기는 듯한 작품의 '치졸한' 외관으로, 작품 외부에서 가해지는 억압에 의한 비뚤어짐에 다름 아니다. 그 비뚤어진 형상을 신식 의장으로 겉치레하는 것이 아니다. 오히려 그 비뚤어짐을 비뚤어짐 그 자체로 부정의 힘을 노골적으로 드러냄으로써 자기부정에 의한

---

11) 竹内好, 『魯迅』(東洋思想叢書, 日本評論社, 1944.12).

진정한 창조를 손에 넣고자 했던 문학자이다. 중요한 것은 이러한 루쉰에 대한 해석의 지평이 1930년 스트라이크와 실질적 패배라는 구체적 체험에서 이끌어냈다는 것이다.

정말로 1930년의 11월의 이 체험은 주모자 다케우치, 야스다 등의 안일한 계산, 즉 좌익적 활동에 가해지는 사회적 억압에 대한 안일한 인식을 잔혹함이라기보다 해학의 형태로 부상시켰던 것이다. 오히려 나카노 기요미中野淸見 등 오래된 무리가 보여준 행동의 의외성을 통해 억압적 구조의 전체성 내부에 갇혀버린 존재의 독자적 저항 형태를 알게 해준 것이었다. 루쉰의 "18세기적 유취"는 그 '유취'를 통해 스스로의 존재를 나타낼 수 있도록 한 억압적 구조의 전체성이 외부를 향해 자기부정을 하는 것이다. 그리고 그 '낡음'에 대한 인식론적 변혁이 스트라이크 사건을 통해 얻은 다케우치 요시미의 체험적 의미였다.

다음은 야스다 요주로이다. 야스다는 1930년의 체험에서 작가 의식의 성립과 위기의식에 대한 인식을 이끌어냈다 생각한다. 야스다의 좌경 이론으로의 경도는 인식의 형성 과정에서 억압적 구조를 외부에서 변혁하는 제3자적 주체 이론으로부터, 오히려 그러한 억압구조의 내부에서 배제되고, 배제됨으로써 역설적으로 구조 안에 변혁적 위치를 차지하는 주체 이론으로 변용해갔던 것으로 보인다. 작가 의식의 확립이란 공동체의 배제와 동의同義인 것이다. 따라서 그 의식은 근원적으로 위기감으로 덮여 있고 거기서 발신되는 모든 표현은 공동체의 폭력적 구조를 고발하는 코드로 교묘하게 짜인 텍스트가 된다.

1932년 3월에 창간된 『고기토』의 편집 후기(야스타 집필분)에는 이러한 자각에서 출발하는 야스다의 많은 서술을 찾아볼 수 있다. 야스다는 창간호 편집 후기에서 이렇게 서술하고 있다.

'고기토'라는 이름이 고답적이란 말을 들었다. 그러나 우리들은 동인잡지를 하나의 주의로 안내할 기획을 갖고 있지 않다. 우리들은 '무엇을 위해' '무엇을' 쓸까 하고 새로운 각도에서 묻기 이전에 소위 문학의 효용을 말한다. 그 이전에 "왜 문학을 하나", "문학을 하기 시작했다"는 삶의 의식을 물으려는 정열을 느낀다. 분명 이 둘의 미세한 구별의 확립을 간과할 수 없다. 이 원죄적 과거의 숙명관을 추구하고 싶다.[12]

야스다가 말하는 '고기토'란 모든 것에 앞서 존재하는 확실한 근거로서의 데카르트적 자아가 아니다. 왜 문학을 할 수밖에 없는가라는 물음의 형태로 "원죄적 과거의 숙명관"에서 돌연 나타나는 문학자의 자의식이야말로, 야스다가 '고기토'라는 말에 위탁한 것이었다.[13] 잡지 『고기토』는 진정 근대의 지평을 형성하는 데카르트적

---

12) 保田與重郞,「編輯後記」(『コギト』創刊號, 1932.3).
13) 케빈 마이클 도크 『일본낭만파』와 내셔널리즘』(고바야시 요시코(小林宜子) 역, 가시와쇼보(柏書房), 1999.4)에는 다음과 같은 지적이 있다. "『고기토』의 동인은 지식의 주체에 관한 데카르트의 공식과 모든 근대적 아이덴티티를 인식론적, 실존적 출발점으로 생각해 토착의 감성에 뿌리내린 일본 독자의 아이덴티티를 배제하고 있다며 이것을 비판했다. 그들은 데카르트적인 자아를 역사와 문화에 의해 한정된 특수한 구축물로 생각한 데다가 그러한 자아를 초월하고 레비노와 사리반이 근대가 되어 '문화적 세계의 이전 및 배후에 존재하고, 그 세계의 근본을 이루는 현실'이라 부르는 것에 가까운 무엇인가에 도달하고자 목표했던 것이다. 그들의 문장에는 서양의 지를 습득한 것의 더없는 자신이 넘쳐 있지만,

고기토의 근본적 개서改書를 노린 야스다의 문학적 거점이었다.

야스다는 '고기토'라는 말에 담은 구상을 다양한 문장을 통해 이야기하고 있다.

> 우리는 역사적, 사회적 제약을 받고 있다. 그러나 우리는 문학을 한다. 우리는 이 고뇌 속에서 문학을 해야만 한다. 가볍게 실천할 수 없는 진실을 토대로 하자. 우리는 오늘의 인간을 지식인이라 쓰고 싶다.
>
> (『고기토』 5호, 1932.7)

> 언제나 우리는 누가 우리의 시대정신의 모습을 알까 하고 의기양양하게 말할 수 있다. 적어도 우리는 이 나라의 문화와 정신의 역사 위에서 노골적으로 밖에 나타난 직업의 일부분에 종사해야만 한다. 이 조건 하에서 우리가 갖는 정신적 고뇌의 모습은 우리와 이후 정신에—약하지만 진실의 측면에서—동감될 것이라 생각한다.
>
> (『고기토』 18호, 1933.11)

그들이 주목한 것은 지의 모든 탐구를 이끌어온 근대적 관습, 그중에서도 특히 문학적 표상이라는 행위였다. 그들은 표상이 말과 사물의 자연스러운 대응관계를 확립하는 것 같이 문화적으로 중립된 프로세스가 아님을 분명히 하고 싶다고 생각했다. 물론 그들 자신, 그 저작 속에서 표상이라는 행위에 의지해 초기단계에서는 보편적인 문화에의 반발로서 표상의 과정 그 자체를 이화(異化)하려고 시도했다." 낭만주의에 의한 근대비평의 전략에 대해서의 이 글의 인식과도 겹치는 견해로서 중요시하고자 한다.

야스다가 여기서 반복해서 말하는 것은 제1차 세계대전 이후 일본의 근대국가 확립기에 "역사적, 사회적인 제약을 받으며" "문학적으로 궁지에 내몰린 자각"(『고기토』 31호, 1934.12)에 대한 것이다. 체제 내부적 "일의 일부분에 종사해야 하는" 한편, 그 억압과 배제의 폭력에 대항해 "문학을 한다"는 의미이다. "우리들은 소년시절에 쉽게 상처받는 심정의 나날들을 경험했다"(『고기토』 31호, 1934.12)는 것의 하나로, 1930년 스트라이크 사건의 전말을 거론하였다는 것은 분명하다. 이러한 경험, 이른바 실패의 본질을 통해 야스다는 근대 작가의 고립과 초월을 알았던 것이다.

다케우치와 야스다가 스트라이크 사건의 주모자를 떠안게 된 경험은 각각 다케우치 요시미를 루쉰의 발견으로, 야스다를 초기 독일 낭만파 발견으로 이끌었다. 둘에게 좌익 활동에 의한 현실 변혁의 꿈은 근대국가 일본의 출구 없는 억압 구조에 대한 투철한 인식으로 남게 되었다.

2. 낭만주의와 미완의 저항

『고기토』 창간 무렵 야스다 요주로에게는 초기 독일 낭만파로 경도되는 이면에 프롤레타리아 문학/혁명 문학을 끊기 힘들다는 생각이 있었다. 태생이 전혀 다른 이 두 문학의 입장은 야스다에게 한결같이 근대 국민국가의 억압을 벗어난 문학 정신으로 간주되었다.

1933년 6월 사노 마나부佐野學 · 나베야마 사다치카鍋山貞親의 옥중 전향 성명 이후 전향자가 속출하는 가운데, 야스다는 기타가와 후유히코北川冬彦가 주재하는 문예동인지 『면포麵麭』의 시인 진보 고타로神保光太郎와 비평가 이노우에 요시오井上良雄에 특별한 관심을 보인다. 저널리즘과 딜레탕티슴dilettantism에 대립하는 『면포』의 이론적, 집단적 행동을 높이 평가했다. 『면포』의 창간 1주년 기념호에서 야스다는 다음과 같이 서술한다.

나는 이 감상을 쓰는 중에도 진보神保 씨의 말이 걱정되어 찾아보았습니다. 이런 말 — "이 운동(신산문시 운동)을 마지막으로 시인은 산문의 거친 바다 속으로 몸을 던진 것이다. 그런 의미에서 운동 안에 있었던 훌륭한 시인들 기타가와 후유히코, 미요시 다쓰지三好達治, 마루야마 가오루丸山薫, 안지 후유에安西冬衛 등은 시가 산문과 구별되었던 행복한 시대의 최후의 시인이었다." 여기에 『면포』시의 문제 방향, 진보神保 씨의 환희에 찬 고뇌의 길도 있었다고 생각한다. 여기서 나오는 문제와 싸우는 시인들을 확실히 느낍니다. 무척 좋은 말로 느껴집니다.[14]

진보 고타로는 "산문의 거친 바다에 몸을 던진" 최후의 시인이며 야스다를 포함한 이 새로운 문학 세대가 시의 소멸을 노래할 수밖에 없는 완전히 역설적인 문학을 낳고 유지했다고 할 수 있다. 또한 야스다는 다른 문장에서 "나카노 시게하루 등이야말로 순수문

---

14) 保田與重郎, 「感想」(『麵麭』, 1933. 11).

학으로서 거기에는 프롤레타리아 문학이네, 부르주아 문학이네 하는 구별이 없다'고 내게 말한 것은 확실히 진보 고타로다"[15]라고도 했다. 그렇게 야스다는 "너는 부르지 마라"(「노래」)고 노래했던 나카노 시게하루의 저항 라인으로도 연결되는 듯한 현실 변혁을 향한 주체의 "환희에 찬 고뇌"를 진보의 말로 이끌어내고 있다.

이러한 문학 정신의 "환희에 찬 고뇌"가 초기 독일 낭만파에 적용될 때 "고독과 초월"이라는 말로 표현된 것이다. 야스다의 초기 독일 낭만파에 경도된 배후 혹은 그 전사前史로서『면포』의 비평가 이노우에 요시오의 문예평론에 대한 깊은 이해가 존재한다.

이노우에 요시오는 1931년 2월, 교토대학 독문과 동기였던 진보 고타로와 동인지『시와 산문』을 창간하고 편집을 담당했다. 진보를 포함한 멤버들과 1931년 9월부터 이듬해 4월까지 동인지『자장磁場』을 계속해 편집했다. 1932년 11월『자장』은 기타가와 후유히코北川冬彦가 주재하는『면포』가 되는데 야스다가 이노우에 요시오와 진보의 존재를 상당히 이른 시기부터 의식했던 것은 틀림없는 듯하다. 야스다의 다음 문장은 이노우에 요시오에 대한 지속적인 흥미의 핵심이 어디에 있었는지 시사하고 있어 흥미롭다.

나는 그러한 견지(동인잡지의 중요성)에서 출발하고자 에세이 하나를 썼다. 동인잡지의 문제가 오늘날보다 깊은 관심을 끌지 못했던 때였지만, 이러한 나의 견해는 두세 명으로부터 비판받았

---

15) 保田與重郎,「『麵麭』の人たち」(『鷭』第2輯, 1934.7).

다. 「이상」의 잡지평과 중앙신문의 야자키 단矢崎彈 씨, 그리고 「면포」의 가지와라 겐조梶原謙三 씨를 기억하고 있다. 가지와라는 이러한 나의 견해를 하나의 지나간 날의 추억이라 했다. 그래서 나는 그 후 두세 편의 에세이를 우리 잡지에 실었으며, 다른 장소에서 말한 19세기 문학의 기반에 대한 견해는, 한면―面으로 가지와라 씨의 견해에 대답했던 것이다. 후에 가지와라 씨가 일찍이 「자장」에 여러 개의 좋은 에세이를 쓴 이노우에 씨라는 것을 알고 나는 흥미 이상의 것을 느꼈다.[16]

여기서 말하는 가지와라 겐조梶原謙三는 가지 모토지로梶井基次郎와 도키토우 겐사쿠時任謙作 두 명의 이름에서 따온 이노우에 요시오의 필명이다. 여기서 야스다의 증언을 그대로 받아들이면 이 무렵 야스다의 비평, 특히 "19세기 문학사에서 문학의 지반地盤"에 대한 야스다의 견해가 이노우에 요시오를 향한 언설이었다는 것이 된다. 야스다가 "19세기 문학사에서의 문학 지반"이라고 말할 때 그것이 의미하는 것은 초기 독일 낭만파의 문학 정신임은 말할 것도 없다.

야스다 요주로는 1933년 6월에 "문학의 하나의 지반地盤"[17]이라는 타이틀의 비평을 쓴다. 여기서 야스다는 "근대의 작가 출현"을 "혁명으로부터 나폴레옹 전정專政을 거쳐, 부르봉 왕조의 일시적 부활이라 했던 그 자유를 지향한 분주한 투쟁"의 과정에서 찾아낸

---

16) 保田與重郎, 「感想」(『麺麭』, 1933.11).
17) 保田與重郎, 「文学の一つの地盤」(『作品』, 1933.6).

다. 그리고 거기서 탄생한 "근대의 작가생활을 취한 우울"을 "고독과 초월의 두" 방향에서 이해한다. '들라크루아' '다비드' 등의 화가의 생활에서 "근대라 말할 가치가 있는 작가생활의 전형"을 확인하면서 "프리드리히 슐레겔이 이끌었던 로맨틱의 위치"를 논했다.

그렇지만 로맨틱의 예술관 근저에는 오히려 작가의 개방, 작가의 마음 개방이 근저적根底的인 것으로 존재했다고 생각한다. 거기에는 전면적인 마음의 개방이다. (중략) 마음의 개방은 동시에 작가의 자각이었다. 작가의 자각은 작가 정신의 자각이고 예술의 새로운 가치 발견이다.

이와 같은 야스다의 견해와 로맨티시즘에 대한 당시 평준화된 견해 사이에는 실로 커다란 차이가 있었다. 하나의 예로 1930년 간행된 『프롤레타리아 문예사전』[18]의 '로맨티시즘' 조항을 한 대목 인용해 보자.

19세기 전반의 로맨티시즘 운동은 처음에는 당시의 혁명적(부르주아 혁명) 기운에 촉발되어 일어났지만, ……귀족주의를 버리고 민주주의를 취해 과거의 예술적 법칙을 무시하고, 자유로운 예술을 창출하려 노력했다. (중략) 하지만 역사적 발전은 그들이 바라던 방향대로만 움직이지 않았다. 부르주아지는 그들의 유의流儀에

---

[18] 川口浩編, 『プロレタリア文芸辞典』(白揚社, 1930.8).

따라 이 세계를 바꿔버렸다. 거기에는 황금만능주의, 범속凡俗과 예토穢土와 권태가 지배하고 있다. 로맨티스트들은 이 비열한 양상을 보고 그 사회에 극도의 반감을 품는다. 그러나 그들은 그 사회를 어떻게 할 수도 없다. 그래서 그들에게 남겨진 길은 오직 하나, 부르주아의 생활 형태 부정의 이상화理想化가 있을 뿐이었다. 그들은 최초의 혁명적 정열을 잊고 공상의 세계로 도피하고, 거기에 환상적인 상아탑을 세웠다. 지금, 그들의 최대의 관심사는 범속을 벗어나는 일이었다.

여기서 관통하는 것은 봉건지주계급 — 부르주아 계급 — 프롤레타리아 계급과, 정치·문화면의 주최를 이행해가는 계급투쟁사관이다. 낭만주의는 그 속에서 부르주아 혁명기의 앙양昻揚에서 급속히 주관의 내부로 후퇴하고, 프롤레타리아 혁명으로 연결되는 라인에서 완전히 탈락된 영역에 자리매김 된다. 더욱이 부르주아 혁명을 지탱했던 로맨틱한 혁명 주체와 문화정치 면의 물질주의에서 소외된 의식내부로 후퇴해가는 로맨틱한 문학자와 개별적으로 명확히 구분된다. 이른바 두 개의 다른 낭만주의 정신이 대립적 형식으로 존재한다는 관점도 커다란 특징일 것이다.

야스다 요주로의 말에 의하면 이러한 낭만주의의 분류적 이해는 "로맨틱을 조술祖述한 뒤, 그것을 사람들의 견해에 따라 이루려는 것은 보통 샛길로 들어서기 쉽다. 뒷사람들의 견해는 어쨌건 나중에 그 시대의 현실을 바탕으로 생성되는 것"[19]이라는 것이다. 야스다가 낭만주의의 예술관 근저에 "작가의 마음 개방"이 있다고 할 때, 그것은 단순히 "혁명적(부르주아 혁명) 기운으로 촉발되어 일어난 것"을 가리키는 것이 아니다. 야스다가 생각하는 낭만주의 정신은 계급과 계급의 헤게모니 투쟁으로 이해하는 것이 아닌, 근대국가의 형성 과정에서 필연적으로 발생하는 폭력적 배제의 희생자로서 자리매김되었다.

일찍이 나는 근대 문학자의 생활로 초기 로맨틱(독일)을 거론했다. 나는 처음 내걸었던 명제를 두 번 명료하게 반복할 수 있을 것이다. 정말로 작가생활의 방향은 정신적 고독과 초월에 있다. 그리고 그것을 선도한 하나의 요소는 작가적 의식의 발견, 작가적 자각이라고 할 수 있다. 이 점에서 항상 절대자의 계시를 기다리고, 예술이 항상 절대자에게 가까워질 수 없다는 것을 자각하고, 작가는 작품의 창조와 동시에 그 파괴의 자유를 갖는다고 생각했던, 초기 로맨틱 예술론의 근저를 이해할 수 있다고 생각한다. 이것은 작품 활동에 내재된 필연적인 작가적 위기의식의 이해라고 말할 수밖에 없다.[20]

낭만주의의 문학 정신의 근저에 "작가의 마음 개방"이 있다고 야스다가 말할 때, 그와 같은 자유의 향수享受 실체, 즉 "작가는 작품의 창조와 동시에 파괴의 자유를 갖는다"라고 일컬어지는 부분의 '자유'인 것이다. "고독과 초월"이란 "절대자의 계시를 기다리

---

19) 保田與重郎, 「清らかな詩人」(『文学界』, 1934. 2).
20) 保田與重郎, 「文学の一つの地盤」(『作品』, 1933. 6).

고, 예술이 항상 절대자에게 가까워질 수 없다는 것을 자각"하는 것에 다름 아니다. 낭만주의의 문학 정신이란 프랑스 혁명에 의한 계몽적 이성의 승리에 심취하는 한편, 가톨릭 문화의 세속화라는 현실에 환멸을 느끼는 극단적 정신의 진폭에 견뎌내는 자아인 것이다.

그리고 근대국가 형성의 역학에 구심적으로 받아들여지면서, 근대 외부로 작동하는 원심력에 의해 배제된 존재이기도 한 것이다. 낭만주의의 문학 정신은 그러한 자아의 모순을 확실히 파악해 모순을 직접 해소하지 않고 무의미함을 계속해서 견뎌내는 정신인 것이다.

야스다는 「루신데Lucinde의 반항과 내 안의 군상」(1934.11)에서 이렇게 서술하고 있다.

> 나는 모순되어 있다. 이것은 가치 없다. 그래서 무엇을 해야 좋을지 지금의 나는 따분함과 무위만 있을 뿐이다. ― 이런 아이러니 안에서 나는 아무것도 이룰 수 없는 고고한 반항을 생각한다. 그것을 가리켜 낭만적 반항이라 부른다. 그러나 사실事實 정신의 엄함 때문에, 마스크도 아이러니도 생각할 수 없는 한 명의 시인이 있을 때, 우리는 대체 어느 측에 고전적 훈향薰香을 피워야만 하는가를, 먼저 생각할 여유만은 있다. 낭만파들은 어떤 마스크도 생각하지 않았다. 그러나 횔덜린이라는 한 청년은 결국 아이러니조차도 견디지 못했다. 결국 그는 광기로 인해 희생으로 전향했을 뿐이다.[21]

휠딜린은 광기로 문학을 포기했지만, 『고기토』의 야스다 요주로는 휠덜린의 광기 직전에 멈춰 그를 광기의 늪으로 몰아넣은 압력에 대해 "고고한 반항"을 시도해보려 한다. 그것은 근대적 통치 원리의 총체에 대한 투쟁이고, 이 투쟁을 향한 주체의 성립은 진정 근대의 억압·배제의 역학에 의해서만 가능해진다. 이른바 이 투쟁은 근대를 근대에 의해 초월하려는 최종 투쟁의 양상을 띨 것이다.

고바야시 히데오는 1942년에 행해진 「근대의 초극 좌담회」에서 "근대를 초월하는 것은 근대에 의해서다"라는 취지의 발언을 했다. 그것이 과연 가능할지 어떨지에 대한 논의는 차치하더라도 그러한 초극의 시도가 실제 이루어졌다는 것은 낭만주의 문학 정신과 연결되는 사람들 쪽이었다.

야스다의 「문학의 하나의 지반地盤」에서 한 문장을 인용해 보자.

> 지면상의 작품은 결코 이념의 표출이 아니다. 따라서 작가는 자기가 소산한 작품을 항상 파괴할 수 있는 자유를 가져야 한다. 이것은 그 시대의 작가로 깨어난 의식을 통해 비로소 이해할 수 있는 것이다. 여기에 로맨틱의 진정한 아이러니와 판타지관觀이 있다고 생각한다.

근대의 문학 작품은 작가의 이념과 자기의 단순한 표백으로는 성립되지 않는다. 왜냐하면 근대의 문학 정신은 근대 통합 원리

---

21) 保田與重郎, 「ルツインデの反抗と僕の中の群衆」(『コギト』第30号, 「獨逸浪漫派特輯」, 1934.11).

내부에서 비로소 근대정신으로 널리 나타날 수 있었고, 한번 형성된 근대적 자아의 내부에서 격렬한 근대 비판이 일어나도 그 자체는 이미 근대적 통합 논리의 안쪽에서밖에 성립되지 않기 때문이다.

낭만주의의 문학 정신은 그러한 근대적 자아의 피구속성에 대해 충분히 자각하고 있다. 진정으로 근대 비판이 자신의 자아 말살에 이르기 직전까지 의도적으로 근대에 대한 증오를 심화시키는 것이다. 그래서 그러한 모든 것을 낭만주의적 아이러니라 부르는 것이고, 그 정신적 허용에서 작품의 창조와 파괴는 거의 등가이다. 근대적 지평에서 의미의 산출과 축적의 패러다임은 낭만주의적 정신에 의한 의미 소진과 함께 그에 의해 이론적으로 부정된다. 한편, 그러한 무의미를 견뎌내는 주체의 농후한 존재감으로 근대적 자아에 대한 무한한 신앙이 최종적으로 고백되기도 한다.

따라서 낭만주의적 문학 정신은 그것이 낳은 작품으로 이야기 되어선 안 된다. 작품으로 쓰여진 말이 아닌 왜 그것이 쓰여질 수밖에 없었는가를 정신의 진폭과 공진 운동을 발생시키는 것을 통해 체험해야만 한다. 어디까지나 야스다 요주로가 이노우에 요시오의 비판에 대해 동인지의 의의에 집착한 의미는 여기에 있다.

거기에 있는 것은 패밀리적 집단이었다. 지금의 우리들은 문학이 와야만 하는 정치적 대중을 배경으로 하는 시대를 전망할 수 있다. 게다가 지금 나는 노동자도 아닐뿐더러 농민도 아니다. 우리는 자기 것으로 겨우 현상의 문학밖에 말하지 못한다.

낭만주의 정신은 노동자나 농민의 프롤레타리아 혁명의 꿈을 말하는 것만이 아닐 것이다. 근대의 바깥쪽에 서려면 대생적으로 낭만주의는 너무나 깊이 근대 안에 자리매김하고 있다. 오히려 야스다는 계급적 연대와는 다른 "패밀리적 집단"을 이야기함으로써 근대적 통합 원리와 전혀 다른 원리로 구성된 공동체를 대치할 수 있다고 했다. 물론 그러한 아이디어만이 낭만적 아이러니로부터 단절되었을 리는 없지만, 통합 원리를 빠져나와 흔들리는 주체의 형성을 "패밀리적 집단"의 가능성으로 발견하려 했던 것만은 확실하다. 확실히 모자이크 형상의 대립을 포함한 한 '집단'이 통합적 공동체로서 근대에 대한 저항의 거점을 형성한다.

3. 예술의 한계/한계의 예술

야스다 요주로의 「문학의 하나의 지반」이 이노우에 요시오의 야스다 비판의 답변으로 기술된 것은 앞서 언급한 대로다. 거기서 야스다가 "지금 나는 노동자도 아닐뿐더러 농민도 아니다. 우리들은 겨우 현상의 문학으로만 자기 것으로 만들 수 있다"라고 쓴 것은 이노우에 요시오의 다음과 같은 비판 이후이다.

> 따라서 동인잡지 본래의 의의 부활은 야스다 씨가 바라는 것과는 전혀 다른 새로운 세계에서만 실현될 것이다. 이 논문이 그 시야 밖에 있는 공장과 농촌에 뿌리내린 문학 서클의 잡지에서, 이미 우리들은 오늘 그들의 황폐한 동인잡지와 전혀 다른 새로운 동인잡지 형태의 발아를 볼 수가 있다.

『면포』(1932.12)의 「작가 월평」란에 발표된 이 문장[22]은 이노우에의 「아쿠타가와 류노스케와 시가 나오야」(『자장』, 1932.4)를 근거로 삼고 있다. 거기에서 이노우에는 아쿠타가와의 자살을 넘어 살기 위한 지표로서 "시가 나오야와 근대 프롤레타리아트의 결부"를 거론했다. 이노우에에게 '근대 프롤레타리아트'는 아쿠타가와芥川적인 것이 시가 나오야적인 '자연'을 끝없이 포섭함으로써 삶을 가능케 하는 듯한 존재이다. 가지키 고우梶木剛는 이노우에가 구상하는 "근대 프롤레타리아트가 지식성과 자연성의 이중성으로 인간적 본질 존재의 상징으로서 여기에 있음을 의미한다. 근대 프롤레타리아트란 '자연'을 지향하는 이념의 다른 이름임에 틀림없다"라고 논하였다.

하지만 「아쿠타가와 류노스케와 시가 나오야」에서 구상된 '근대 프롤레타리아트'의 이념적 성격이 앞서 언급한 이노우에의 문장에서는 "공장과 농촌에 뿌리내린 문학 서클의 잡지"로 표현되어 현실의 프롤레타리아트 운동과 결부된다. 가지키 고우는 이노우에의 이런 오류를 지적하며 "'근대 프롤레타리아트'라는 용어에서 보여준 이노우에가 그 용어 때문에 현실의 프롤레타리아트 운동(문학)에 발목을 잡힌 뼈아픈 예이다. 그리고 바로 거기에 이노우에 요시오의 불행이 있었다"라고 논했다.

이노우에는 이런 잘못으로 인해 결국 지식인의 실천성을 확보

---

[22] 이노우에 요시오(井上良雄), 「고기토-『공동의 영위』(コギト──『共同の営為』)(保田與重郎氏)」(『麺麭』 第1卷 第2号, 1932.12). 또한 야스다 요주로의 『공동의 영위(共同の営為)』는 『コギト』 第7号(1932.11)에 발표되었다.

하는 문예평론의 가능성을 지키지 못한 채 붓을 꺾게 된다. 이념이 갖는 본래의 구체성이 현실을 가리는 허위의 관념에 의해 질식해 버린 것이다.

그런 의미에서 이노우에의 비판에 대한 답변으로 야스다가 "지금 나는, 노동자도 아닐뿐더러 농민도 아니다. 우리는 겨우 현상의 문학으로만 자기 것으로 만들 수 있다"라고 서술한 것은 바람직했다. 「아쿠타가와 류노스케와 시가 나오야」에 이르기까지 일찍부터 이노우에 요시오의 행보에 주목했던 야스다가 동인지의 의의라는 얼핏 보면 소소한 일에 저항하며 집착했던 것은 야스다가 글쓰기의 의미를 끝까지 잃지 않았기 때문이라 할 수 있다. 이노우에에게 문예평론은 프롤레타리아·리얼리즘이라는 정치적 요청에서 목적이 해소되어 지식인의 실천성 확립이라는 본래 과제와 단절되고 만다.

야스다 요주로 글쓰기의 의미에 관해 언급한 다음의 한 구절은 동인지 문제와도 얽혀 있어 흥미롭다.

> 낭만파 때문에 중세적 비밀세계로 숨어드는 독자가 있다면, 그것은 그 사람이 지나치게 불명하다는 죄를 보여줄 뿐이다. 원래 낭만파는 세계에서 우정밖에 믿지 않는다. 언급된 말보다 서로 이야기하는 말을 믿는다. 함께 시작試作하고 함께 영위하는 그들의 결합은 굉장히 혈연적이기까지 했다. 그 결합의 지반을 생각하는 것이 좋다. 과거의 상기라든가, 과거반신설過去半身說을 생각하는 것이 좋다. 그들의 '푸른 꽃'은 종종 상징이다. 언급된 그것이 그대로 지식으로서가 아닌 언급될 수밖에 없는 시대와 세간을 생각하자.

'중세적 신비 세계' '과거반신설' 등 언급된 언설들의 복고주의적 이해에 대해 야스다는 여기서 먼저 웃고 있다. 말하는 것, 쓰는 것은 "언급된 그것이 그대로 지식으로가 아닌 이야기될 수밖에 없는 시대와 세간"을 생각할 수밖에 없다고 한다. 왜냐하면 쓰는 것, 말을 쓴다는 것은 근대적 통합 원리인 대정익찬적大政翼贊的 무의미함에 대항해 근대적 공동체 한복판에서 의미를 산출하고, 그것에 배제·억압의 폭력성에 대한 저항을 실현시키기 때문이다. 상징으로서의 '푸른 꽃'이 실체시失體視될 때, 이념으로서의 '근대 프롤레타리아트'는 현실의 프롤레타리아 운동에 단락적으로 직결된다. 그리고 쓰는 것에 대한 의미 산출의 근원적 힘을 박락剝落시켜 버린다.

낭만주의 문학 정신의 본질은 근대에 대한 무한한 동경과 심각한 환멸의 동시성에 있다. 이노우에 요시오가 「아쿠타가와 류노스케와 시가 나오야」에서 아쿠타가와와 시가의 양극 두 층의 균형관계로 인해 근대를 실천적으로 썼을 때, 이노우에의 정신은 낭만주의적 정신에 한없이 가까웠다고 할 수 있다. 근대란 고유한 통합 원리에 지배되고 그것에 저항함으로써 살아남는 영역에 의해 보편적이고 추상적인 근대 이념의 의미를 표출할 수 있는 것이지 결코 그 반대는 아니다. 완전히 갇힌 순수한 근대적 공간을 지배하는 것은 가장 단조로운 대정익찬적 언설이다. 그것은 그것 나름대로 일정의 의미 시사 기능을 갖추고 있다.

하지만 근대라는 커다란 이야기가 의미를 찾아 무한히 자기 언급하는 양상 자체를 말하는 언설만이 근대 내부의 무한한 레퍼런스 관계의 외부를 개척하고, 특별한 의미 산출성을 보증하게 된다. 그리고 그러한 이야기 기구機構야말로 낭만주의 텍스트의 의미 산출성을 보증하는 매우 유니크한 기능이다.
낭만적인 텍스트의 이중적인 두 회로를 야스다 요주로는 '작품'과 '정신'이라는 용어로 여러 번 언급했다.

> 나는 이 호장豪壯한 조영造營을 그렸다, 모모야마인桃山人의 기분을 다만 추상한다. 내가 감동한 것은 그러한 인간의 생활의식의 가능성에 대해서였다, 나는 작품보다 더욱 선명하게 사랑해야만 하는 것을 배웠다. 위대한 작품조차도 죽은 물건으로 보는 권리만이 모든 예술의 한계를 전후前後부터 추구해 얻었다. 우리에게 필요한 것은 남겨진 작품이 아닌 그 작품 속에 살아 있는 정신이다. 살아 있는 인간의 예술적 지위이다.
> (「예술의 한계와 한계의 예술」[23])

여기서는 작품론과 작가론 같은 그 자체의 근대적, 수평적 구분과 전혀 이질적인 이른바 수직 구조론적 근대 공동체 비판을 논하고 있다. 야스다가 '작품'이라고 할 때 그것은 개개의 작품을 가리키지 않는다. 그것은 근대문학의 작품 공간이 성립하기 위한 통합 원리를 의미한다. 그 구심적인 통합력에 의해 끝내려 하는 이른바 '작품'의 주어적主語的 통합성을 가리킨다. 한편, '정신'이란 '작품'의 통합 원리에 의한 억압·배제의 힘에 노출되면서 그러한 근대의 보편성·추상성의 내부에서 말하려는 모순된 정신, 즉 낭만주의적 문학

---

[23] 保田與重郎, 「芸術の限界と限界の芸術」(『新潮』, 1934.7).

정신이다.

야스다에 의하면 근대문학이 원리주의적인 폐역성閉域性을 완전히 달성했을 때 '예술의 한계'가 나타난다. "오늘날의 예술은 그날에 질식된다. 다만 감각을 자극해 압도하는 기술의 정화精華만이 진행된다." 근대문학은 원리적으로 '예술의 한계' '질식'의 그날을 향해 순화 통합되어 가지만 거기에 이르는 과정에서 '예술이 한계'로서 존재한다고 야스다는 말한다.

나는 개인에게 예술의 종언을 느끼지 않는다. 예술의 한계는 시대가 지정한다. 개인은 결국 한계의 예술을 그리면 된다. 자신自分이 있다는 것에서 체득하는 낙차 외에 예술은 존재하지 않는다. 더구나 작가는 항상 최후의 심정으로 몰아넣어야만 한다. 예술을 하는 마음이란 이 낙차를 제대로 처리하려는 마음에 다름 아니다. 근대 문예는 하나의 역사도 아니고 아무것도 아니다. 인간 삶의 고백의 반복에 지나지 않는다. 실연으로부터 매음賣淫으로는 긴 시간이 아니다. 작가는 먼저 자기의 구릉에서 나타난다. 몇 명 그것을 반복해도 좋다. 반복할 수밖에 없는 시대에 예술이 존재했다. 마침내 악마와 고풍스런 그 혼의 홍정을 이루기까지……

"자신自分이 있다"는 의식은 시대와의 '낙차'에 의해 성립하는 것이지 그 반대는 아니다. '낙차'가 소멸되면 "자신이 있다"는 의식, 결국 "예술하는 마음"도 자신으로부터 사라진다. 따라서 "예술의 종언"은 '개인'이 아닌 언제나 "시대가 지정한다"고 말해야만 한다.

그리고 같은 것이지만 "예술하는 마음"은 "자신이 있다"고 하는 의식, 결국 현실과의 '낙차'에 대한 의식과 항상 일체인 것이다. 현실과의 '낙차'란 예컨대 '실연'으로부터 이행移行되는 '매음'이다. "몇 명 그것을 반복해도 좋다. 반복할 수밖에 없는 시대에 예술이 존재했다"라고 야스다가 말할 때. 그 근대 예술은 근대에 대한 반복적으로 지속되는 저항으로만 존재하게 된다. "한계의 예술"이란 그러한 '낙차'에 의해서만 실현될 수밖에 없는 근대문학의 수직적 이중구조를 의미한다.

근대의 정치·문화면의 헤게모니가 '자신'을 기점으로 '낙차'를 들이대는 저항의 양상은 그 '낙차'가 동경과 환멸을 모두 아우르는 것과 같은 저항임을 잊어서는 안 된다. 근대문학의 수직적 이중구조는 예컨대 제국주의적 침략전쟁에 대한 두루뭉술한 저항 일반과 본질적으로 다르다. 중요한 것은 그것이 항상 "질이 다른" 것만이 아닌 그러한 저항 일반의 도식으로는 근대의 중층 구조 내부로 파고드는 것이 전혀 불가능하다는 것이다.

아시아·태평양전쟁의 패전 이후, 전쟁 수행의 주체였던 근대국가 일본의 중층적 구조가 망각되었다. 그 이유는 지금 묻지 않는다. 다만 그 이후, 낭만주의 문학 정신의 행방 또한 아득하고 알수 없다. 연합국의 승리로 전후 책임은 사실상 미뤄진 채 그것을 분명히 하는 정신적 기축을 전후 일본은 아직까지 갖지 못한 채 헤매고迷走 있다.

이노우에 요시오는 1932년 「『면포』 잡기(1)」(1932.11)에서 전쟁 인식에 관해 이렇게 서술한다.

작년, 소위 만주사변, 상하이사변이 신문을 뒤덮고 있을 무렵, 매번 보내오는 동인잡지를 볼 때마다 나는 이상한 느낌이 들었다. 강권에 의해 행해지는 무의미한 ××가 매일 보도되고 있을 때, 그곳에서만은 기분 나쁠 정도로 집요한 침묵을 지키고 있었다. (중략)

파시즘 문학의 배격이라는 것을 부르짖고 있었다. 그러나 이 나라의 전통적으로 약삭빠른 지식智識 계급의 주류는 적어도 오늘날 그와 같이 노골적인 파렴치한 반동에 몸을 의탁할 수 없다. 그들은 일체의 정치적인 것을 회피함으로써 좀 더 소극적인, 그러나 더욱 강한 뿌리의 반동을 조형하고 있다.[24]

야스다라면 "노골적으로 파렴치한 반동"을 '매춘'이라 말할 것이다. 전쟁·파시즘에 대한 저항은 일반에 대한 저항 일반이라는 개념에서만 지식계급 내부로 유통되며 "노골적으로 파렴치한 반동"에는 손을 대지 않는다. 이노우에는 이미 "지식계급 문학에서 지성의 문제"를 쓰고 이러한 현상에 근본적인 비판을 던지고 있다. "반복해 말하지만 불행한 지성이 완전히 '자유'가 되고 순수해졌을 때 시작된다. 일체의 감성적인 것, 본능적인 것, 의지적인 것에서 탈피해 지성이 완전히 관념적인 지성으로 빠져버린 곳에서 시작된다"[25]라고.

---

24) 井上良雄, 「『麵麭』雜記(1)」(『麵麭』創刊号, 1932.11).
25) 井上良雄, 「知識階級文学に於ける知性の問題」(『詩・現実』第5冊, 1931.6).

근대 공동체 내부에서 "노골적인 파렴치한 반동"에 가담할 수 있는 지성. 일체의 감성적인 것, 본능적인 것, 의지적인 것"을 포섭한 지성. 이러한 지성의 모습이야말로 아쿠타가와적인 것이 끊임없이 시가적인 '자연'을 포섭하고 실천적 삶을 사는 것이라고 말한 이노우에 요시오의 낭만주의적 정신에 틀림없다. 동시대 지식계급은 뻔히 알면서도 "예술의 한계"를 연기하는 것으로 "뿌리 깊은 반동을 조형한다". 만주사변 이후의 현실과 '자신'의 '낙차'를 자각하지 않는 행동은 근대국가 일본의 식민지주의 완성에 가담하는 것이다.

이 무렵 낭만주의 문학 정신은 국민국가의 통합 원리에 가장 래디컬radical한 저항의 주체가 되어야만 했다. 근대의 주어적主語的 통합은 "노골적인 파렴치한 반동"을 내부적으로 처리할 수 없게 되어 통합적 완성의 미학을 방기하게 되는 것이다. 국체명징성명國體明徵聲明에서부터 동아신질서, 대동아공영권으로 확대 순화해가는 통합적 완성의 '아름다움'은 실은 통합하는 측으로부터 얄보인 표상의 '아름다움'에 불과하다.

개개의 연대와 단절을 복잡하게 삼켜버린 술어적 통합의 지평에는 그러한 외관의 '아름다움'을 통합과 억압 역학의 의장 표상擬裝表象으로 되돌아보는 이성, 근대에 대한 근원적 비판의 근거로서 수직 구조적 영역이 있다. 우리는 이 영역을 "아시아적인 영야領野"라 부른다. 근대를 향한 무한한 동경과 깊은 환멸을 그대로 침전시킨 이 영역이야말로 근대의 목적론적 의미 공간을 밖으로부터 유지시킨다. 동시에 폭력성의 흔적을 부각시켜 근대의 언설 편성에 복원 불가능한 단열斷裂을 일으키는 저항의 기반이 된다.

제2장 ── **고바야시 히데오**
　　　　　　　－ 초기 창작론

1. 고바야시 히데오와 시가 나오야

　고바야시 히데오는 「다양한 의장意匠」(『개조』, 1929.9)으로 문단에 진출해 『문예춘추』의 문예시평란을 담당했다. 1930년 4월까지 문예평론가로서 약속된 레일을 달리던 짧은 기간, 신인 문학론으로서 유의미함을 지닌 시가 나오야론 「시가 나오야 - 세상의 젊고 새로운 사람들에게」(『사상』, 1929.12)를 썼다. 그 뿐만 아니라 창작 「속임수からくり」(『문학』 1930.2)도 발표했다. 이 두 작품은 문예평론가로서 고바야시에게 부과된 일의 범주(성격)를 명백하게 벗어나는 것이다. 특히 이 두 작품의 내용적 대응관계에서 문단 등장 시점의 문제의식, 특히 고바야시 스스로 부과한 문학적 과제를 엿볼 수 있다.

앞서 말하면 1929년 12월의 시가론은 신인이었던 고바야시 히데오가 신인문학론적 주제를 유용함으로써「속임수」이후 계속되었던 소설 창작의 명확한 주제와 추구의 지속력을 부여한 것이라고 할 수 있다.

우선 이 시가론과「속임수」의 대응관계를 살펴보고,「잠들지 못하는 밤」(『고동다방古東多方』1931.9),「오페리아 유문」(『개조』1931.11),「X에게 보내는 편지」(『중앙공론』1932.9)를 순서대로 언급하고, 자신의 시가론에 답하는 소설 창작의 행보를 돌아보고자 한다.「X에게 보내는 편지」이후 일체의 소설 창작을 그만둔 고바야시 히데오의 완고함의 이유가 확인된다.

2. '현재'로의 거리 -「속임수」

짧은 도입부인 시가론 제1절은 "떠들썩하게 분식粉飾 오늘날 신시대 선전자들에 대한 나의 혐염嫌厭"이 "이 소설을 쓰게 한" 것이라 단언한다. 시가 나오야를 언급하는 것은 새로운 문학세대에 대한 통렬한 메시지가 된다. "세상의 젊은 새로운 사람들"이라는 부제는 그러한 의미를 담은 것이기도 하다.

포Poe론이 전개된 제2절의 첫 번째 문제는 '논리'라는 말의 의미를 되묻는 것, '세상 사람들世人'의 오해를 여기서 한번 풀어내는 데 있다. "세상 사람들이 논리라 부르는 것은 실은 논리 자체가 아니고 논의를 가리킨다고 해도 좋다." 결국 포의 진정한 논리성은 '세상 사람들'이 이해하는 "논리적이라든가 직관적이라든가 하는 범용한 말"과는 전혀 관계없는 "스스로의 욕정을 품고 있는 생물처럼" 살아 있는 것이다.

두 번째 문제는 포의 생동하는 논리가 "심미審美 자장의 계산에 모두 사용해버린" 것과 마찬가지로 시가론을 쓰는 '나' 또한 "모든 비평의 척도를 신용"하지 않고 "말의 음울陰鬱"에 최대한 주의를 집중하는 자者라는 점이다.

여기까지 시가론의 주제와 방법이 명시되고, '논리'에 대한 경직된 이해를 벗어나지 못한 "비평의 척도"로만 사물物을 보려는 "젊고 새로운 사람들". 그들의 이해가 전혀 미치지 못하는 곳에서 고바야시는 시가상志賀像을 그려보려 했던 것이다. 그리고 제3절은 새로운 문학세대가 시가 나오야를 어떻게 이해하지 못하는지를 보여준 것이라 해도 좋다.

체호프와 대조를 통해 단번에 시가의 본질론을 전개하는 제3절. "체호프는 27세에 『따분한 이야기退屈な話』를 썼을 때 그의 세계관은 고정되었다. 이래爾來 그가 죽음에 이르기까지 노래한 것은 추억이고 만가挽歌였다." 결국 체호프는 항상 '과거'를 응시했던 작가였다고 고바야시는 말한다. 이 시점에서 고바야시는 시점은 '현재'에서 '현재'를 쓰는 시가상으로 단숨에 반전해 소위 쓰는 현재에서 존재를 개시開示하는 시가의 특이성을 이야기하게 된다.

그런데 시가 나오야 씨의 문제는 이른바 일종의 울트라 에고이스트의 문제인 것이다. 작가의 마력은 가장 개체적인 자의식이 가장 개체적인 행동에 있는 것이다. 시가 씨에게 중요한 것은 세계관 획득이 아닌 행동의 획득이다. 시가 씨가 노래한 것은 항상 현재이고 전조였지 적어도 본질적 의미에서 추억이었던 예는 없다.

고바야시가 말하는 '울트라 에고이스트egoist'가 '울트라'한 이유는 시가 나오야의 '에고'의 철저한 '현재'성에 있다고 할 수 있다. 이 철저한 '현재'성으로 인해 '전조'적이기까지 한 '에고'의 이미지는 발레리의 테스트 씨를 방불케 하는 것이다. 하지만 시가의 예민한 신경을 테스트 씨처럼 순수 자아의 방향이 아닌 완고하게 '현재'로 붙잡도록 착목着目되는 것이 제4절의 육체이다.

고바야시가 말하는 시가상이 한없이 포에 다가가고 동시에 프랑스 상징주의의 절망적 정열에 근접하면서도 여전히 그곳에서 떨어져 있다고 할 수 있는 것은, 결정적으로 시가의 '현재'성을 인식이 아닌 '육체'의 차원에서 이해하려 했기 때문이다. "시가 나오야 씨의 작품의 비밀은 시가 씨의 의식의 리裡에는 없고 시가 씨의 '육체'에 있다"라는 것도 신경과 육체의 융합이라는 흠잡을 데 없는 자질론으로서 우선 시가론의 전반부를 정리하고자 했던 고바야시의 매우 명료한 의도라고 할 수 있다.

"예술의 문제가 바로 실생활의 문제였다"라고 하는 부분까지 도달한 시가의 자질론에 대해서 고바야시는 제6절 이후에서 시가의 자질상資質上의 '현재성'이 문체로도 과부족하지 않은 '현재'적 표현으로 정착되는 논을 전개한다. 몇 개의 시가의 작품의 소개와 인용은 '직절정치直截精到'한 문체의 예로 이루어지는데, 표현·문체의 '현재'성이란 예컨대 「화해」로부터 인용을 이어갔던 다음과 같은 고바야시의 해설을 통해 이해할 수 있다.

여기서 명료하게 보여주는 것은 시가 씨에게 어느 때는 생활의 순연純然한 수단으로 나타났을 정도로 실생활과 긴밀한 관계에 있는 예술 활동이 작품으로 실현될 때, 또 실생활상의 행동과 동등한 발자潑剌한 우연과 모험을 필요로 하는 것처럼 보인다는 것이다.

"실생활상의 행동"이 "우연과 모험"에 촉발되어 유기誘起된 뛰어나고 역동적인 일이라면, 시가의 텍스트 역시 글쓰기라는 행위에 의해 유동하는 말의 모험에 지나지 않는다. "제작하는 일은 손발을 움직인다는 것처럼 눈초리를 갖고 체득해야만 할 행동으로 볼 수밖에 없는 시가 씨와 같은 자질"(6절)이라고 고바야시는 언급했다. 이처럼 시가의 텍스트는 포와 체호프처럼 지성에 의한 접근이 안고 있는 약간의 시간적 어긋남도 개입시키지 않는 직접성, 유동하는 리듬 그 자체라 할 수 있다. 그 리듬을 "시가 씨의 소위 '색'이라는 육감"(7절)이 관통한다. 문체론이 자질론과 교착交錯하고 마지막 제8절로 이동한다.

문제의 집약인 제8절은 새로운 문학세대에게 중추적 테마인 "자의식의 과잉에 따른 자기 해석에서 자기 성격을 파산시킨다는 것"을 자질론, 문체론의 양방相方에서 비춰진 시가 나오야의 현재성으로 비판한다. 이 경우, 신인 문학자에게 결락되어 있는 것은 "자연은 인간에게 생활의 파산을 용서하지만 성격의 분실은 용서하지 않는다"라는 사태를 향한 시선, 자의식 과잉의 신인 스스로가 살고 있는 '현재'의 "면모 행동"에 대한 주시注視이다.

자질론의 중심에 '육체'가 조정措定된다고 한다면, 문체론에서 현재를 생생히 이야기할 수 있는 것은 역시 '언어'밖에 없다. 고바야시가 신인 문학자에게 결락되어 있다고 여기는 것은 '육체'와 '말'이 생동하는 과정으로의 육박肉迫이고, 그런 의미에서 리얼리즘이다. 자기 '육체' 그대로의 상모相貌를 "말의 음울" 속에 매달고 그 유동하는 말의 변전으로 한층 깊이 '육체'의 현재를 묻는 것. 쓰는 것과 존재하는 것이 일체가 되어 만들어지는 텍스트야말로 고바야시가 보는 시가 나오야의 본령이다. 그리고 새로운 문학세대가 안고 있는 문제의식은 거기에서부터 훨씬 뒤쪽으로 후퇴해 있다.

그런데 '속임수'는 "어떤 장식도 허락하지 않는 해석의 나선계단螺階을 오르기 시작해 몇 년이 되었는가"라고 말하는 '내'가 레몽 라디게의 「도르젤 백작의 무도회」를 읽고 인식적 한계를 알고서 꼼짝달싹 못한다는 곰熊의 작품이다. 시가론에서 언급되었던 포의 정묘精妙하기 짝이 없는 이지理智와 비교했을 때, '나'의 '해석'의 지속력은 아주 철저하지 못하다. 그리고 '나'는 테스트 씨처럼 자신의 체내까지 들여다볼 수 있는 지성의 요술魔에 이르지 못하는 범용한 지성의 주인으로 등장한다.

다만 '나'는 그것을 눈치 채고 있고 그렇게 살 수밖에 없는 자신의 정신을 '불행의 미로'라 부르며 한숨짓는다.

어떤 장식도 허락하지 않는 해석의 나선계단을 오르기 시작해 몇 년이 되었을 것이다. 아주 먼 옛날처럼 생각된다. 또 바로 어제 일 같기도 하다. 나는 예상대로 자신의 비뚤어진 면상面相에 부딪쳤을 뿐이다. 이 비뚤어진 면상은 도저히 해석할 수 없다고 포기할 때, 나는 자신의 운運을 잡았다고 생각한다. (중략) 이럴 때, 나에게, 자신의 운을 보고 이 세상을 한 색으로 빈틈없이 칠하는 것은 너무도 쉽다. 예컨대 내가 발레리의 절망한 명석明皙도, 브르통의 미친 감성도, 맥없는 동질한 세포라고 인정하고 부끄럽지 않은 것은 정말이지 쉽다.

'내'가 헤매었던 "불행의 미로"는 이지에 의한 자기 해석이 타자에 대한 이해로 전혀 기능하지 못하는 일종의 유아론적唯我論的 미로이다. 특히 '나'의 자기 해석력은 어중간한 것에 불과해 "해석하기 어렵다고 포기"한 곳에서 '나'의 고유한 존재성을 조정措定한다. 거기에서 '세계 이해=세계 해석'을 위한 시좌가 가설假構된다. 발레리와 브르통을 거론할 것도 없이 이 시좌에 의해 무수한 타자의 이른바 '계系'[1]로서의 고유성을 파악하기는 불가능하다.
하지만 라디게는 이 '계'로서 생동하는 타자의 세계에서 속임수가 보였던 것이라고 '나'는 생각한다.

> 나는 그가 어떤 색을 틀림없이 선명히 보았을 것이라고 믿는다. 그 색 안에 인간들이 벌거벗고, 정밀하게, 적확하게, 정숙하게 단구担球장치를 한 차축처럼 회전하는 것을 본 것이 분명하다. 신神의 병사들에게 총살당한 이 인물이 담장 사이로垣間 본 것은 틀림없는 이 세상의 속임수였다. 또한 같은 그 세계의 속임수였음에 틀림없다.

---

[1] 根岸泰子,「小林秀雄における〈他者性〉——『罪と罰』論を中心に——」(『日本近代文学』第52集, 1995.5).

「도르젤 백작의 무도회」를 통과하기 전부터 '나'의 예감은 적중했다. '나'에게는 현재진행형 세계의 벌거벗은 나체가 보이지 않는 게 아닌가 하는 예감이 현실이 되어 '나'를 엄습한 것이다.

나는 차가워진 고타쓰에 팔꿈치를 개고 두려워하며 궁리했다. 나를 지탱하고 있는 것은 내 자신이 아니라 나의 과거인지도 모른다, 아니, 다만 나의 과거에 불과하다. 그리고 내가 아무리 나의 과거를 위로해도 나의 과거는 결국 나에게는 완전한 타인에 불과하다.

나는 사과를 두 개 먹고, 물을 마시고, 일체를 잃어버린 듯 생각하며 빛이 달리는 듯한 소리를 들었다.

'나'를 엄습하는 깊은 상실감은 타자의 이해는커녕 실은 자신에 대한 이해조차 전혀 못하고 있다는 점에서 심각하다. 이지에 의한 해석이 생동하는 현재를 과거 속에 철(파일)하는 행위라 해도, 벌거벗은 나체의 '면상'으로 생각한 "자신의 운"이야말로 철이 아닌 라이브live로서 살고 있는 것은 아니었던가. 하지만 이것 역시 '나'는 환상이라고 생각한다. 자신에 대한 일체의 식견은 과거형의 지식에 지나지 않으며 현재를 살고 있는 자신에게는 모두 "완전한 타인"에 대한 지식에 불과하다. 이제 '나'의 상실감은 구원받을 길 없는 깊이까지 도달했다고 할 수 있다.

「속임수」는 분명 「시가 나오야 - 세상의 젊고 새로운 사람들에게」와 대응한다. 그 방법은 시가론이 제기하는 신인 비평의 내용을 「속임수」의 화자가 스스로 떠안는 형태로 문제 지점을 한층 선명히 비춘다. '나'의 조형이 고바야시 히데오에게 근접하면 할수록 「속임수」는 시가론의 과제에 대한 고바야시 나름의 모색 과정을 보여주는 것이라 할 수 있다.

「속임수」에는 '나'의 깊은 무력감이 그려졌을 뿐, 그것에 대한 대처 방법은 그려져 있지 않다. 현재를 사는 자신의 현재성을 어떻게 받아들일까. 그 인식과 표현의 애로는 여기서는 아직 개척되지 않았다.

3. 광기의 발견 - 「잠들 수 없는 밤」「오페라의 유문」

「잠들 수 없는 밤」(1931.9)과 「오페라의 유문」(1931.11)이라는 두 작품의 비교에서 눈에 띄는 것은, 말의 남용으로 지속되는 텍스트의 일종의 현재성이다. 그중에서도 「잠들 수 없는 밤」은 꿈의 기술과 각성 후의 이야기 위계가 혼란하고 서로 상대를 이해하려는 무한한 과정으로 텍스트의 지속을 담보하는 구조이다. 원리적으로는 "소설을 쓰는 소설"의 한 변종이라 볼 수 있다. 화자인 '나私'가 꿈과 현실 사이에서 반전을 거듭하면서 이야기를 이어가는 배경에는 바싹 뒤따른 현실의 손으로부터 끝까지 꿈을 지켜내려는 강한 의지가 있다.

> 문득 정신을 차렸던 그때, 나는 하나의 결론을 중얼거렸다. "현실과 꿈이란 대단히 다른 것 같지만 자세히 보면 포개진 두 개의 유리창을 통과하고 있는 것과 같은 것이다. 좀 더 자세히

보면 정말 조금 어긋나 있다." 그렇다. 틀림없다.

하지만 이 결론조차도 현실은 즉각 짐작한다. "꿈의 결론은 깼다는 것이다"라고. "해봐 해보라고, 이 얼마나 기분 나쁜 일인가. 뭐, 정말로 인간의 서투름이다. 나는 생각을 고쳐보려 했지만 소용없었다."

꿈을 짐작하려 해도 어쩔 수 없는 현실이란 자연 변증법을 사상적 지주로 하는 결정론적 세계관에 다름 아니다. 일본형 마르크스주의는 유례없는 포괄성과 결정론적 성격에 의해, 세계에 대치하는 주체적 계기를 키우지 못한 채 자연사적自然史的 과정에서 일체의 개아個我를 멸각滅却시키는 것을 절대 명제로 삼는다. 그 숨 막히는 세계관 속에서 '나'는 꿈이라는 순수하고 사적인 영역을 현실에서 움켜쥐려 한다.

장마라는 누구에게나 같은 계절이 있고, 덕분에 누구나 똑같이 음울한 머리가 수많이 있고, 그 가운데 어떤 머리가, 어느 날, 어느 장소에서, 소금으로부터 밀잠자리 등을 발견하고 말았다. 이른바, 이러한 맞지 않는 생각이 결정적인 불쾌함을 불러일으켰다. (중략) 아아, 푸른 하늘, 하지만, 당신은, 그 간절한 바람의 정확한 발음을 어디에서 빌려왔다.

빌리지 않은 외침이란 어디에도 없는 것 아닌가. 그것조차도 역사 법칙이라는 이름의 자연사적 과정으로 무화시켜가는 것인가. 하지만 결론은 연기된다. 꿈이냐 현실이냐, 그 어느 한쪽을 선택하는 것은 조직 앞에서 자기 멸각인가, 그렇지 않으면 복수적復讐的 자기 회복인가라는 출구 없이 공전만 하는 악순환 속으로 빠져드는 것이기도 하다. 실제로 일본형 마르크스주의가 안고 있던 "정치와 문학" 외의 제한 없는 논의는 일본형 마르크스주의의 결정론적 포괄성에서 생겨난 취약한 자의식의 산물이었다.

그런 의미에서 「잠들 수 없는 밤」은 유례없는 보편성, 과학적 체계성을 가진 사상 앞에서의 갈등, 불안, 전율이 내재된 자아의 동요를 겨우 라이브하게 유지하게 한 작품이라 할 수 있다.

그리고 「속임수」에서 '나'의 깊은 상실감을 생각할 때, 이지에 의한 "해석의 나선계단"이 아닌 말을 서술하는 데 과거가 아닌 현재를 살고 있는 나의 상모를 철저히 그려낸 것이 「잠들 수 없는 밤」이다. 이 작품은 확실히 「속임수」가 남긴 과제를 이어가면서 하나의 답을 제시했다고 할 수 있다.

다음 작품인 「오페라의 유문」은 「잠들 수 없는 밤」의 유동하는 텍스트성을 그대로 화자인 '첩妾'의 말에 의탁하고, 죽음을 결의한 자아의 정점定點을 서술해가는 말의 흔들림을 보여준다. 그리고 그 말의 흔들림을 문자 그대로 흔들고 뿌리 채 뽑아, 결국 죽음으로부터 생의 영역으로 '첩'을 옮겨가는 과정을 보여준다. 「잠들지 못하는 밤」과 동일권으로 수렴되는 작품이라 할 수 있다. 「잠들지 못하는 밤」에도 잠재하면서 그 단계에서는 문제되지 않았던 '광기'의 테마를 「오페라의 유문」에서 시도함으로써, 시가론에서 「속임수」, 「잠들지 못하는 밤」으로 지속해온 하나의 흐름에 어떤 중대한 변화가 움트는 걸 알게 된다.

'첩', 즉 오펠리아가 이야기를 시작했을 때, 그녀는 이미 죽음을 결의하고 있다. "물고기가 한 마리도 살지 않는다. 바다 같은 첩의 마음"을 품고 그녀는 "무엇을 써야 할지 모른 채" 말을 써내려간다. 이미 말을 걸어올 사람도 말을 걸어야 할 사람도 없고, 형식상 독백인 '첩'의 말은 실제로 '첩' 자신에게도 정체불명의 기호로 백지상에 모습을 드러낸다.

무엇을 써야 좋을지 모르겠다. 도대체 뭐가 뭔지도 모르는 것을 쓰고 있다고는 말하지 말아주시길. 자신조차도, 뭐가 뭔지 모르겠다. 첩은, 틀림없이 자신이 생각하고 있는 것 따윈, 전혀 쓰지 않을 거라는 건 이미 정해져 있어요, (중략) 게다가 어쩌면 당신에게 이야기한다는 것도 전혀 없을지도 몰라요. 아마 첩이 이렇게 쓰고 있는 것은 의탁이겠지요.

'첩'의 말은 "자신이 생각하고 있는 것"으로부터 완전히 박락剝落되어 있다. 이 독백은 타자와의 커뮤니케이션의 길을 여는 것은 아니지만 단순히 쓸모없는 독백이라고도 말하기 어렵다. 말은 그것이 서술되는 순간의 '첩'에게 형상을 주고, 그것을 잠깐 유지하고 '첩'을 다음 말로 이끌어가기 때문이다. '첩'은 서술로서 유지되고 말에 의해 의식의 봉인을 풀어간다.

그런데도 아아, 곤란하게 돼버렸다, 빵 같은 게 나와서 첩이 뭘 어떻게 할 수 있어. 필요없다, 필요없어, 첩은 화환을 갖고 싶었다. 데이지(이탈리아 국화), 쇄기풀, 미나리아재비. 빵, 빵 같은 건 필요 없다, 빵 같은 건 쓸 여유가 없다, 이미 그런 여유는 없다,

더욱 중요한 것이 잔뜩 있습니다. 그렇지, 당신은 들어주시겠지요, 첩은 당신이 그립다. 뭐라 해도 그립다. 듣고 싶은 게 잔뜩 있어요.

이렇게 '첩'은 햄릿을 향한 연정이라는 봉인된 의식의 깊은 부분을 말을 통해 회복해간다. 혹은 이 연정도 말이 환기하는 잠정적인 픽션=텍스트라고 할 수 있다. 어쨌든 '첩'은 여기서 자살 결의를 심리적 논리적으로 되묻지 않고 바깥쪽으로 빠져나온다.

이러한 경위에서 「잠들 수 없는 밤」의 스타일을 근간으로 삼은 것은 분명하다. 그런 의미에서 「오페리아 유문」 역시 시가 나오야론 이후의 계보로 연결되는 것임에 틀림없다. 하지만 다음 작품 「X에게 보내는 편지」와의 관계에서 무시할 수 없는 것은 작품 말미의 오펠리아의 '광기'이다. 햄릿을 향한 연정을 끝내 말함으로써 자아 붕괴의 위기를 빠져나간 것처럼 보이는데 실은 오펠리아가 깊은 광기에 빠졌다.

하지만 이젠 괜찮아. 기운을 되찾았으니까 괜찮습니다. 마음을 가다듬고, 화환도, 잘 장식되어 있습니다. 당신의 책상 위에, 정말로 첩은 멍청해 어쩔 수 없습니다. 당신의 책상 위에, 잘 놓여 있습니다, 지금 바로 가지고 오겠습니다. 기다려, 주세요, 곧바로 돌아오겠습니다. 마차도 기다리고 있습니다. 그리고 노래도 불러 드리겠습니다.

부재不在한 햄릿을 향한 공허한 말 걸기. 오펠리아의 삶은 실존하는 햄릿과의 관계에서 현실적인 고려와 반성이라는 과거형의 의식(자살의 결의도 거기에서 생겨난 것)을 상실함으로써 연정을 소생시키고 삶에 대한 의욕도 회복한다. 하지만 완전히 순화된 오펠리아의 횡익橫益하는 현재적 삶은 동시에 완전한 광기가 될 수밖에 없다.

「잠들지 못하는 밤」의 "아아 푸른 하늘"이라는 외침이 결정론적인 모든 구속에 대한 자유이기를 바라는 순수 정화를 향한 상징이었다고 한다면, 오펠리아의 "당신이 그립다. 뭐라 해도 그립다."라는 마음의 외침은, 외적 요인에 일체 의존하지 않는 순수한 '첩'의 외침임을 증명하기 위해서도 현실과 무관한 광인의 말일 필요가 있었던 것이라고 할 수 있다. 「오페라의 유문」 1편의 끝으로는 괜찮지만, 언제까지나 그것으로 통하는 것은 아니다.

4. 발레리관의 변용 -「X에게 보내는 편지」

「X에게 보내는 편지」 집필 무렵에 썼다고 생각되는 「발레리에 관한 것」[2]에서 고바야시는 발레리적 지성을 순수성으로 싹트는 애조哀調로서 다음과 같이 서술하고 있다.

무슨 말을 들어도, 그런 것은 말하지 않아도 알고 있다는 인간을 비평하기란 대단히 어렵다. 발레리는 이 곤란한 인간의 전형이다. 자기 해석을 생명으로서, 그의 말로 말하자면 스스로 시스템화

---

2) 「ヴァレリイの事」(「都新聞」 1932. 6).

한 사람이다. (중략) 그러나 지드가 그의 소론에서 암시하듯 발레리라는 지극히 비인간적인 존재를 어디까지나 인간으로 보는 입장, 구체적으로 말하면 예컨대 '바리에티'와 '속 바리에티'를 비교해 보면, 그 사색의 흐름은 '속續 바리에티' 쪽이 훨씬 논조가 허전하다. (중략) 그가 극단적으로 혐오하는 탄성이라는 것이 들려오는 듯하다.

고바야시는 계속해서 "이러한 점에서부터 그를 분석해 보았으면 하는 엉뚱한 것을 생각하는 나는 도저히 쓸 것으로 생각지 않지만"이라고 서술해, 도저히 불가능한 순수자아를 향해 말을 가교架橋하는 프랑스 상징주의의 인간적 측면에 대한 새로움을 이야기하고 있다. 존재의 소여성所與性 피구속성을 어디까지나 거부하고, 말에 의한 존재의 창조적 개시를 지향하는 이 유파流派(에콜)에게 배우고 키운 고바야시의 감성은 「잠들지 못하는 밤」, 「오페라의 유문」의 스타일로 이어졌음은 의심의 여지가 없다. 그렇다면 더더욱 고바야시가 발레리를 보는 시선 변화는 「오페라의 유문」 이후의 흐름에 그림자를 드리울 것이다.

「오페라의 유문」의 이야기적 순수성이 오펠리아의 광기에 의해 증명되고 있음은 이미 보았다. 발레리의 명석함은 결국 이 광기에 다다를 수밖에 없지 않은가. 고바야시는 「발레리에 관한 것」에서 "그가 보여준 가장 중요한 문제는 역시 인간 지성의 숙명 내지 악의 문제, 혹은 일반적으로 비극을 그대로 영광으로 할 수밖에 없었던 일종의 천재의 문제, 그러한 곳에 있다"라고 적었다.

이때 고바야시는 오펠리아의 광기를 다시 생각하지 않았던 것인가. 발레리의 명석한 문장에서 "그가 극단적으로 혐오하는 탄성"이 들리고 고바야시가 갔을 때, 오펠리아가 빠졌던 광기를 구원할 방도를 진지하게 모색했을 것으로 보인다.

"나는 원래 성격상 애수라는 것을 좋아하지 않는다. 너도 알고 있듯이 좋아하지 않는 것을 일종의 규칙으로 여겨온 남자다. 그것이 어쩔 수 없는 애수로 뒤덮여 있다고 생각해 봐. 사정이 꽤 복잡해진다"(「X에게 보내는 편지」)라고 말하는 '나俺'의 존재가 발레리의 상모를 덧그리고 있음은 분명하다. 그 '내'가 "지금 너에게 이 애수에 대해 써 보내려 한다"고 한 것은 일종의 발레리론의 시도이기도 하다.

「X에게 보내는 편지」의 '애수'는 '내'가 말하는 몇 가지 체험을 통해 획득된 고독한 언어관에서 왔다. 이 언어관은 다른 문맥에서 여러 번 반복되었는데 결국 "각자의 생생한 경험의 정상에 괴이한 말투를 가지고 있는 것"이며, "교환 가치가 떨어지는" 말이 "내 마음에 충돌해 주는 극히 드문 계기만을 희망한다"라는 내용이다. "정상까지 올라간 말은 그곳에서 거의 의미를 읽어버린다고 생각될 정도로 떨린다. (중략) 나는 이러한 극한을 헤맬 정도의 말을 만날 때마다 엄청난 감동을 받는다"라고도 이야기한다. '내'가 하는 말 자체가 발레리적 지성의 극한에 가까운 장소에서 새나오는 '애수'라고 한다면 이것 역시 "교환가치가 떨어지는" "서투른 말"이라는 것이다.

문제는 이런 종류의 "극한을 헤맬 정도의 말"이 「잠들지 못하는 밤」과 「오페라의 유문」의 스타일로 분명해지듯, 일종의 광기에 가까워져 버린다. 「속임수」의 '내'가 직면한 그 상실감을 초월해야만 하고, 또 시가론이 제기했던 현재성으로의 육박을 과제로 획득한 전혀 새로운 언어론적 스타일은 있었다. 그렇지만 자아의 현재가 극점까지 순화된 곳에 나타난 것은 현실과의 관련이 상실된 순수하고 취약한 오펠리아의 광기가 아니었을까.

「X에게 보내는 편지」에서 '나'의 이야기가 이런 의미의 광기와 구별되는 것은 "나와 같은 인간에게도 이야기하고픈 한 가지를 들어줄 한 명의 친구는 필요하다"라는 말에 있다. 하지만 오펠리아의 광기도 부재한 햄릿에게 말을 거는 형태로 돌출된 것임을 생각하면, '나'의 이야기는 광기와 구별되는 것이 아닌 광기에서 스스로 구별짓는 자의식 하나가 첨가되었을 뿐이라고도 할 수 있다.

작품론으로서 미묘한 부분이지만 「X에게 보내는 편지」에서 관계의 기갈飢渴과 연대의 희구가 맡겨지는託 것, 이것은 틀림없다.[3] 다만 작품 내부에서 그것들의 실재감, '계系'로서 타자의 고유성을 그리지는 못한 것이 아닌가. 이러한 것은 결국 오펠리아의 광기를 구원하지 못한 게 아닌가라는 의심을 남게 한다. 시가론 이후 충실히 그 과제를 짊어지고, 거기서부터 소설적 논리 전개를 진행해 온 고바야시 히데오의 소설 창작이 단번에 지속력을 잃고 실속失速해간 것은 아마도 이 때문일 것이다.

---

3) 세키야 이치로(関谷一郎), 「고바야시 히데오 · 그 전위와 양상(小林秀雄 · その転位との様相)」(『국어와 국문학(国語と国文学)』, 1980. 4→『고바야시 히데오로의 시도 - 〈관계〉의 굶주림을 둘러싸고(小林秀雄への試み――〈関係〉の飢えをめぐって)』(양양사(洋々社), 1994. 10)을 참조. 関谷씨는 "자폐하는 것이 아니고, 바깥을 향해서 자기를 열려고 하는 것이며, 거기야말로 고바야시 비평이 전위를 향하는 조짐이 분명하게 확인할 수 있는 것이다"라고 한다. 이 글은 그 선상에 서서 "전위를 향하는 조짐"을 「X에게 보내는 편지」를 종점으로 하는 일련의 초기 창작의 흐름 속에서 읽어내려 했던 것이다.

고바야시 히데오의 일련의 초기 창작을 생각할 때, 1929년 시가 나오야론은 제외될 수 없다. 그것이 제기한 과제를 소설이 이어가고 그에 답했다는 의미에서 그렇다. 그리고 그 결과로 발생한 '광기'라는 말과 자아의 극한 상태를 초월하는 방도를 이 시가론이 부여하지 못했다는 의미, 고바야시는 이 두 가지 의미에서 소설을 썼고 그것을 방기한 것이다.

고바야시에게 소설은 자아의 현재, 현재의 극상極相에서 유동하고 변용되는 상을 수용하고, 일체의 기정성旣定性에서 단절된 지점에서 세계의 구조를 파악하고자 했다. 하지만 결국 이 시도는 광기라는 현실과 단절된 벽을 넘지 못하고, 결과적으로 '계'로서 타자의 실재감에 다가가지 못한 채 종결된다. 그 후 고바야시는 "극한을 헤맬 정도의 말"을 찾아 소설 밖으로 나간다. 도스토예프스키론을 열어갔던 것이다.[4]

---

[4] 고바야시 히데오의 문장 인용은 「발레리에 관한 일」을 제외하고는 모두 초출 「고바야시 히데오 · 소설의 형이상학 - 초기 창작을 둘러싸고」(『여자대학 문학국문학』 47, 1996.3)에 의거했고, 「발레리에 관한 일」은 『고바야시 히데오 전집』 제2권(신초샤(新潮社), 2001.5)에 의거했다.

제3장 ─── 일본의 근대와 낭만주의 정신

　일본의 근대에서 낭만주의 정신은 어떠한 형태로 존재하고 어떠한 메시지를 발신해왔는가. 1935년 전후의 문학과 낭만주의 문제를 사상사의 관점에서 생각해보고자 한다. 이를 위해서는 야스다 요주로를 필두로 하는 일본 낭만파의 문제, 특히 초기 독일 낭만파에 대한 그들의 실질적 해석을 명확히 해둘 필요가 있다. 또한 히로마쓰 와타루廣松涉의 물상화론을 단서로 일본적 근대의 수직구조를 물상화론의 관점에서 재구성해보고자 한다. 이러한 작업은 일본에서 마르크스 연구의 큰 특징으로, 소외론적 패러다임이 큰 힘을 가지고 있고 마르크스의 텍스트조차 그렇게 읽히는 지배적 흐름에 히로마쓰 와타루의 물상화론만이 어쩌면 특이한 존재라고 생각할 수 있기 때문이다.
　그리하여 최종적으로는 벤야민의 『폭력비판론』 문제와 중첩해

본다. 즉, 국민국가 통합의 과정으로 폭력 기계화되어가는 근대 공동체에 대한 비판으로 일본의 근대문학 작품을 고쳐 서술하고자 한다.

1. 초기 독일 낭만파를 향한 심취

구노 오사무久野収의 『현대일본의 사상』(이와나미신서, 1956.11)에는 「일본의 초국가주의」라는 장章이 있다. 거기서는 천왕의 밀교密教와 현교顯教의 구별을 세웠다. 현교는 천왕기관설의 합리성을 지향하고, 밀교는 국민교육 단계에서 심게 되는 천왕숭배적 모티브이다. 밀교와 현교는 점차 세력을 역전시켜 현교가 밀교를 삼켜가는 것이 진정한 쇼와 유신의 추세였다고 구노는 지적한다.

길항하던 밀교와 현교의 세력이 결정적으로 역전된 시기는 1935년 무렵이다. 연보로 말하면 1935년에는 천왕기관설의 문제가 있었다. 같은 해 정부가 두 번 국체명징성명을 냈고, 다자이 오사무가 『일본낭만파』 제3호에 합류했던 해이기도 하다. (1935.5). 여기서 다자이는 「어릿광대의 꽃道化の華」을 발표했다. 덧붙여 『일본낭만파』는 1935년 3월에 창간되었지만, 창간 예고가 1934년 11월의 『고기토』 지면에 게재되었다.

일본 낭만파에 다자이가 합류한 1935년은 때마침 현교로서의 천황제가 밀교로서의 천황제를 삼키고 그것을 초극한 시기에 해당된다. 그러한 일과 일본 낭만파와 다자이 오사무의 합류(정확히는 일본 낭만파와 『푸른 꽃』의 합류)가 이루어진 것은 밀접한 관련이 있다고 본다. 언급할 필요도 없겠지만 『푸른 꽃』은 노발리스Novalis에서 취해진 것이다. 일본 낭만파는 노발리스와 마찬가지로 초기 독일 낭만파의 대표격으로 불린 슐레겔Friedrich von Schlegel에게 경도된 야스다 요주로의 그룹이다.

『일본낭만파』의 창간 예고가 게재되었던 『고기토』는 옛 오사카 고교 출신 야스다 요주로의 동급생들이 도쿄제국대학에서 만든 잡지이다. 오사카의 옛 고교의 분위기가 그대로 『고기토』로 전이되고, 그것이 국가적 통합에 대한 비판적 태도를 가능하도록 했다고 말할 수 있을지 모른다.

여기에서 그 전사前史를 확인해보면 노발리스에게 명칭을 빌린 『푸른 꽃』은 1934년 12월에 창간되었다. 『일본낭만파』의 창간 예고는 불과 그 한 달 전인 1934년 11월인데 거의 동 시기이다. 즉, 초기 독일 낭만파에 대한 공명을 다자이와 야스다 등은 거의 동시에 표명했던 것이다.

이 점에 대해서는 가미야 다다타카神谷忠孝가 나카다시 다카오 中谷孝雄의 증언을 인용하며 이미 언급하고 있다. 이러한 것은 연보를 보면 확실하지만 그러나 지적을 통해 알게 되는 것도 많기 마련이다. 이것도 그중의 하나라고 생각한다. 다자이 오사무는 자신보다 먼저 초기 독일 낭만파에 대한 공명이 표명된 것을 매우 분하게 생각했다는 증언을 남긴다.

『푸른 꽃』에 관해 좀 더 거슬러 올라가면, 『반鷭』이라는 잡지가 1934년 4월과 7월에 두 권 발행되고, 거기에 다자이는 「잎葉」과 「원숭이 얼굴을 한 남자猿面冠者」라는 작품을 발표한다. 『반』을 실질적으로 편집했던 것은 단 가쓰오檀一雄였다. 단과 다자이가 1934년

9월 단계에 이미 『푸른 꽃』의 발간을 계획하고 있었다. 이렇게 1934년부터 35년에 걸쳐 다자이 그룹과 야스다 그룹은 각자의 형태로 초기 독일 낭만파에 대한 경도의 깊이를 더해가고 있었다. 그리고 한 달 늦게, 실질적으로는 거의 동시에 『푸른 꽃』 창간과 『일본낭만파』 창간의 예고 형태로 공개된다.

일반적으로 일본 낭만파는 메이지 이후의 출판자본의 팽창과 그에 편승한 형태로 타락해갔던 문학에 대한 저항 담론이 많았다. 그러나 1933년에는 다키가와滝川 사건이 있고 1934년에 『나루프ナルプ』의 해체 등 다양한 형태로 억압이 강화되었던 시기이기도 했다. 그리고 1935년은 천황기관설 문제가 일어난다. 그중에서 "국민국가로의 통합=폭력화"라는 인식이 초기 독일 낭만파를 향한 경도와 거의 백지 한 장 차로 진행된 것 같다.

여기에서 문학사 쪽에서는 그다지 중요하게 여기지 않았던 사항을 언급해 두고자 한다. 그것은 야스다 요주로 그룹에도 그 전사前史가 있다는 것이다. 평론가 이노우에 요시오의 곁에는 진보 고타로라는 시인이 있었다. 이 두 사람은 교토대 독문과 동급생이고 공동으로 동인지를 만든다. 진보 고타로는 1931년 2월에 창간된 『시와 산문』이라는 동인지를 이노우에 요시오와 함께 편집하였다. 그것과 기타가와 후유히코의 『시간』(1930.4 창간)이라는 시 잡지와 통합된 형태로, 1931년 9월에 이노우에 요시오 편집 발행의 『자장磁場』이라는 문예동인지가 만들어진다. 그 『자장』이 1932년 11월에 『면포麵麭』라는 기타가와 후유히코 주재의 잡지가 된다.

『시와 산문』이 『시간』과 통합하고 그것이 『자장』과 『면포』로 바뀌는 일련의 흐름은 교토대 독문과와 옛 제3고등학교 등 교토의 문화권에서 주로 만들어진 잡지의 흐름이기도 하다. 이 흐름에서 가장 훌륭한 성과는 이노우에 요시오의 평론이며 진보의 존재를 포함해 초기의 야스다 요주로가 큰 관심을 보였다.

이노우에 요시오의 평론으로는 1932년 「아쿠타가와 류노스케와 시가 나오야」가 쓰였는데 여기에서 야스다는 강한 공감을 보여준다. 이노우에 요시오에게 아쿠타가와의 죽음은 주체와 객체 도식이 내포하는 아포리아로 보였다. 말하자면 근대의 아포리아다. 그것에 대해 물상화된 근대적 세계의 바깥쪽에 존재하는 "거친 힘"이 시가 나오야에게는 있다. 그것은 아쿠타가와의 죽음을 뛰어넘는 것이었다. 그러한 힘을 이노우에 요시오는 시가 나오야에게서 발견한다.

이처럼 공동체적인 통합의 힘과 그것을 바깥쪽에서 유지하는 저주받은 세계라는 구조론적 견해를 이노우에 요시오는 취하고 있었고, 이에 야스다 요주로는 강한 공감을 보여주었다. 야스다 요주로의 초기 독일 낭만파에 대한 이해의 핵심에는 국민국가의 통합에 대한 강한 동경과 그것이 폭력 기계화에 불과하다는 강한 반발이 있었다. 이것은 이노우에 요시오가 아쿠타가와의 죽음과 시가 나오야를 세트로 하는 구조론적 견해와 평행한 것이다.

이와 같은 견해가 야스다와 일본 낭만파를 중심으로 넓게 받아들여지는 조건이 이미 당시에 갖추어져 있었다고 할 수 있다. 근대 국민국가 통합이라는 하나의 역학力學과 거기에서 배제되면서, 실은 그것이야말로 국민 통합의 큰 틀을 유지할 것 같은 영역의 존재, 즉 수직 구조적인 세계관을 야스다는 이노우에로부터 계승하고 있었던 것이다.

2. 국가와 폭력의 문제

국민국가 통합의 원리가 폭력 기계화임을 보여주는 전형적인 예로 1793년 프랑스혁명 당시 일어난 "이성의 제전"이 있다. 이것은 후에 자코뱅파가 벌인 정치 쇼라 일컬어지는 의식이다. 파리의 노틀담 사원 안에 급조된 산 같은 것이 만들어진다. 그 산 위에는 대단히 조잡한 그리스 풍의 신전이 설치되었다. 신전 입구에는 볼테르와 루소라는 계몽사상가의 동상이 세워졌고, 산 중턱에는 「진리의 횃불」이 타고 있으며 신전에는 파리 오페라 극장의 가수가 분장한 "이성의 여신"이 등장한다. 산기슭에 대기하고 있는 코러스가 "이성의 여신"에게 찬가를 보내고 그것을 둘러싼 민중들은 열광의 소용돌이로 빠져든다.

이 "이성의 제전"은 실은 가톨릭의 반혁명 세력을 뿌리 채 파괴하고자 한 로베스피에르파의 정치적 캄파니아campania이다. 즉 그것은 로베스피에르의 공포정치로 연계되는 것이고, 통합 논리의 이면에 폭력적인 것이 숨겨져 어떠한 종류의 배제를 일으키는 것을 보기 쉬운 형태로 보여준 예일 것이다. 프랑스혁명 당시 비프랑스어로 말하는 사람들은 파리 시민의 절반 정도를 차지했었다고 전해진다. 그 사람들의 언어를 전前 세기 야만의 흔적이라는 형태로 프랑스어로 통합해가는 것도 폭력적 배제 중의 하나로 실제 발생했던 일이다.

프랑스혁명에 대해 노발리스와 슐레겔 등 초기 독일 낭만파의 반응은 야스다 요주로가 중요하게 주목했던 부분이다. 당초 노발리스와 슐레겔은 이 이성의 제전에 완전히 도취되는 측으로 참가했다. 그러나 혁명의 진전은 점차 공포정치로 빠져들고 나폴레옹의 독재정권으로 옮겨간다. 초기 독일 낭만파 사람들에게 동경과 예찬의 대상이었던 프랑스혁명은 점차 그리스도교의 정신을 세속화해가는 정치적 사건으로 치부되어갔던 것이다. 그것을 직접 눈으로 접하면서 국민 통합의 원리가 예찬의 대상임과 동시에 자신이 가지고 있는 폭력 기계성에 직면해버리고 만다. 그 도취와 환멸을 겸비한 것이 초기 독일 낭만파의 특징이다.

이것은 철학사의 서술을 봐도 야스다 요주로가 착목했던 초기 독일 낭만파 정신의 진폭, 예컨대 종래의 헤겔과 대비적으로 서술된 초기 독일 낭만파의 이야기법과 비교해도 매우 다른 부분이다. 헤겔과 대비된 초기 독일 낭만파는 이성 그 자체를 청산주의적으로 방기해버린 한 무리라든가 이성 이전의 카오스, 예컨대 오리엔탈적인 것으로 매몰된 그룹이라는 서술이다. 루카치Lukács의 초기 독일 낭만파 비판이나 전쟁 전의 브랑데스Brandes의 비판은 정말로 그런 종류이다.

그러나 헤겔의 자유론을 읽어보면 마르크스의 헤겔 비판의 이론적 구성이야말로 진정 야스다 요주로의 낭만주의와 대응하고 있음을 알게 된다. 헤겔은 로베스피에르파가 주장했던 "이성의 제전"과 같은 이성은 "보편적인 자유"에 지나지 않는다며 부정한다. 이것은 타자의 예속으로부터 해방된 개별 의지의 절대 자유이다. 단순한 자코뱅주의이고 '국가=폭력 기계'에 지나지 않는다. 이렇게 헤겔은 꿰뚫어본다.

거기에 덧붙여 헤겔은 "자유의 원리"를 주장해간다. 그가 생각하는 "자유의 원리"는 "보편적 자유"와는 분명히 다르다. 헤겔은 자신이 타자 안에 있는 동시에 자기 자신의 곁에 있는 상태, 자기의식의 자립이 다른 자기의식과 공동관계에서 성립하는 상태를 자유로 생각했다.

이처럼 자신과 타자가 마주하고 연계되어 있는 관계는 마르크스의 표현을 빌리자면 모든 상품이 서로 다른 상품을 직접 지시하는 것이다. 그리고 그 레퍼런스의 관계에서 마침내 가치를 갖는 것으로의 타당한 관계이다. 이른바 상대적 가치 형태로서 자기의식의 형태를 취한다.

앞서 아쿠타가와 류노스케는 이항대립의 아포리아 속에서 죽어 갔다고 말했는데 그 의미가 진정 이런 것이다. 주체와 객체가 이항대립적으로 마주하는 관계는 최종적으로는 자신의 의식 내용이 상대와의 관계에서 상대적으로 지시되는 것이다. 그렇기 때문에 상대의 입장에서도 당연히 같아진다. 마치 닫힌 거울의 방에 복수의 인간이 있는 것과 같다.

예를 들어 화이트아웃이라는 상태가 있다. 새하얀 구름 속에 비행기가 깊이 들어가면 어디가 위고 어디가 아래인지 알지 못한다. 그 상태를 화이트아웃이라고 하는데 화이트아웃 상태에 빠진 파일럿처럼 자기의식은 타락해갈 수밖에 없는 것이다. 무한의 레퍼런스 관계에서는 자신의 의미가 없어지는 것이다.

헤겔이 생각하는 것처럼 자기와 타자의 공동관계는 주체와 객체의 수평적 마주함이라는 결정적 한계를 가지고 있다고 할 수 있다. 이 갇힌 원환을 열기 위해서는 마르크스류의 표현을 빌리자면 모든 상품의 상대적 가치를 혼자 떠맡은 한 상품체─商品體를 바깥으로 배제하게 된다. 상대적으로 자신을 주장할 수밖에 없는 지시관계를 가르는 데는 자기 자신이 의미를 만들어내면(산출) 된다.

의미 산출에는 하나의 상품을 희생으로 삼아 떠밀어내면 된다. 제3항 배제의 문제는 여기에서 나온다. 그렇게 함으로써 레퍼런스 관계로부터의 의미 산출이라는 결정적 비약이 가능해지는 것이다.

이것은 헤겔에 대한 인식론적 비판이지만 이는 마르크스가 행한 것이다. 마르크스의 가치 형태론은 레비 스트로스의 근친간금기론이라든지, 르네 지라르의 희생 메커니즘, 케네스 버크의 희생론과 완전히 병존하는parallel 것이다. 헤겔이 주장한 "자유의 원리"의 내부에 실은 은폐되어 있는 폭력과 사회 구조체와의 공범 관계를 폭로하는 관점으로 마르크스 및 레비 스트로스, 르네 지라르, 케네스 버크의 고찰은 존재한다.

헤겔의 인식에 그러한 한계가 있는 경우, 헤겔이 동시대인으로서 마주했던 초기 독일 낭만파의 인식론은 어떠한 것인가. 폭력에 의한 배제와 국가의 관계를 직접 대했던 것이 초기 독일 낭만파인데 그들은 거기서부터 도피의 자세를 보여주었다고 일컬어진다. 그러나 그들의 정신적 진폭의 거리를 축소해보면, 그들 초기 독일 낭만파의 문학 텍스트는 국민국가의 형성 과정에서 처음으로 의미 표출적 텍스트가 되었던 것이다. 이야기되는 것, 의미 표출이 그 공간과 구조체에서 배제된 제3항을 매개하는 것으로 가능해진 것을 동시에 이야기하는 텍스트가 되는 것이다. 그 점에서 마르크스가 꿰뚫었던 국가와 폭력의 문제가 초기 독일 낭만파의 텍스트에서 한층 잘 이야기되고 있는 것으로 보인다.

그리고 제1차 세계대전의 경험을 거쳐 벤야민Ben-jamin의 『폭력비판론』이 1921년에 발간된다. 『폭력비판론』은 노발리스와 슐레겔이 정신의 진폭을 걸고 싸운 폭력 기계로서의 국민국가가 행사한 폭력과 그것에 의해 배제된 구조론적 관계를 굉장히 명석하게 언급한 저서다. 이에 관해 나중에 언급하겠지만 벤야민은 국민국가가 행사하는 폭력을 정신적 폭력이라 이름 지었다. 그리고 그 신화적 폭력을 정지시키는 힘을 신적 폭력이라 부르며 구별했다.

이렇게 백년 이상 걸려 초기 독일 낭만파로부터 벤야민으로 흘러가는 낭만주의적 정신이 있다. 초기 독일 낭만파의 도취와 환멸이라는 진폭의 양극을 확실하게 취했던 자들이 야스다 요주로를 비롯한 일본 낭만파의 흐름이 아니었을까. 그 부분이 지금까지의 낭만주의 이해에서 결락된 관점이 아닐까 생각한다.

3. 히로마쓰 와타루의 물상화론

첫머리에서 히로마쓰 와타루廣松涉의 물상화론에 대해 언급했는데 근대 국민국가가 갖고 있는 물상화력과 그 힘은 어디서 받아들여진 것인가. 그러한 구조론적 인식에서 특히 쇼와 전반기 문학작품의 성립을 한번 더 점검할 수 있지 않을까 한다.

히로마쓰 와타루의 물상화론을 간단히 생각해보자. 일본에서 소외론이 한창이었던 것은 일본의 마르크스 연구에서 루카치와 사르트르의 영향이 지나치게 강했기 때문이라고 알려져 있다. 소외론이란 결국 주체와 객체 사이에 수평적 교환이 성립되는지 아닌지의 밸런스 관계 문제로 좁혀진다. 무엇이 그 수평적 밸런스 관계 자체, 그 지평 자체를 지탱하고 있는 것인가. 그것을 생각하려면 소외론을 타파하고 물상화론으로 들어가야만 한다는 것이 히로마쓰 와타루의 집요한 관심이다.

히로마쓰 와타루는 주체와 객체가 서로 이중화된 사지적四肢的 연관구조를 구상하고 있다. 그의 말을 간단히 부연paraphrase하면 '나'라는 것은 항상 '이미' 누군가로서의 나이며, 마찬가지로 어느 것이란 것도 항상 '이미' 무언가로서의 '것'으로 존재한다. 히로마쓰의 한 문장을 인용하면 "어떤 것이라는 그 자체가 어떤 것으로서의 곳에 있다"라고. 그것이 나에게 이러한 것으로 있는 것은 내가 그것에게는 이러한 것으로 존재하기 때문이다.

이러한 사지적 연관구조는 하나의 세계 '내부' 존재의 이미지이며 출구는 없고, 앞서 언급한 화이트아웃 상태와 닮아 있다. 히로마쓰 와타루의 물상화론이 대단히 특수한 이유는 이런 점이다. 이 갇혀진 사회 관계의 총체는 역사적으로 부여된다. 물상화적으로 존재한다는 것은 역사적으로 존재하는 것과 같은 의미이고 결국 구조화가 역사화라고도 생각할 수 있다는 것이다. "구조와 역사"의 방대한 논의를 인용할 것도 없이 이 생각은 히로마쓰 와타루가 잘 꾸며낸 논리적 출구다. 물론 거기에는 그의 아킬레스건이 있다고도 할 수 있다. 그러나 히로마쓰의 물상화론이 결국 역사의 축과 시간의 축을 잘 내포하고 물상화하는 힘이 제3항 문제와 얽혀 의미를 보다 명확하게 표출한다고 생각하고 싶다.

바꿔 말하면 역사란 사회 관계 총체의 내측이 아닌 외측에서 배제되어 제3항 측에서 흐르는 시간에 따라 부여되고 있다. 그 흐르는 시간에서부터 구조체 내부의 모든 의미가 받아들여지는 것이다. 그러한 것이 존재하지 않는다면 구조체 내부의 물상화, 의미 산출의 힘은 어디에도 수용될 수 없다. 말하자면 그러한 흐름 위에 떠 있는 풍선 같은 이미지로 히로마쓰는 구조체의 물상화와 그것을 가능하도록 하는 전혀 차원이 다른 힘의 영역을 이야기하고자 했던 게 아닐까. 그것이 그가 "구조체=역사화"로 강력히 말한 진의일 것이라고 본다.

히로마쓰의 이런 시점은 벤야민의 폭력 비판론, 나아가 초기 낭만주의의 구조적인 관점과 겹친다. 이것은 나의 감상이지만 히로마쓰의 사지적 연관 구조는 진정으로 아시아의 한 국가인 일본이 낳은 사상가의 물상화론이라 생각한다. 서양의 물상화론이 소외론적인 한계를 빠져나갈 수 없는 특징이 있는 데 비해 너무나 동양적이며 불교적이라 말해도 좋을 것 같은 세계관을 제시하고 있다.

이렇게 갇혀진 세계는 시가 나오야가 「도랑가 집濠ばたの住まい」에서 썼던 에피소드와 완전히 같다. 어느 노부부가 닭을 기르고 있다. 그 병아리를 고양이가 잡아먹으려고 했기 때문에 노부부는 당황하며 고양이를 붙잡아 죽이려 한다. 이 일련의 흐름을 시가는 옆에서 지켜보고 있다. 병아리에게는 부모가 있다. 부모인 닭은 자신의 새끼가 잡아먹히려는 것을 보고 울부짖는다. 고양이는 병아리를 먹지 않으면 살아갈 수 없다. 닭을 생활의 양식으로 삼고 있는 노부부에게 고양이는 미움의 존재다.

이처럼 제각기의 입장이 있다. 제각기의 개인에게 각각의 에고가 있고, 어느 쪽이 초월할지는 그 안측에 갇혀 있는 자는 결정할 수 없다. 그러나 잔혹한 희생은 사실로서 이루어지기 마련이다. 인간의 손에 미치지 않고 인간의 손으로는 막을 수 없는 잔학성을 이 네트워크의 외부에 있는 "신의 무자비"가 부여하고 있는 것이라고 시가 나오야는 말한다.

이 "신의 무자비"야말로 초기 독일 낭만파가, 벤야민이, 히로마쓰 와타루가 이야기하고자 했던 구조체의 물상화력을 바깥에서부터 부여해가는 힘으로서의 폭력성이다. 폭력성이 무자비하게 취해졌다는 흐름이 실은 일본 근대문학 안으로 침투해오는 것이 아닐까. 나는 그러한 견해를 갖고 있다.

4. 벤야민 · 다자이 오사무 · 루쉰

마지막으로 벤야민의 『폭력비판론』에 대해 간단히 언급해보자. 벤야민은 국가와 법과 폭력의 관계에 대해 이렇게 이야기한다. 국가라는 것은 군사력과 전쟁권 그 밖의 법을 제정한다. 그러나 그것은 국가가 제정하는 것이 아닌 폭력이 국가를 통해 요구하는 것이라며 그는 "폭력이 법을 유지한다"라는 표현을 쓴다.

무명전사의 무덤이 국민국가의 내면에서 어떤 종류의 효과를 가지는데 그것을 잘 보여주고 있다. 무명전사의 무덤은 폭력이 정당화되고 국민에게 더욱 폭력을 강제하는 장치로 존재한다. 즉, 국민국가의 전쟁 행위는 국가의 법과 불가분의 것으로 존재하며 국민국가 내부에서는 그것을 저지하는 힘을 받는다.

벤야민의 고찰은 이러한 국민국가의 폭력을 신화적 폭력으로 부르고, 그 폭력을 국민국가의 바깥쪽에서 신적 폭력의 형태로 받아들여 정지시키려 했다. 신적 폭력이란 다양한 것이 물상화적으로 존재할 수밖에 없는 관계성의 폐역 바깥쪽에서 작용하는 힘이기 때문에 궁극적으로는 국민국가의 폐절廢絶까지 다다르게 된다. 그러한 힘은 벤야민에게도 상당한 윤리적인 힘, 이데아와 이념으로 이야기됐다고 본다. 제1차 세계대전을 직접 경험한 벤야민의 절실한 생각이 이 한 권의 책을 쓰게 했다고 말하는 이유이다.

이러한 일련의 흐름에 대해 1935년이라는 기점, 일본이라는 근대 국민국가가 국체명징성명에서 단적으로 보여주는 통합을 폭력적으로 진행해갔다. 그 흐름 속에서 다자이가 『쇠물닭鶴』, 『푸른 꽃』, 『일본낭만파』라는 형태로 문학적 발판을 넓혀갔던 것은 결코 문학사의 우연이 아니다. 다자이 오사무의 문학은 『일본낭만파』에 합류한 1935년 무렵을 경계로 그의 인식론적 지평이 정해진 것이 아닐까. 그의 다양한 작품을 그러한 관점으로 읽는 것은 앞으로 강하게 요구될 것으로 보인다.

구체적 예를 들어보면 최근 화제가 된 작품인데, 1942년 2월에 『부인공론』에 발표된 작품 「12월 8일」이다. 이것은 소설가 남편을 둔 주부의 일기 같은 단편이다. 그 마지막 구절은 이렇다.

"어디까지가 제정신인 건가. 미친 남편입니다."

주인공인 '주인'은 어디까지가 본심이고 무슨 생각으로 행동하고 있는지, 무엇에 의미를 부여하려는 것인지 전혀 알 수 없는 어둠으로 존재한다.

이 남편의 부인은 대본영大本營 발표 뉴스에 평범하게 흥분하는 국민이겠지만, 다른 한편으로는 목욕탕에서 아기의 몸을 씻기며 꼭 안고 싶어 하는 일상을 동시에 살고 있다. 이러한 여성의 표현법도 한 가지 주제를 제기하고 있지만 무엇보다 이 주부가 마지막으로 자신의 남편을 어둠으로 파악했던 관점이야말로 굉장히 중요해 보인다.

구체적으로는 다케우치 요시미가 나카노 시게하루의 『사이토 모키치의 노트斉藤茂吉ノオト』를 접했을 때, 대단히 큰 쇼크를 받았다고 고백하고 있다. 그는 『사이토 모키치의 노트』에서 배운 스타일로 『루쉰』이라는 한 권의 책을 썼다. 나카노 시게하루의 무엇에 자극받은 걸까. 그것은 단적으로 말해 사이토 모키치 전기의 불명확한 부분부터 나카노 시게하루가 말하기 시작한 것이다. 국가총동원 체제에서 어떻게 해도 빛이 닿지 않는 전기傳記의 불명확한 부분, 이른바 혼의 암부에 나카노 시게하루는 저서의 이론적 근저를 두었다. 다케우치 요시미의 『루쉰』도 실질적으로 제1장은 루쉰에 대한 불명확한 부분부터 쓰기 시작했다.

거기에 호응이라도 하듯 「12월 8일」은 부인의 눈으로 본 남편의 혼의 어둠을 어둠 자체로 썼다. 다케우치 요시미도 그런 어둠으로 모키치와 루쉰을 말하고자 하는 강한 열의에 차 있었던 것이다.

또한 다자이 오사무의 초기 작품으로 「다스 게마이네」라는 작품이 있다. 결말에서 사노 지로佐野次郎라는 별명의 청년은 자의식 과잉의 자아괴란自我壞亂 끝에 교통사고로 죽는다. 그 사노 지로라는 친구가 전날 죽은 것을 알고 친구들은 너무나 경박한 잡담을 나눈다. 그 대화가 마지막으로 필사되어 있다. 거기에는 작자로서의 주석이 아무것도 없다. 게다가 이 말들이 오가는 가장 큰 특징은 사노 지로라는 친구의 죽음을 아주 간단하고 깔끔하게 처리해버리는 일상적 현실의 다이나미즘이다. 정말로 범용한 현실의 강력함이 그려진다.

마찬가지로 초기 작품에는 「완구玩具」가 있다. 근대적인 객관소설을 그리기 시작했던 작자는 그런 마음이 없어졌다며 펜을 던져버린다. 재차 펜을 들고 써 내려간 지리멸렬한 단편의 마지막은 "호랑이가 장가가고 신랑은 없다. 이 세상의 말은 없는 것이 좋다"라는 한 구절로 매듭짓는다. 이 결말의 문장은 객관적인 근대소설의 통합 원리가 붕괴된 후 도대체 무엇이 남는지를 여실이 이야기하고 있다. 즉, 그것은 말이다. 게다가 그 말은 할머니의 자장가라는 대단히 범용스러운 말인 것이다. 자아 환상의 객관적 근거는 할머니의 자장가에서 알게 된 변변찮은 말에 불과했음을 발견한다.

「다스 게마이네」와 「완구」를 소개했는데 그것은 그의 초기작을 관통하는 큰 특징이다. 이른바 통합 원리와 그곳에서 넘쳐나는 말이다. 게다가 그 넘쳐난 언어가 통합 원리를 저변에서 지탱하고 있다. 지탱하는 것으로서의 변변찮은 말은 실은 대단히 범용한 것이다. 예를 들어 민중의 자장가이기도 하며 친구의 죽음을 내팽개치는 듯한 대화이다.

이러한 민중의 말을 향한 관심은 루쉰의 「아Q정전」에서 착안한 것이 아닐까 한다. 「아Q정전」도 완전히 같은 결말을 보여준다. 아Q를 사형장으로 데려가려고 끌고 다니는 모습을 중국 민중은 와자지껄 구경하기 위해 따라간다. 아Q는 수많은 민중의 눈초리에서 이리와 같은 잔혹함을 사무치게 느끼는 동시에 자신도 그 눈을 가지고 있다는 것을 차츰 알게 된다. 그리고 그 눈은 자신의 것인지 타인의 것인지 알 수 없다. 일종의 자아괴란 상태에 빠져 처형된다. 아Q의 자의식은 처형됨으로써 사라지는데, 「아Q정전」의 결말에는 아Q를 둘러싸고 지켜보던 민중의 매우 냉담한 평판이 필사되어 있다. "총살에는 때려죽이는 만큼의 재미가 없다", "저렇게 오래 거리를 끌려다니면서 결국 연극의 문구 하나도 부르지 못했다. 따라 다닌 시간이 아깝다"(마쓰에다 시게오松枝茂夫 역)와 같은 대화가 담담히 필사된다.

루쉰과 다자이 오사무의 그러한 점이 아시아의 내셔널리즘이 지닌 국민국가통합의 강력한 힘과 거기에서 완전히 이질적으로 남겨진 민중의 말이 연결되는 두 층을 통찰하는 관점이 단번에 관통한다고 나는 생각한다.

1945년 9월, 패전 직후 공식화된 다자이 오사무의 「석별」이라는 작품은 슈상周さん이라고 불리는 루쉰이 의학교를 나갈 때, 그의 내면은 일본인의 친구에게는 전혀 보이지 않는 어둠으로 이야기되고 있다. 유학생과 일본 국내의 통합 원리의 이질성이 이중성으로 이야기되고 있는 것이다.

여기서 강조하고 싶은 것은 일견 떠나간 루쉰과 국민통합의 원리 속으로 말려든 일본인 의학생들의 관계가 언뜻 보면 배제하는 것과 배제당하는 것으로 보인다는 것이다.

그러나 실은 차별하는 것과 차별당하는 것, 배제하는 것과 배제당하는 것이라는 이항 대립적 관계는 러시아 혹은 구미열강 등 근대 제국주의의 힘에 의해 차별하는 측과 차별 당하는 측이 배치 형태로 억지로 세워진 관계에 다름 아니다. 「석별」이 최종적으로 말하는 것은 그 양자의 슬픔이라고 생각한다.

루쉰에게는 잘 읽히는 「후지노 선생藤野先生」이라는 에세이가 있다. 그 작품에서 중국인이 러시아군의 스파이 혐의로 일본군에 총살되었을 때, 그 주변을 둘러싸고 실실 웃고 있는 중국인들을 보며 루쉰은 의학에서 문학으로 옮겼다는 에피소드가 있다. 다자이 오사무도 「석별」에서 그 에피소드를 적고 있고, 다케우치 요시미竹內好도 그 에피소드의 새로운 읽기를 제기하고 있다.

하지만 이 에피소드가 말하는 것은 총살당하는 중국인, 총살하는 일본인, 주변에서 구경하는 중국인, 삼자 모두가 외부의 힘에 의해 죽이는 쪽과 죽는 쪽에 내몰렸다는 슬픔이다. 결코 내부로 비춰지지 않는 힘을 루쉰은 보았던 것이 아닐까. 그것이 다케우치 요시미의 해석이다. 그리고 필자는 다자이 오사무도 이 해석과 연결되는 문학자였다고 생각한다.

아시아의 국민국가 문제는 근대에 대한 절망적 저항으로 그려졌다. 그러한 근대적 통합력과 그것에 의해 배제된 것, 길항하는 저항 관계로 다자이 오사무의 문학작품을 읽어 내는 것. 냉전 구조가 무너지고 예전의 인민 국가가 내셔널 통합 원리의 깃발을 내걸고 소규모 분쟁이 빈번히 일어나고 있는 현재, 국민국가의 통합 원리와 폭력 기계의 다양한 형태로 아시아 민중을 파악하려는 관점이 다자이 오사무 읽기에서 가장 필요한 부분이 아닐까 생각한다.

에필로그

'재일' 문학과 일본 문화

1. '실존'을 둘러싼 현대사상사

일본 문화의 이문화 접촉을 역사와 전통의 문제와 연계해 생각할 때, 피하면 안 되는 매우 어려운 문제가 있다. 그것은 주관과 객관을 어떻게 접속시킬 것인지에 대한 문제이다. 근대사회는 과학기술이 세계적으로 문명화되고 압도적인 영향력을 휘두르는 사회이지만, 반면 니힐리즘이 인간의 생활세계의 심층을 뒤덮은 시대라고도 할 수 있다. 니힐리즘이란 "지금 내"가 살고 있는 세계와 국가, 민족, 사상과 등 사회적 보편성의 세계와의 연계를 믿을 수 없게 된 마음의 폐색 상태를 말한다.

유럽의 근대철학에서 주관과 객관의 단절을 둘러싼 이러한 문제는 줄곧 커다란 논쟁의 있어 왔다. 생활세계와 이념세계의 대립

관계 혹은 실존과 보편성의 단절은 결국 20세기의 두 번에 걸친 대규모 전쟁을 거치며 중요한 과제가 되었다. 특히 1960년대에는 과학론의 영역에서 이 문제가 논쟁의 중심적 테마가 된다.

비트겐슈타인의 「언어 게임」, 윈치의 「이해 사회학」, 쿤의 「패러다임론」 등을 둘러싼 대논쟁이 그것이다. 하나같이 세계에 대한 과학적 '지'의 보편 타당성을 근원적으로 제기하고 그것을 해석의 문제, 즉 해석하는 주관의 문제로 바꾸려 하는 가히 혁명적이라 해도 좋을 커다란 전환점이 이 시기에 찾아온다.

이 해석의 주체는 당연히 특정의 역사나 전통의 내부에 살고 있기에 과학론 내부에서 생겨난 대전환은 역사나 정신을 취급하는 여러 인문과학에도 결정적 영향을 끼치게 된다.

사실 개인의 실존적 영역을 보편적 차원까지 추상해 가고 최종적으로 주관과 객관의 합일을 꾀하는 사상은 이미 마르크스-헤겔적 변증법의 범형範型에 의해 제기되었다. 하지만 이것은 니체에 의해 최초로 근본적 비판을 받은 후 60년대 후반 이후 포스트모던 사상에 의해 철저히 비판받았다.

한편, 이 실존의 어둠을 바깥쪽이 아닌 안쪽으로 깊숙이 파고들어 역으로 역사와 전통의 보편적 차원으로 빠져나가려는 시도도 있다. 후기 하이데거부터 가다머로의 흐름이 그것이다. 특히 가다머의 철학은 인간 존재의 근원적 상태를 전통 이해의 한 지점으로 규정함으로써, 전통의 지평과 실존의 지평이 해석 행위에서 융합해 간다는 생각으로 주관과 객관의 단절을 넘어서고자 했다.

이와 같은 주관과 객관의 단절과 접속을 둘러싼 현대사상의 테마는 구미의 사상적 지평에서 실로 진지하게 논의되었다. 그러한 논의는 가다머의 철학적 해석학이 제시하는 방향, 즉 주관의 역사성을 있는 그대로 수용함으로써 보편타당한 루트를 열어가려는 방향임을 보여준다고 하고 싶다.

그렇다면 일본의 근대사상사에서 주관과 객관의 단절을 가다머와 같은 방향으로 오려내려 했던 인물은 과연 존재할까. 나는 기타무라 도코쿠를 그 위치에서 볼 수 있다고 생각하지만, 여기서 이 문제를 깊이 파고들 여유는 없는 것 같다. 다만 한 가지 말할 수 있는 것은 일본의 근대사는 어떤 의미에서 주관과 객관의 접속을 침략전쟁에 의해 달성하고자 했던 역사라는 점이다. 이러한 강인强引한 행위를 근대국가 일본이 취했다는 것은 역으로 말하면 그만큼 일본이라는 주관과 세계라는 객관의 단절 의식이 강했음을 의미하다.

그런 의미에서 일본의 근대가 껴안은 실존은 어떠한 것이었던가. 일본 문화의 주관성을 비추기 시작하는 광원光源의 위치에 재일문학을 놓고, 이문화 접촉의 장으로 노정하는 일본 문화의 실존적 암부의 의미를 생각해보고자 한다.

2. 김학영의 실존감각

소설 「얼어붙은 입」(『문예文芸』 1966.11, 같은 해 9월에 문예상 수상 후 게재)을 통해 일본 문학에 등장한 재일 작가 김학영이 있다. 일본 사회에서 성장한 재일 2세인 그의 문학에는 연애와 취직에서 겪은 차별적 체험을 포함해 그가 살아가는 세계를 사회성에서 배제시키는 무척 심각한 '벽=장애'가 그려진다. 첫째는 자신의 말더듬증에서 오는 체험, 둘째는 아버지와 어머니의 처절壯絶한 싸움, 특히 아버지가 어머니에게 휘두르는 비인간적인 폭력이다. 그의 데뷔작 「얼어붙은 입」은 학생시절 연애와 진척 없는 취직 등 암울한 삶의 그림자를 투영하는 데 그의 말더듬이 체험이 묘사된다. 「얼어붙은 입」이란 정말이지 의미를 띤 발성을 거부하는 자신의 입술인 것이다.

김학영은 에세이 「한 마리의 양」에서 세상은 말더듬이를 배려하는 구도로 이루어지지 않다는 것, 일반인들은 말더듬이의 발성에 끈기 있게 함께할 틈이 없다는 것을 피력한다. 이러한 기술은 말더듬이 체험이 그에게 초래한 부전감不全感과 죄의식을 보여주고 있다. 그것은 재일이 입을지도 모르는 주변 일본 사회로부터의 차별 행위가 어떤 형태로 한 성실한 인간의 마음에 어둠의 그림자로 자리 잡는지를 매우 명료하게 보여준다.

그것을 간단히 말하면, 사회적으로 산다는 것은 자신이라는 개별적 존재의 삶이 항상 사회와 민족이라는 보편적인 것과 연결되고, 이렇게 사는 '올바름'의 근거를 거기에서 부여받는다는 것이다. 그러나 말더듬이는 개별자로서 자신과 보편적 세계를 연결하는 고리를 빼앗기고 이른바 고뇌하는 '올바름'에서 멀어진 실존의 어둠 속에서 공허이 전전할 뿐이다.

이러한 상태를 살아가는 것은 근대 일본의 비뚤어진 내셔널리즘에 대해 조선 민족의 내셔널리즘을 들이댄다고 하는 많은 일본인이 그려내는 재일의 문제와 관련이 없다. 이러한 대항적 내셔널리즘은 더 많은 재일 1세들이 안고 있는 정치적 원망願望에 가깝다고 할 수 있다. 하지만 김학영과 이회성, 이양지 같은 재일 2세대 작가의 문학에서는 양자의 내립 관계가 아닌 오히려 일방적인 함몰 감각 혹은 대립이건 이해건 일체의 관계성에서 누락되는 듯한 극한의 고독감이 묘사된다.

일본 근대문학의 사소설이라는 장르에는 분명한 하나의 전통적 감성이 내재된다. 한편, 이러한 2세적 고독감은 일본 근대의 사소설 전통으로 회수될 수 있을 것처럼 보이지만, 사실 이 둘은 전혀 이질적이다. 신변잡기적인 사소설의 세계는 확실한 기조로서 세속적 세계를 향한 고립감이 있지만, 그것은 문단과 독자 간의 암묵적인 이해에 의해 충분히 '올바름'의 근거로 주어진 것이다. 사소설은 사소설적 감성의 공동체 내에서 충분히 가치 있게 유통되는 상품이다.

김학영의 부전감을 형성하는 두 번째의 벽으로 거론된 어머니를 향한 아버지의 폭력 문제는 아마도 그것이 일본 근대문학에서 주제화된 적이 없었다는 점에서 그의 문학세계와 근대 일본 문학의 이질성을 분명하게 보여주는 지점이라고 할 수 있다.

남편의 폭력을 아내의 시점에서 그린 것으로는 일찍이 전전의 하야시 후미코의 작품이 있다. 여기서 문제 삼고 싶은 것은 그러한 폭력적인 남자를 아버지로 둔 아들의 내면에, 아버지라는 이른바 보편적 세계 측에 있어야 할 존재가 어떤 식으로 무너져가는지에 대한 문제이다. 아내에게 휘두르는 남편의 폭력을 목격하는 아들에게 아버지는 이미 사회적 보편성으로 가는 통로가 막혀 있다. 그리고 아들은 미성숙 상태로 가정 속에 남겨진다. 가령 그 아들이 가정을 뛰쳐나갔다 하더라도 사회적 보편성과 동떨어진(미숙) 개인이 어떤 연결고리를 찾을 것인지에 대한 과제는 한층 괴로운 중압감으로 남게 마련이다.

　김학영 문학이 제기하는 이 문제는 실은 김학영 개인에게도 해결 불가능한 과제로 남겨졌다. 그는 1984년, 이 문제에서 오는 부전감에 시달리며 끝내 46세의 젊은 나이에 자살했던 것이다. 그는 작품 「착미」에서도 이렇게 쓰고 있다. 세상에서 가장 추악한 것 그것이 아버지의 폭력이었다. 다양한 추악한 것을 볼 때마다 억누르기 힘든 분노에 몸이 뒤틀렸다고 그는 말했다. 그는 결국 '올바름'의 근거로 연결시키지 못한 자신을 추악한 것으로 보기에 이른다.

　일본 근대문학에는 오히려 아버지와 아들의 대립을 그린 작품이 적지 않다. 그런 의미에서 김학영이 그린 자식의 실존적 고뇌는 일본인들이 매우 잘 알고 있다. 다만 일본 문학의 경우는 이런 종류의 고뇌가 결과적으로 아버지라는 존재의 권위적 근거를 한층 강하게 정당화할 수 있도록 작용한다는 점이 다르다. 구체적인 예를 하나 들어보자.

　「착미」의 결말 부분에는 미쳐 날뛰는 아버지에게 달려든 자식이 의외로 아버지의 신체적 노쇠를 눈치 채는 장면이 그려진다. 그 순간 아버지에게 폭력을 행사하려던 자신의 어리석음을 부끄러워하며 아버지 인생의 역사적 무게를 알게 되지만 작품은 거기서 끝나지 않는다. 이 아들은 어머니를 끊임없이 저주하는 아버지의 추악한 입술의 움직임을 응시하며 이 세상 모든 것이 단지 굴러다니는 돌멩이처럼 무의미하고 공허하다고 생각한다.

　이 장면을 시가 나오야의 「화해」와 연계해 생각해보자. 오랫동안 계속된 아버지와의 불화가 단번에 화해에 이르는 계기는 무엇이었나. 그것은 늙은 아버지의 모습이다. 시가를 비롯해 일본 근대문학의 전통에서는 아버지는 늙음을 자각함으로써 아들을 받아들이고, 아들은 그것을 허락함으로 아버지의 모든 인생을 자진해 긍정하고 후계자 위치에 서게 된다. 진정한 아버지의 늙음이라는 것은 특권적 의미를 발휘하는 특별한 설정이다.

그러나 아버지의 늙음을 '집'의 문제로 보면 그 집의 사회적·경제적 기반의 붕괴 위기를 의미한다. 이른바 가족 전원이 사회적 보편성에서 나락으로 떨어지는 듯한 중대 사태가 될지도 모른다. 한편 아들은 아직 미숙하기 때문에 이러한 위기를 헤쳐 나가지 못한다. 그것이 어떻게 「화해」처럼 상쾌한 형태로 마무리될 수 있는 걸까. 집안에 재산이 많으면 그만큼 아들의 책임도 커지게 마련이다.

3. 일본 문화와 니힐리즘

여기서 문학에서 조금 탈피해 일본적 가족 관계라 일컬어지는 것을 일반적으로 어떻게 이해하는지 파악해 두기로 한다. 일본적 가족 관계는 마치 하나의 신체 이미지로 받아들일 수 있을 만큼 일체감이 매우 강한 자연 집단이라고 한다. 그 자연감이란 가족들의 각기 다른 욕망을 전체와의 균형 속에서 가장 자연스러운 형태로 둥글게 받아들이는 듯한 지배 형태로 발휘된다. 일본 사회를 구성하는 최소단위인 '집'에 대해 '국가'는 최대단위가 되지만, '집'은 '국가'와 비유로 그리고 '국가'는 '집'과 비교로 항상 보완적으로 이해되는 관계이다. 그러니까 '집'으로부터 '국가'로, 이것 역시 유기적 결합으로 일본 사회의 커다란 특징이다. 이른바 가족 국가관이다.

일본의 가족 관계를 지배하는 것은 자연스러운 공생감을 중시하는 규범의식이다. 거기에 일본인의 도덕적 원천이 있다고 생각되지만, 한편 규범의식의 심층에는 가부장적 권위에 의한 혁명의 부정과 문제해결을 위한 합리적 비판의 거부라는 두 축이 있다고 할 수 있다. 이 두 축의 관계에 따라 전통적 도덕에 순종하는 가정적이고 과묵한 일본인이 되기도 한다.

예컨대 1937년 12월 난징에서 발생한 야만적이기 이를 데 없는 집단행동으로 나타나기도 한다. 일본의 천황제를 무책임한 체계라고 했던 마루야마 마사오丸山眞男는 일본인의 이 이면성을 근대 천황제의 문제로 논하려 했다. 마루야마를 비롯해 전후 정착된 이러한 이해는 현재까지 일반적인 리버럴한 일본인론으로 받아들여지고 있다. 전후 일본이 재근대화를 통해 스스로 이러한 자아상의 부정을 커다란 모티브로 간직해왔다고 할 수 있다.

그러나 곰곰이 생각해 보면 혁명의 부정과 합리성의 배제라는 일본 문화의 기축은 근대화를 이룸으로써 재차 세계적 보편성에 도달하려는 건설적 노력이야말로, 정말로 보수적 경향에 의해 그대로 나아가려는 힘이다. 그 때문에 우리가 지금 여기서 세계적 보편성에 도달할 필요성을 통감했다 하더라도 메이지 이래 일본 지식인들이 여러 번 반복했던 일본적인 것으로의 회귀 패턴을 또다시 반복하게 되는 것이 아닐까. 그러한 불안을 불식시킬 무언가 새로운 재료를 신세기의 우리가 수중에 넣지는 못한 것이다.

일본 근대사의 흐름을 보면 1880년대 민권론적 진보사상은 1888년을 경계로 정치의 장에서 퇴각하여 문화와 문학의 문제 속으로 소화消化되어갔다. 그것과 병행해 국가체제가 크게 우로 선회해

간 것이 청일전쟁 무렵이다. 그때까지 평민주의를 주장하고 구화주의欧化主義 진영의 중심적 위치에 있던 도쿠토미 소호德富蘇峰는 청일전쟁을 계기로 국가주의의 열렬한 지지자로 전향한다. 이와 같은 메이지 제1세대의 전향 이래, 반복된 일본인의 정신형型은 도대체 어디에서 생겨난 것인가.

요시모토 다카아키吉本隆明는 『공동환상론』에서 다음과 같이 언급한 바 있다.

서유럽에서 국가제도를 지탱하는 것은 '개인'이지만 이 '개인'은 유일 절대적인 '신'이라는 보편적 존재를 내면화함으로써 성립된 '개인'이기 때문에 '개인'의 의사가 '국가'의 보편적 의사와 접속하는 것이라는 것은 오히려 당연한 일이다. 그러나 일본은 전혀 사정이 달라서 "하나의 피로 연결되어 있다"는 공동 환상에 의해 겨우 "나는 국가의 일원이다"라는 관념이 성립된다고 요시모토는 말한다.

따라서 일본적 공동환상에서는 보편적 이념과 사상이 내면화되지 못한 채, 일본인은 그것들과 단절된 곳에서 살고 있다는 것이 된다. 있는 것은 '혈통'에 의해 연계된다는 공생감뿐이기 때문에 국가로의 리버럴한 커밋이 공생감을 느끼지 못하게 되면, 이번에는 단번에 가족 국가관 쪽으로 역류하게 된다. 쇼와 초기(쇼와 1년, 1926)의 일인데 일본 청년 다수는 마르크스주의에 대한 믿음으로 정치활동을 시작했다. 하지만 결국 몇 년 후 그들은 대대적으로 전향하고, 많은 청년이 이데올로기적으로 전혀 반대인 국가주 속으로 들어갔다. 이러한 양극을 단번에 반전시키는 일본인의 정신구조를 요시모토는 해명하고자 했다.

요시모토의 『전향론』과 『공동환상론』의 시점은 앞서 언급했던 일본적 가족 관계에 대한 일반적 이해의 형태와는 기본적으로 다르다. 이는 혁명의 부정과 합리성의 거부 같은 일반적으로 이해하고 있는 일본 문화의 기축은 요시모토의 관점에서 보면, 한층 더 기층·심층에서 보편적 세계로 연결할 수 없다. 결국 이렇게 사는 '올바름'의 근거를 생활 내부에서 찾지 못하는 '불안'과 '허무감'에 뒤덮여 있는 것이기 때문이다.

김학영과 같은 재일 2세대 문예평론가 다케다 세이지竹田靑嗣는 「천황제라는 금기」라는 문장에서 이렇게 언급하고 있다. 일본 사회에서 모든 사상은 항상 하나의 '한의漢意(유교에 감화되어 중국에 심취하는 마음)'이고, 사상의 말과 현실 이해 사이에 반드시 공허한 구멍이 있다. 그것은 진정 일본 고유의 역사성에서 유래하는 것이고, 일본인의 현실 이해에 항상 따라다니는 고유의 '불안'이라고.

다케다가 지적하는 일본 문화의 근원적 '불안'을 달래고 치유하기 위한 일본 고유의 사회적 제도는 크게 근대 일본의 천황제, 작게는 일본의 중·고등학교에서 거의 예외 없이 볼 수 있는 교칙 등 실로 다양한 규범이 존재한다. 주목해야 할 것은 이러한 일본 고유의 갖가지 문화적·사회적 제도에는 그 규범의 올바름을 보증하는 근거가 따위가 어디에도 없다는 점이다. 교복의 목을 채우는 콕크 장치나 스커트의 길이를 밀리미터 단위로 규제하는 교칙의 '올바름'의 근거(보편 타당성)는 어디에도 없다. 근래 몇 년, 마침내 그러한 교칙의 근거 없음을 아이들이 알아채기 시작했다. 그리고 아이들에 의한 교칙 비판의 움직임에 사상적 '올바름'의 근거가 있다는 것은 분명해 보인다.

그러나 여기서 잘못하면 안 되는 것은 사상의 보편 타당성에서 동떨어진 교칙 같은 제도의 타당성을 믿고 의심하지 않는 확신의 농도일 것이다. 이른바 특별한 감정의 강도에 따라 일본 사회의 근원에 있는 불안과 허무감을 달래고 치유하는 작용이 실제로 진행된다는 것이다.

다케다 세이지가 말하는 '불안'과 '공허'를 나는 막부 말기의 국학사상에서 생겨난 일종의 니힐리즘과 겹쳐보고 싶은 충동을 느낀다. 근세에 유교적 세계 체계의 붕괴가 진행되며 일체의 전통적 인륜의 허구성·무근거성이 노골화되고, 거기에 더해 서구의 천문학을 비롯한 과학적 지식이 단편적으로 주어진다. 그로 인해 히라타파平田派 국학자들은 인간에게는 인간 자체에 내재된 가치도 권위도 없다고 하는 제법 래디컬radical한 니힐리즘을 갖게 된다. 유교적 전통이 붕괴일로를 걷는 가운데 이질적 세계관이 승인을 강요하는 사상적 위기가 이 시기 국학자의 유교 비판 이후의 정신적 공동空洞을 덮친 것이다. 이러한 사상상上의 과도한 긴장이 지구는 하나의 낱알에 불과하고 인간은 구더기에 불과하다는, 이는 후년의 후쿠자와 유키치福沢諭吉의 비유이지만 그러한 허무적 세계관을 낳는 매우 큰 유인誘因이 된다.

더욱이 니힐리즘과의 관계에서 흥미로운 것은 니힐리즘의 생활태도가 두 개의 극단으로 나누어져 나타난다는 사실이다. 하나는 승원주의僧院主義이고, 다른 하나는 래디컬한 행동주의다. 어느 쪽 태도든 보편적인 가치에 대한 확실하고 절망적인 갈앙渴仰에서 생겨난 것이다. 앞서 언급한 '불안' '공허'에 관해 다케다 세이지는 다음과 같이 언급한 바 있다.

사회적 보편성과의 커다란 차이를 의식했을 때, 일본 사회는 두 방향에서 그것을 메우려 한다. 하나는 "초월적인 이념성을 실존적 심정 안에서 근거를 부여하는 사상 양식", 또 하나는 "새로운 세계 도식·세계관을 차례대로 수입하여 현실과의 차이를 메우려 하는 사상 양식"이라고 말한다. 여기에서 승원주의적 니힐리즘은 전자에 해당한다고 해도 좋을 것이다.

앞서 언급한 교칙과 천황제를 연결하는 라인은 첫 번째 타입이라고 할 수 있다. 전후 문학에서 말한다면 미시마 유키오三島由起夫, 예컨대 「우국」 등은 그 전형이라 할 수 있다. 사소설의 전통을 유지해온 것도 이와 같은 승원주의적이고 실존주의적인 사고 양식과 깊이 관련되어 있다.

두 번째 타입은 1980년대 뉴 아카데미즘의 흥륭興隆과 쇠퇴의 어수선함을 떠올리게 한다. 구미의 새로운 사상을 수입하는 데 열중하던 근대 일본의 전통적인 아카데미즘과 80년대 뉴 아카데미즘은 한쪽은 보편성을 향해 다른 한쪽은 보편성에서 끝없이 전력질주였다는 점에서 동일한 니힐리즘에 사로잡혀 있었다고 해야 할 것이다.

하시가와 분조橋川文三는 근대 일본에서 보수와 반동이 같은 사정으로 이해되는데, 본래 보수란 정치 권력의 발동에 대한 저항으로서 존재하는 것이지 그것에 편승만 하는 반동과는 전혀 다른 것이라고 했다. 따라서 일본의 근대에서 보수 정신을 발견하는 것은 대단히 어렵다고 했다. 이것 역시 일본 문화의 기저에 있는 '불안'과 '공허' 혹은 니힐리즘과 관계가 있는 게 아닐까 생각한다.

하시가와의 만하임은 "보수적 체험과 사고의 가장 본격적인 특징은 직접 현존하는 것, 실천적으로 구체적인 것을 향한 집착이다"

라고 말하는데, 일본 문화는 보편성으로의 상승, 에너지와 실존 감각으로 틀어박히는 양극으로 분열해 나타나기 쉽다. 그 때문에 양자 사이에 퍼져 있을 "직접 현존하는 것, 실천적으로 구체적인 것"의 영역이 보수 사상의 토양으로 일구어졌던 적이 없었을 것이라고 본다.

이것과 관련해 가토 슈이치加藤周一의 잡종문화론이라는 것이 있다. 메이지 이전과 이후만 해도 문화의 변용은 있어도 근본적인 부분에서는 단절되지 않았으며, 일본 문화는 근본적으로 잡종이라는 사고이다. 그런데 가토는 "외래문화의 수용·섭취에도 불구하고 감각적인 자연과 일상적 경험을 유일한 가치로 삼는 일본인의 의식은 태고 이래 오늘날까지 거의 변하지 않고 있다"고도 말한다. 이것은 분명한 모순이다.

이 모순을 지적한 것은 에비자카 다케시海老坂武이다. 그는 이 모순을 해소하려면 잡종화된 문화를 표층에, 그리고 순수하게 일본적인 문화를 심층에 지니는 듯한 문화의 이중성을 도입하는 수밖에 없다고 말한다.

그러나 이러한 설명 방식은 표층 부분은 역사적으로 변하기 때문에 문화라 할 수 있지만, 심층은 초역사적인 것이어서 문화라 할 수 없다는 그다지 재미없는 논의를 빠져나갈 필요가 있다. 문화 개념을 둘러싼 논의이다. 그러나 이것을 하기 시작하면 제한이 없어진다.

필자의 생각으로는 애초부터 "감각적인 자연이나 일상적인 경험을 유일한 가치로 삼는" 듯한 일본 문화의 불변성은 실증할 수 있는 것이 아니다. 게다가 그것은 문화가 아닌 문화의 근원이라는 논의에서는 의미가 없다. 중요한 것은 "감각적인 자연이나 일상적인 경험"이 "유일한 가치"로 인정받으려면 외래의 그것도 다양한 가치가 보편성의 승인을 요구하는 경험이 필요하다. 말하자면 그런 경험을 공동 환상으로 내포하는 역사의식이 일본 문화의 심층에서 표층에 이르는 모든 레벨에 침투해 있어야 한다는 것이다.

이러한 시점에서 가토 슈이치 언설의 모순을 재차 정리해 보면, 일본 문화의 잡종성을 기점起點으로 세계적 보편성에 올라가려는 가토의 언설 자체는 사상의 보편 타당성을 외부에서밖에 끌어낼 수 없는 일본 문화의 '공허'를 향한 조급한 반발로 성립함을 보여준다.

가토 슈이치의 모순된 두 언설은 역시 일본적 니힐리즘의 두 가지 행동 양식의 표현이다. 굳이 언급할 필요도 없겠지만 그 잡종 문화론은 보편 타당성을 향한 래디컬한 행동주의와 연결되어 있다. 동시에 일본 문화의 실감實感 신앙적인 보편성으로의 언급은 실존 감각으로 매몰되는 승원주의적 행동 양식과 대응한다.

4. 시가 나오야의 '불안'

필자는 일본적인 가족 관계의 분석으로 시작해 일본 문화의 근저에 있는 '불안' '공허' 그리고 '니힐리즘'에 대해 언급하고, 그것들을 달래기 위한 두 가지 대조적인 행동 양식을 그려가며, 가토 슈이치의 잡종문화론까지 언급했다. 여기서 재차 문학의 관점에서 김학영 문학이 제기하는 문제로 돌아가 생각해 보자.

'아버지의 늙음'을 둘러싼 「화해」와 「착미」의 대조적인 묘사법이 문제가 되었다. 매우 단순히 생각하면 「착미」의 결말에서 아들을 감싸는 허무감은 가부장적 세계의 안태安泰를 내부로부터 그리는 시가 나오야적 세계의 비판이 될 것이다. 재일 문학은 이러한 형태로 일본 근대문학 외부에서 그것으로의 비판으로서 제시되고 있다고 하는 일반적 이해의 형태이다.

그러나 「화해」의 결말에서 찾아오는 당돌한 상쾌함이 「착미」에서의 허무감을 내부에서 뒤덮고 있는 그것을 달래기 위한 것이라고 한다면, 양자의 관계는 단순한 대립관계로 정리되지 않는다. 김학영이라는 작가 고유의 몇 가지 부전감·죄의식은 그의 생활 세계 모두가 '올바름', 즉 보편 타당성으로부터 버림받았다는 '불안'으로 그를 한없는 늪 밑바닥으로 끌어내리고 있다.

한편, 시가 나오야의 문학에도 1910년의 잡지 『시라카바白樺』 창간 이전부터 김학영의 발목을 잡은 늪 같은 것이 반복적으로 그려진다. 시가의 경우 그것은 생모의 죽음과 새로 온 계모라는 두 어머니(한쪽은 과거이고 한쪽은 현재인) 어느 쪽으로도 완전히 자신을 귀속시킬 수 없다는 의식에서 온다. 시가 역시 삶에서 '올바름'의 근거를 어디서도 발견하지 못한다는 의식에서 출발한다.

「세이베와 표주박」에서 주인공 세이베는 표주박을 취미로 다루다가 아버지와 소학교의 담임선생에게 호되게 혼나고 정성스럽게 다듬은 표주박을 빼앗기게 된다. 그런데 이 표주박이 세이베가 알지 못하는 장소에서 엄청난 고가에 나돈다는 이야기이다. 표주박을 다듬는 데 정신이 팔린 세이베의 재능은 주변 그 누구에게도 인정받지 못하고, '올바름'으로 평가받지 못한다. 그러나 실제로 그의 재능은 대단했고 높은 레벨이었던 것이다. 세이베의 존재는 당시 시가 나오야가 살았던 끝없는 늪을 분명하게 비춰주었다. 이 작품은 1913년 1월 작품인데 그 후 시가 나오야는 1914년부터 17년까지 아무것도 쓰질 못한다. 시가 나오야라는 인물은 자신을 숨기고 작품을 쓸 수 있는 사람이 아니었다. 그런 의미에서 시가의 이 침묵은 매우 근원적인 문제를 해결하지 못했음을 반영한다.

「한의 범죄」라는 작품이 있다. 1913년 10월 작품인데 시가가 침묵기에 들어가기 얼마 전에 쓴 작품이다. 중국인 기술사奇術師인 한이라는 남자가 관객 앞에서 부인을 세워놓고 칼을 아슬아슬하게 던지는 기예를 펼친다. 그 칼은 불행하게도 부인의 목을 찔렀고 부인은 어이없이 죽어버린다. 소설은 예심 판사와 한의 문답으로 진행되는데 한은 그전부터 부인과 사이가 좋지 않았고 부인이 없으면 좋겠다는 생각을 했었다고 자백한다.

그런데 한편으로는 자신이 그렇게 생각했던 것과 실제로 부인에게 칼을 던진 것 사이에 어떤 관련이 있다고는 전혀 생각하지 않는다고도 말한다. 현실의 피고인의 답변으로서는 이런 애매함이 오히려 자주 있는 일인지도 모르겠지만, 놀랄 수밖에 없는 것은 그런 애매한 이야기를 들은 예심 판사가 그 자리에서 한을 무죄로 확신한다는 점이다.

지금까지 많은 시가 나오야 연구자는 이 작품에서 시가 나오야의 강렬한 자아 반영을 보려 했었다. 그러나 이러한 읽기로는 시가 문학의 기저에 있는 것을 알 수가 없다. 「한의 범죄」는 다음과 같은 문제를 보여주고자 했을 것으로 생각한다.

남편인 한은 부인과의 하루하루 생활에 싫증나 진정한 생활이 분명 어딘가에 있을 거라고 생각한다. 그러나 한이 찾고자 하는 진정한 생활이 구체적으로 어떤 것인지 작품에는 아무 것도 서술되지 않는다. 바꿔 말하면 한이 직면한 것은 자신에게 절실한 사상이나 이상, 그 '올바름'의 근거가 아내의 살해라는 명백한 범죄행위조차 정당화할 수 있을 정도의 명료함으로 자신에게 부여된 것인지 아닌지의 문제라는 것이다. 작품에서는 일단 예심 판사가 무죄로 판단함으로써 이 문제의 답을 부여하고 있지만, 솔직히 아내의 살해가 정당화되어버리는 작품의 전말에 독자는 놀라고 만다. 3년에 이르는 시가 나오야의 침묵기는 사상적 보편 타당성의 근거가 없음을 시가 자신이 벗어날 수 없는 현실로 인정했을 때 찾아온 것이다.

작품 「화해」는 이 침묵기를 뚫고 나온 시가 나오야의 경지를 잘 보여주고 있다. 우선 아버지로부터 거절당한 상태의 제멋대로인 아들은 때마침 아내를 죽여버린 한과 같은 위치에 있다. 왜냐하면 제멋대로인 자신의 행동에 대한 올바른 근거를 어떻게든 자전自前의 논리로 얽어내려 안달하는 상태이기 때문이다.

이와 같은 경험의 핵심, 이렇게 사는 것의 '올바름'에 대한 확신은 바깥에서 부여되는 것이 아니라는 직감이다. 「착미」에 그려진 허무감은 작가 김학영에게는 고유의 부전감·죄의식에서 유래하지만, '올바름'의 근거를 스스로의 손으로 얽어내지 못하는 데서 오는 이런 종류의 초조함은 일본 근대문학이 끊임없이 그곳으로 되돌아가는 불변의 테마이기도 하다.

따라서 일본 근대문학과 재일 문학의 관계를 단순한 대립관계로 보는 견해는 잘못되었다. 이 두 문학은 바로 지地와 도圖의 관계로 한 쌍이 되는 상호보완적 관계에 있다고 하는 편이 좋을 것이다. 재일 문학 고유의 테마로 간주되기 쉬운 '불안' '공허'가 지地가 되고, 거기서 구원relief처럼 부상한 것이 일본 근대문학이다. 지가 없으면 도는 나타날 수 없다.

「화해」에 그려진 아버지와 아들의 상쾌한 화해 장면도 마찬가지다. 모든 발언이 보편타당성과 연결되지 못하고, 김학영이 그랬듯이 말더듬이 상황에 있던 아들은 아버지도 늙음으로써 같은 말더듬이적 상황으로 하강할 것임을 예감한다. 가부장적인 봉건적 이데올로기의 추인으로 보기 쉬운 이 작품은 형식적으로는 그와 같은 아버지와 아들을 연결하는 수직적 이데올로기를 본뜨고 있다. 하지만 실질적으로 둘을 연결 짓는 것은 서로 허무를 공유함으로써 생겨나는 공생감이다. 허무가 지地가 되어 마침내 부상하는 공유감이다.

5. 근대화론에 대한 저항으로서

사상의 보편타당성이 공간적 넓이로 정당성의 승인을 독촉하는 것이라면, 그것과 대항하려면 아무래도 수직으로 뻗은 축을 확립해 그것에 기대는 수밖에 없을 것이다. 세계, 즉 수평 방향으로의 개안開眼이 근대의 개막이라 한다면, 근대란 일본 문화가 부탁해야만 할 축으로의 수직 방향, 결국 역사로의 관심을 강제한 시대라고 할 수 있다. 미토학水戸学으로 내걸었던 '황국皇國'의식 · '신주神州' 의식을 근대는 존왕양이尊王攘夷 사상으로 응집시켜, 마침내 천황

중심의 메이지유신을 초래하는 천황제 국가를 만들어간다. 그 과정에서 사람들은 좋든 싫든 '국가' 이데올로기와 연계되어간다.

그러나 문학은 만세일계萬世一系의 이데올로기로 유통되는 역사의식의 내실을 아버지의 늙음으로 그려냄으로써, 이데올로기의 표피를 벗겨내고 수직으로 뻗은 기둥을 무너뜨리는 힘을 가지고 있다.

본래 미토학의 시작은 1825년에 나온 미토번사水戶藩士 아이자와 야스시会沢安의 『신론新論』이라는 서적이다. 그는 1824년 영국인이 미토번영水戶藩領인 오쓰大津 해변 상륙사건이 일어났을 때의 필담역을 맡으며 당시의 위기감을 교훈으로 『신론』을 서술해 번주에게 제출했다고 한다.

일본 문화가 문자에 의해 사상 표현이 되어 용출하는 순간, 필시 원체험이 여기서 모습을 드러낸다. 수평선 건너편에서 갑자기 나타나 정당성의 승인을 요구하는 자에게 일본인은 우선 붓을 들고 그때의 놀라움과 불안을 표현할 것이다. 미토학이라는 수직 방향의 사상이 말하는 것은 그 이후의 일이다. 19세기 초, 필담 체험은 일본 문화의 기층에서는 문자 표현의 획득 체험과 멀게는 연결되어 있을 터이다. 그리고 거기에는 항상 「착미」의 허무와 거기에서 발을 빼려는 초조함이 있다. 일본 문화의 문자 표현은 그러한 것이고, 그것이 문학이며 사상은 그 다음이다.

필자 생각하는 일본 문화의 허무함은 그런 표현에 대한 충동과 일치하는 것이다. 말을 더듬는 상황에서 필담으로 간신히 표현해 나가는 것은 외부로부터 정당성의 인정을 요구받는 장에서 이루어지는 사실을 잊어서는 안 된다. 대등하고 중립적neutral인 두 화자

사이에서 주고받는 커뮤니케이션과는 경우가 다르다. 의미가 수평 방향을 좌우로 이동하는 근대적 커뮤니케이션 모델에서 결정적으로 누락된 것은 두 이문화가 만나는 순간 양자의 우열이 정해져 있다는 현실적인 관계다. 이 움직일 수 없는 관계 속으로 갑자기 주입되었을 때 오히려 열세의 입장 쪽에서 표현의 양보가 생겨난다고 생각한다.

필담은 정말 그러하며 메이지 초기의 메이로쿠샤明六社의 계몽적인 대량의 번역도 거기에 해당된다. 언뜻 보기엔 단순한 이문화 수용으로 보이지만 거기에는 우세·열세인 종縱의 관계 전체로의 논쟁, 저항하는 힘이 잠재되어 있는 것이다. 이 반발력이 과연 열세에 서는 것만을 거부하는 힘인가, 혹은 우열 관계를 전부 부정하려는 힘인가, 문화의 진가는 그 한 점에 걸려 있다 해도 과언이 아니다.

일본 문화의 이문화 수용을 이미지화할 때, 일본 본래의 사상 대 외래 사상이라는 도식을 근간으로 삼는 것은 전혀 의미가 없다. 오히려 이러한 이원론을 극복하는 '기세'를 일본 문화의 니힐리즘에서 끌어내는 것이 사상사·정신사의 과제라고 본다.

마루야마 마사오에게는 「역사의식의 고층古層」이라는 유명한 논문이 있다. 마루야마의 고층론은 일본 문화의 내재적 본질을 시계열적時系列的으로 논한 것은 아니다. 오히려 옆으로부터의 충격이라 할까, 이문화 접촉의 대응 방법에서 일본 특유의 고유성을 보려는 방법론적 관심이 관통하고 있다.

필자는 이러한 마루야마의 방법에서 주관과 객관을 잇는 축을 하나 더 가미함으로써 보이는 일본 문화의 실존적 암부에 대해 고찰해왔다. 그것은 이문화 접촉의 국면에서 열세 측에서 맞서는 일이 많았던 일본 문화의 우열관계 전체를 무너뜨리는 힘을 낳는 기반이다.

역자 후기

　　동국대 교수로 재직하면서 첫 번째 맞은 연구년을 일본 호세이 대학에서 보냈다. 한국연구재단의 지원으로 일본 학자들과 공동 연구를 진행하기 위함이었다. 돌이켜보면 일본 문학평론계의 거장인 가와무라 미나토川村湊 교수와 함께 강연회와 세미나를 하면서 학술적 깊이를 더해갈 수 있었던 것은 참으로 행운이었다.

　　특히 가와무라 교수와 남미지역 브라질로 가서 한국계/일본계 이민문학을 조사할 수 있었던 것은 연구자로서 신선한 충격이었다. 2010년 8월 한 달간 뉴욕을 거쳐 브라질 상파울루로 들어가 1903년 첫 일본 이민선이 도착한 산토스항, 아마존의 마나우스, 리우데자네이루, 상파울루대학 일본문화연구소, 리베르다지의 일본이민역사박물관, 그리고 한국계 이민자의 역사와 문학 텍스트를 조사했던 기억은 문화 충격과 함께 깊은 울림의 시간이었다. 그 후 7년간 계속해서 북미대륙(캐나다, 미국, 멕시코)과 중남미대륙(브라질, 아르헨티나, 칠레, 파라과이, 볼리비아, 페루, 콜롬비아, 도미니카공화국, 아이티, 과테말라 등)을 차례로 돌며 한국계/일본계 이민의 역사와 문학을 조사했으니까 지금 생각해도 가슴 떨리는 강렬한 경험이다. 솔직히 그간의 북중남미 아메리카 학술조사가 지금까지 전 세계 코리안 디아스포라의 역사와 문학 지형을 연구하는 근간이 되었다고 해야 할 것이다.

호세이대학에서 연구년을 보내면서 학술 활동 외에 간간히 호세이대학 주변에 자리 잡은 근대 일본의 역사적 시공간(야스쿠니 신사, 우에노 공원)을 거닐며 복잡한 사념에 잠기기도 했다. 스미다강변兩國에 세워진 관동대지진 때 희생당한 조선인 추도비, 가메이도亀戸 조선인 학살사건, 아라카와 근처의 조선인 밀집 지역 등 일제강점으로 표상되는 한국 근현대사의 '부'의 지점을 담을 수 있었던 것도 소중했다.

당시 오사카부립대학의 야마사키 마사즈미 교수님과 함께 공동 연구를 진행하며 연구논문을 발표했던 기억도 좋은 추억이다. 오사카대학에서 강연회 초청도 응하면서 공동 논문「재일 코리안 문학의 탈근대적 상상력」의 작성 과정에서 보여준 교수님의 심미적, 철학적 비평은 남다른 데가 있었다. 거시적인 연구방법론을 통해 아시아론을 펼치며 재일 문학의 미적, 철학적 심미성을 읽어내는 통찰력이 돋보였기 때문이다. 이번에 소개하는『전후〈재일〉문학론 - 아시아론 비평의 시선』은 그러한 야마사키 교수의 심미적 연구 시좌를 확인하는 소중한 연구성과물이라고 할 수 있다. 특히 아시아론의 관점에서 루쉰의 아Q적 세계관, 고바야시 히데오와 야스다 요주로의 포스트 콜로니얼로 관통하는 비평적 시선이 돋보인다. 그리고 재일문학사에서 상징적인 김석범 문학과 제주도 4.3사건, 이회성 문학과 디아스포라 의식, 김학영 문학과 내향적 자아탁마, 유미리 문학과 현대일본의 정치이데올로기에 대한 비평론을 보여준다는 점에서 주목된다.

이 책은 진작 한국 문학계에 소개되었어야만 했다. 호세이대학에 머물면서 일찌감치 저자에게 번역을 약속했었는데 12년이 지난 이제야 나온다니 늦어도 너무 늦어버렸다는 느낌을 지울 수 없다. 이 자리를 빌어 야마시키 교수님께 죄송하다는 말씀을 드리면서 한편으론 그래도 끝까지 포기하지 않고 출간할 수 있어 다행이라고 스스로 위로해본다. 한국의 문학연구자들이 이 책을 통해 전후 일본 현대문학의 아시아론을 새로운 관점에서 들여다볼 수 있고, 재일코리안 문학에 함의된 보편성과 세계문학적 가치를 재발견할 수 있는 계기가 되길 기대한다.

2022년 4월 5일
만해관 464호실에서
김환기

저자
야마사키 마사즈미山崎正純
일본 히로시마에서 태어나 규슈대학문학부를 졸업하고 동대학원에서 석·박사 과정을 마쳤다. (문학박사) 오사카부립여자대학/오사카부립대학(1992-2004) 교수를 거쳐 현재 오사카공립대학 교수로 재직 중이며, '낭만주의'를 키워드로 쇼와시대의 소설·평론을 연구하고 있다.
대표 논저로는 『전환기의 다자이 오사무』, 『전후 〈재일〉 문학론』, 『마루야마 마사오와 문학의 광경』, 『문학적 신체와 역사』, 『현대일본문학의 고고학』 등이 있다.

역자
김환기
경북 문경에서 태어나 동국대 일어일문학과를 졸업하고 일본 다이쇼대학대학원에서 석·박사 과정을 마쳤다. (문학박사). 현재 동국대 일본학과 교수로서 일본학연구소장을 겸직하고 있으며, 전 세계에 흩어진 코리안 디아스포라의 역사와 문화·문학을 연구하고 있다.
대표 논저로는 『야마모토 유조 문학과 휴머니즘』, 『시가 나오야』, 『재일 디아스포라 문학』, 『브라질 코리안 문학 선집』, 『화산도』(번역서) 등이 있다.

동국대학교 일본학연구소 번역총서

전후〈재일在日〉문학론
아시아론 비평의 시선

초판1쇄 발행 2022년 6월 30일

지은이 야마사키 마사즈미山崎正純
옮긴이 김환기
펴낸이 홍종화

편집·디자인 오경희·조정화·오성현·신나래
　　　　　　박선주·이효진·정성희
관리 박정대·임재필

펴낸곳 민속원
창업 홍기원
출판등록 제1990-000045호
주소 서울 마포구 토정로25길 41(대흥동 337-25)
전화 02) 804-3320, 805-3320, 806-3320(代)
팩스 02) 802-3346
이메일 minsok1@chollian.net, minsokwon@naver.com
홈페이지 www.minsokwon.com

ISBN   978-89-285-1747-3
SET   978-89-285-1746-6   94830

ⓒ 김환기, 2022
ⓒ 민속원, 2022, Printed in Seoul, Korea

이 책은 저작권법에 따라 보호를 받는 저작물이므로 무단전재와 복제를 금지하며,
이 책의 전부 또는 일부를 이용하려면
반드시 저작권자와 출판사의 서면동의를 받아야 합니다.